동아시아
전통 인테리어
장식과
미

동아시아 전통 인테리어 장식과 미
사합원과 서원조, 반가 한옥을 중심으로

초판 1쇄 인쇄 2014년 7월 20일 \ **초판 1쇄 발행** 2014년 7월 25일
지은이 박선희 \ **펴낸이** 이영선 \ **편집 이사** 강영선 \ **주간** 김선정 \ **편집장** 김문정
편집 임경훈 김종훈 김경란 \ **디자인** 김희량
마케팅 김일신 이호석 이주리 \ **관리** 박정래 손미경

펴낸곳 서해문집 \ **출판등록** 1989년 3월 16일(제406-2005-000047호)
주소 경기도 파주시 광인사길 217(파주출판도시) \ **전화** (031)955-7470 \ **팩스** (031)955-7469
홈페이지 www.booksea.co.kr \ **이메일** shmj21@hanmail.net

© 박선희, 2014
ISBN 978-89-7483-669-6 04610
ISBN 978-89-7483-667-2 (세트)
값 17,000원

이 도서의 국립중앙도서관 출판시도서목록(CIP)은 e-CIP 홈페이지(http://www.nl.go.kr/ecip)에서
이용하실 수 있습니다.(CIP제어번호: CIP2014020114)

《아시아의 미Asian beauty》는 아모레퍼시픽재단의 지원으로 출간합니다.

아시아의 미 2
Asian beauty

동아시아 전통 인테리어 장식과 미

사합원과 서원조,
반가 한옥을
중심으로

박선희
지음

서해문집

여는 글

이 책은 동아시아 세 나라(한국·중국·일본)를 대상으로 장식적 미를 충분히 구가謳歌했을 것으로 판단되는 상류 계층의 전통 인테리어를 비교·고찰했다. 이를 위해 잡은 기준과 지표는 대략 다음과 같다.

현대적 개념의 인테리어 요소는 다양하지만, 전통 사회에서 주요 장식 요소로 활용한 것들, 즉 실내외 마감, 창호 등의 공간구성 방식을 비롯해 가구, 인테리어 파티션, 주요 실내 용품 등을 중심으로 살펴보았다.

장식은 시각적 요소이고 물증이 필요하므로 현재 유구遺構로 남아, 필자가 관찰과 분석이 가능한 것들을 1차 대상으로 삼았다.

'상류'의 의미와 범주는 일단 주택의 물리적 규모가 일정 수준 이상의 것으로 한정했다. 다만 상류라는 계층에 중국과 한국의 일부 왕실, 일본의 다이묘와 연관된 지배자 계층도 포함시켰다. 왜냐하면 상류층에서 표현 가능한 장식 요소들이 상류층 계급별로 제한되거나 그 장식의 범주가 특별히 구분되지 않기에, 미적 표현에 대한 일정 수준의 공통점을 찾는 지표가 될 수 있기 때문이다.

중국의 사합원은 '문화혁명' 이래 대부분 파괴되었다. 그나마 베이징에 남아 있는 유구들도 사진 외에는 주거의 역사나 도면 자료를 찾기란 쉽지 않았다. 서적에 실린 도면도 출처가 미상인 경우가 대부분이었다. 조사 대상을 베이징에만 국한시키는 것도 문제가 있어서 상하이의 원림 저택, 강남 수향水鄕의 사합원도 포함시켰다. 사합원 주택에서는 형태는 달라도 인테리어 장식 요소가 가진 공통적 지표를 확인할 수 있었다. 다만 오랜 세월을 거치면서 많은 것이 혼용되고 혼재되어 사합원의 복원이나 수리 과정에서 어느 정도 정확한 고증이 이루어졌는지가 불분명한 점이 걸림돌이었다. 그런데도 현존하는 모든 요소를 중국인의 미의식으로 과감히 인정하고 시작한 작업이었음을 밝힌다.

일본 상류층에 대한 자료 역시 부실했다. 다이묘의 저택이 거의 다 사라져 버렸기 때문이다. 도쿄의 다이묘 저택도 대부분 관공서나 학교로 변해 버린 상태다. 근대화 과정에서 봉건사회에 대한 부정적 인식 때문인지 일본 학자들의 저술에서도 사라진 다이묘 저택 도면은 거의 찾아볼 수 없었다. 그나마 가나자와에 남아 있는 유구, 전원에 지어진 일부 별저, 도쿄건축박물관에 이건移建한 일부 저택을 접할 수 있어서 다행이었다. 도쿄 민예관 서관의 경우, 허락을 받고 살펴봤지만 근대화가 도입된 저택이어서 이 책에는 많이 활용하지 못했다.

한국은 문화재청에 등록되어 있는 조선시대 한옥 중 반가班家 계층의 상류 가옥을 대상으로 삼았다. 다만 운현궁처럼 일부 복원된 사례도 포함했다. 가구나 장식 요소 들은 대상 가옥과 연관된 경우가 그리 많지 않아, 조선시대 상류 인테리어의 일반적 요소를 추출해 살펴보았다.

   이 책은 무엇보다도 동아시아 삼국의 실내 공간과 장식 요소에 대한 탐색 작업을 종합한, 최초의 시도에서 의의가 있다. 다만 제한된 역량이 이들 각국에 대한 심층적 분석까지는 미치지 못했음을 고백한다. 그런데도 세 나라의 전통 인테리어 비교·고찰을 통해, 각국의 문화적 특성과 삶의 미학적 성향 차이를 구체적으로 보여 주고자 정성을 기울였다. 나아가 한국과 중국, 일본이 저마다 고유의 인테리어 양식이라는 고아한 열매를 가꿔 냈음을 새롭게 인식할 수 있는 이해의 장이 되기를 바라는 마음에서 어려운 첫걸음을 내딛었다.

차례

여는 글   005

1 동아시아 주거 문화 이해하기   013

01 주거는 문화다   015

02 인테리어는 문화적 정체성의 아이콘   019

2 중국 문화의 결정체, 사합원   025

01 사합원의 구성 원리와 배경   027

02 사합원의 구조와 공간 특성   045

03 상류 사합원의 사례와 특성   060

04 사합원의 전통 인테리어   084

05 사합원의 전통 인테리어로 본 중국인의 미의식   122

3 절제와 관조의 긴장미, 서원조   129

01 사합원의 구성 원리와 배경   131

02 서원조의 구조와 공간 특성   146

03 상류 서원조의 사례와 특성   168

04 서원조의 전통 인테리어   181

05 서원조의 전통 인테리어로 본 일본인의 미의식   218

# 4 비움과 소통의 '휴먼스케일', 반가 한옥   227

01 반가 한옥의 구성 원리와 배경   229

02 반가 한옥의 구조와 공간 특성   236

03 상류 반가 한옥의 사례와 특성   245

04 반가 한옥의 전통 인테리어   265

05 반가 한옥의 전통 인테리어로 본 한국인의 미의식   305

5 삼국의 전통 인테리어 장식 특성과 비교 315

01 한중일 전통 인테리어 특성　　　　　　　　317

02 한중일 미의식 비교　　　　　　　　　　　　326

03 한중일 인테리어 장식 비교　　　　　　　　336

주석　　　　　　　　　　　　　　　　　　　　364

참고문헌　　　　　　　　　　　　　　　　　　370

도판 출처　　　　　　　　　　　　　　　　　　376

동아시아 주거 문화 이해하기

I

주거는 주택 이상의
의미를 가지고 있다.
주거에서 나타나는 생활양식은
문화의 명백한
표현이기 때문이다

주거는 문화다
01

주거는 주택 이상의 의미를 가지고 있다. 주거에서 나타나는 생활양식은 문화의 명백한 표현이기 때문이다. 인간은 집단의 한 구성원으로시 생활양식에 걸맞게 주거를 디자인하고 선택하고 개선하며, 더 나아가 주거를 통해 꿈을 내포한다.[1]

아마도 '주거는 문화'라는 오늘날의 인식을 널리 퍼뜨린 사람은 미국의 인류학자이자 건축학자인 아모스 라포포트Amos Rapoport일 것이다.

라포포트는《주거 형태와 문화》[2]에서 인류 토속 주거의 형태를 대상으로 왜 동일한 기후 조건에서도 집의 형태가 다른지, 왜 동일한 자재로 지은 집이 종족에 따라 둥글고 네모인지 등을 분석했다. 기후 조건을 포함한 자연환경은 물론 사회사상·종교, 생업과의 연관성, 공간의 성聖과 속俗, 사생활과 영역성, 남녀 관계, 손님을 접대하는 방식 등 모든 유형을 고찰했는데, 그 결과 '집은 사회

제도(social institution)'라는 결론을 내렸다.

오늘날 이른바 아시아의 '문명화된 주거 형태'는 서구의 영향임을 부인할 수 없다. 그러나 놀랍게도 서구 주거의 역사에서 공간의 근대적 역사는 그리 오래되지 않았다. 실제로 17세기만 해도 유럽에서는 방의 구분이나 개인 공간의 사생활이 없었다.

프랑스에서도 17세기 초까지 방이란 극히 다기능적이고 혼성적인 공간이었다. 방이라고 불리는 공간(내실)을 어른, 아이는 물론 주인과 하인까지 함께 사용했으며, 중상류층 가정에서도 침대를 홀이나 거실에 두는 경우가 다반사였다. 당시만 해도 침대는 가장 돋보이는 특권 과시 수단이자 유일한 가구였다. 한 방에서 하인이나 손님까지 함께 자던 풍습은 17세기 파리의 대저택이나 루브르 왕궁에서도 발견되었을 정도다.

오늘날과 같은 주거 공간의 분화는 중세 후기에 이르러서야 시작되었으며, 18세기 프랑스에서도 '사적' 공간으로 간주되는 공간들이 귀족 저택을 중심으로 출현하게 되었다.[3]

이에 비해, 동양에서는 일찍부터 중국을 중심으로 인간의 삶과 일상생활에 대해 다각도로 사상적 탐구가 이어졌다. 한국과 일본도 중국의 사상과 철학으로부터 많은 영향을 받았다. 중국 사상에 따르면 사람은 우주 만물의 중심이자 만물을 헤아리는 척도로, 전통적 천인합일天人合一 사상은 하늘과 사람 사이의 통일성과 합리성을 강조했다.

《중국문화개론》을 저술한 리종궤이李宗桂는 '중국 문화가 윤리 도덕을 핵심으로, 유가 윤리 중심주의를 출발점으로 삼는 신념은 전全 문화 체계의 공통된 특징'이라며, "모든 문화에는 특수한 목표가 내포되어 있으며, 저마다 다른 문화 모식模式을 지니고 있다. 이 문화 모식은 특정한 사회 군체(민족)의 문화 구성 요소와 방식 및 이로부터 표출된 전형적 특징을 보여 주므로, 이를 통해 특정한 인간군群과 그 생활문화 간의 관계를 설명할 수 있다"라고 했다. 즉 동아시아에서는 오랜 역사 속에서 이미 인간의 삶을 진지하게 성찰해 왔고, 특히 중국의 많은 현자들의 철학과 사상 등이 전수됨으로써 유구하고 깊은 문화와 역사를 이어 올 수 있었다. 그중에서도 가장 중요한 핵심은 항상 가족이었다. 가족과 가문이라는 개념은 집과 맥을 같이했으며 이를 지속시키는 구심적 사상은 무엇보다 '효'였다. '효' 사상은 강한 결속을 상징하는 가족주의 가치관이었다.

반면에 유럽에서는 18세기 후반이 되어서야 '가족'이라는 개념이 등장했고, 19세기에 이르러서야 공간과 가족의 연결 개념이 생성했다. 그래서 프랑스의 역사가 아리에스Philippe Ariès는 '근대사회에서 승리한 것, 그것은 개인주의가 아니라 가족'이라고 규정했다.[4]

이런 관점에서 본다면 동아시아의 전통 주거야말로 오랜 세월 가족이라는 개념과 공간 사용 등의 생활문화가 이어져 오는 과정 속에서 농익은 과일처럼 가옥 구조나 실내 공간의 다양한 요소와 미적 표현 등이 잘 어우러져 조성된 소중한 유산이라 할 것이다. 특히 한국과 중국, 일본은 '동양 사상'이라는 공통분모 속에서도 각기 고유한 특성을 지닌 삶과 생활을 집이라는 물리적 공간 속에서 독특하게 발전시켜 왔다.

따라서 '집'이라는 공간 속에서 인테리어 장식 요소와 '미'적 감성이 어떤 의미를 지니고 어떤 방식으로 표현되어 왔는지를 살펴보는 일은, 다름 아닌 동아시아의 새로운 진면목을 발견할 수 있는 뜻 깊은 작업이다.

인테리어는 문화적 정체성의 아이콘

02

인류의 삶은 의외로 장식의 역사에서 시작되었다. 동서양 모두 문양 장식의 표현은 자연에서 비롯되었고, 주술·토템·메시지의 역사가 바로 장식의 역사였다.[5]

장식 행위는 미적 관심과 태도에서 비롯되었다. 미 또는 아름다움은 감각적 기쁨을 주는 대상의 특성으로, 마음을 끌어당기는 조화의 상태다. 이러한 미의 범주로는 자연미, 조형미, 예술미 그리고 수공예의 기능미를 꼽을 수 있다.

장식 표현의 첫걸음은 주로 문양이었다. 선사시대의 토기 문양이 바로 인류의 미적 행위의 시발인셈이다. 자연에서 얻고 시작된 문양은 오늘날까지도 인류가 가장 사랑하는 모티브다.

중국과 서구 인테리어의 주요 요소인 의자 디자인도 모두 자연에서 영감을 얻었다. 한국의 대표적 목가구 중 하나인 상차림용 소반의 다리도 동물의 형상을 빌려 왔는데, 구족반은 개, 호족반은 호랑이 다리의 생김새를 채용한 것이다. 서구 건축에 큰 영향을 미친 그리스·로마 건축의 대표적 특징은 기둥 상부를 장식하기 위해 조각한 무늬[6]였다.

이처럼 장식은 일반적으로 물품이나 건축물, 신체 등을 꾸미기 위한 것이므로, 장식 자체는 기능이 없으며 단지 시각적 미감을 더할 뿐이었다. 이 때문에 때로는 문양에 한정되는 협소한 의미로 사용되기도 하지만, 사실 '꾸민다'는 개념은 매우 포괄적이다. 그리고 그 용어를 사용하는 의식 속에는 이미 '계획'의 의미가 들어 있다. 이런 맥락에서, 장식이란 정교한 문양에서부터 공간을 계획하고 조성하는 데 이르기까지 모든 부문에 두루 적용되는 개념이라 할 수 있다.

서구에선 장식이 점차 장식미술(Decorative arts)로 발전해 실용적 사물에 대한 디자인이나 제조라는 의미도 지니게 되었다. 그리하여 오늘날 장식미술은 기능이 없는 순수미술과 대조되는 개념으로 자리 잡기에 이르렀고, 이 개념을 실내 공간에 적용한 것이 바로 '인테리어interior'다. 따라서 우리말로는 간편하게 '실내장식'이라 부르는 인테리어라는 용어에는 장식과 더불어 '디자인' 개념도 있다고 봐야 한다.

인테리어 디자인이 실내의 전체 윤곽을 다루는 건축 영역을 두루 일컫는다면, 인테리어 장식은 주로 인간의 감각에 바로 와 닿는 섬세한 미적 영역을 일컫는다. 실내 공간을 용도와 기능, 분위기 등에 따라 미학적으로 꾸며서 건축물에 장식적인 멋과 격조를 더해 주는 작업이 인테리어 장식이다.

전통 사회의 장식은 신분 계층과 연관되며, 매우 깊은 상징체계를 담고 있다. 또한 장식 행위의 과정이, 사전에 계획된 일이었겠지만, 지금보다 훨씬 엄격한 사회적 규범 속에서 선택의 범주도 지극히 제한적이었다.

동아시아의 봉건사회에서는 일상의 모든 행위가 계급에 따른 규제나 사회·사상적 규범과 연관되어 있다. 조선시대에는 《경국대전》이 나라의 기본 법전이었는데, 집의 크기부터 장식의 제한에 이르기까지 모든 규제를 담고 있다. 집안의 예법은 《주자가례》에서 제시했고, 사대부 반가는 선도적으로 규범을 수용하고 준수해야 하는 지배 계층이었다.

중국이나 일본도 법과 규범이 엄격했다. 물론 내밀한 생활은 계급이나 가족·가문마다 차이가 있었겠지만, 당대의 생활 문화에 반영된 미의식과 미적 표현에 대한 규제나 규범 때문에 그 양상이 현대와는 많이 다를 수밖에 없다. 따라서 전통 가옥의 형태나 규모는 물론, 채색을 포함한 일체의 장식 행위도 신분에 따라 달리 규정되었다.

장식적 특성이란 신분을 구분하는 표지가 되었고, 신분 과시를 위한 기능도 하게 되었다. 전통 사회에서 시각적으로 드러나는 문양, 색채, 크기 등은 거의 모두 신분 계층과 연관되어 표현되었기 때문이다.

이처럼 주거의 규범과 기능, 혹은 가족 관계 등에 따라 오랜 세월에 걸쳐 자리 잡은 공간 구성과 활용 방식은 바로 문화 그 자체라고 할 수 있다. 남성·여성, 조상·제사, 어른·아이, 주인·손님, 일상·비일상적 행위 등의 다양한 변수와 그 관계를 서로 어떻게 인식하고 결합했는지에 따라서 그 나라의 사회 문화적 배경과 특성이 잘 드러나고 있기 때문이다.

집을 지을 때도 우리나라는 소나무를 주종으로 사용했고 그 외는 잡목으로 치부했지만, 일본은 삼나무가 주종이었다. 중국은 한국이나 일본에 비해 광활한 대륙에서 얻을 수 있는 다종다양한 고급 재목이 풍부했으며 채색도 더 적극적이었다. 자연 지형상 중국은 거대한 대륙의 나라, 일본은 섬나라, 한국은 반도 국가라는 특성도 세 나라 생활 문화의 미감과 궤의 형성에 확연한 차이를 가져왔다.

생활 방식도 한국과 일본은 오랜 세월 좌식 생활을 이어 왔지만, 중국은 송나라 때부터는 입식 생활로 바뀌어 상류 계층에서 의자와 침대가 보편화되었다. 즉 기능과 기동성 중심의 생활 방식으로 변화한 것이다.

집 구조도 한국은 추운 겨울을 대비한 온돌 문화가 발달해 본래의 마루 구조와 통합한 독특한 구조의 한옥을 탄생시킨 반면, 덥고 습한 해양성 기후인 일본은 겨울보다는 여름 위주의 구조로 발전되어, 실내 바닥의 쾌적성을 위한 다다미를 개발해 본래의 마루 구조와 통합시켰다. 또한 실내 수납공간은 지진에 대비해 모두 붙박이로 만들었다. 중국의 대표 민족인 한족은 실내 한쪽 벽에 바닥을 올린 쪽구들(중국식 온돌) 형태의 '캉'을 만들어 겨울을 보냈다.

이처럼 오랜 역사의 흐름 속에서 세 나라의 주거 양식을 조성해 온 문화적 차이는 기후와 같은 자연조건이 우선 요인일 수는 있지만, 사회·사상적인 다양한 요인도 영향을 많이 미쳤다.

데이비드 훔몬David M. Hummon(미국 홀리크로스 대학)은 주택과 가내 물품이 종종 사회적 지위나 계층을 드러내며, 집단적 아이덴티티의 차별화와 통합, 표출을 위한 비언어적 표지標識로서 중요한 역할을 수행한다고 지적했다.

이런 관점에서, 세 나라 전통 주거의 인테리어 요소는 사회계층별 동질同質 집단의 아이덴티티가 적절하게 표출된 문화적 특성으로 규정하기에 충분하다. 그리고 이 요소들은 오늘날에도 여전히 문화적 아이덴티티의 아이콘으로서 현대 인테리어에도 계승되고 있다.

이 같은 취지에서, 일단 세 나라의 대표적 전통 주거 공간인 중국의 사합원四合院, 일본의 서원조 書院造, 한국의 반가 한옥을 대상으로 삼아, 각 주거의 인테리어 장식 요소와 그 미학적 양식을 알아본다.

중국 문화의 결정체, 사합원

2

사합원은
중국 건축의 원형이자
중국 문화의 결정체로,
한족 고유의 전통적
주거 유형이다

사합원의 구성 원리와 배경[1]

01

사합원은 중국 건축의 원형이자 중국 문화의 결정체로, 한漢나라 때 화베이 지방에서 발달해 중국 전역으로 퍼져 나간 한족 고유의 전통적 주거 유형이다.[2] 서주西周시대(기원전 1046~771) 초기에 등장해 요나라 때 기본 구조가 형성되었고, 명·청대에 형태가 완성된 가장 오래된 주거 양식인데, 2000년 전 한대의 묘혈墓穴에서 출토한 명기明器에서도 발견된 바 있다.

허베이 성에서 출토된
3세기의 주택 명기

중화사상과 무한 증식하는 '상의 공간'

사합원四合院(쓰허위안)은 말 그대로 'ㅁ'자 형태의 가옥 중심에 안뜰인 중정中庭을 두고, 본채인 정방, 동·서 곁채인 상방, 문간채의 도좌방, 사랑채의 네 건물이 사방을 둘러싼 폐쇄적인 주거 형식이다.

목구조와 벽구조가 혼합된, 폐쇄적이고 내향적인 사합원은 중앙에 가장 중요한 공간인 중정을 두고 이를 겹겹이 둘러싸는 중층적 구조로, 주거 공간의 중심축인 남북 축선을 따라 무한히 확산되는 '무한 증식' 방식을 취한다는 점이 특징이다. 이는 중국인의 세계관과도 연관되어 있다.

그 세계관의 근간을 이루는 '중화사상'에 따르면, 중국은 세계의 중심으로 그 중앙에 모신 천자天子(황제)를 핵으로 삼아 무한히 반복·확산되어 가는 '상箱(상자)'의 공간을 형성한다. 이런 관점에서 중국인은 도시도 중국적 세계관이 함축된 하나의 소우주로 보았고, 주거 역시 동일한 세계관과 공간 질서를 지닌 축소된 소우주로 인식했다. 따라서 사합원의 공간 구조도 상자처럼 내부를 둘러싸는 '상의 공간'을 구현하고자 했다. 이 같은 공간 개념은 애초에는 혹독한 추위 등의 자연조건과 외부의 침입으로부터 내부를 보호하기 위해서였겠지만, 시간이 지나면서 험난한 외부로부터 분리된 내부 공간에 독립적이고 자유로운 소우주를 형성해 나가는, 내향적이고 심층적인 공간 개념으로 발전되었다.

이처럼 폐쇄적이고 내향적인 '상의 공간' 배치와 사용에는 위계적 구성이 따르기 마련인데, 그 근저에는 황제를 정점으로 한 유교적 위계질서의 교의가 깔려 있다.

중국 봉건사회에서는 거주자의 사회 계급에 따라 주택 규모에서 세부 장식에 이르기까지 엄격하게 제약했는데, 남녀유별·장유유서 등의 대가족제도, 종법제宗法制, 주택 세습에 근간을 둔 관료제 등이 제약의 배경이다. 특히 본채인 정방의 전면 폭에 대한 제약이 엄격해, 일반적으로 세 칸 이상은 금지했다. 유교 전통인 '예의제도'가 주거 공간을 구성하는 데도 반영된 것으로, 이런 봉건적 질서가 정형화되기 시작한 건 한대부터로 추정된다. 이때부터 주거 공간의 '좌우대칭 축적 구성'과 '정방正房을 중심으로 한 위계적 구조'가 형성되었다.

더불어 풍수도 주거 공간의 입지와 공간 요소의 방위·위치 결정 등에 중요한 영향을 미친 것으로 추측된다. 예로부터 중국인은 집을 지을 때면 반드시 지관地官을 통해 집터를 미리 알아보았다. 산 자든 죽은 자든 그 거처는 필히 우주와 조화를 이루어야 한다는 믿음 때문이다.

이런 맥락에서 모든 주거 공간은 인간이 우주와 조화를 이루기 위해 꼭 필요한 생체 에너지가 원활히 흐르도록 설계되었다. 기후나 자재, 또는 건물의 용도와는 무관하게, 우주적 숨결인 기氣의 흐름과 조화를 이루게 하는, 풍수에 기초한 공간 구성 원리는 이미 3세기에 확립되었다.[3]

또한 외부에서 독립되어 자유로운 이상향을 지향하는 사합원의 내향적 구조나, 자연과의 합일을 추구하는 원림園林의 구성에서도 엿볼 수 있는 도가 사상과 축적 구조의 근간을 이루는 음양오행설도 주거 공간 구성 원리의 배경으로 꼽을 수 있다.

이 같은 중국 특유의 주거 구성 원리에 대해, 손세관은 사합원 공간구조는 유가 사상이, 원림은 도가 사상이 가장 큰 배경으로 작용했다고 지적했다. 또한 사합원의 기본 구성은 집채(건물)의 중앙에 공적 공간인 당堂(거실)을 두고, 그 양옆에 사적 공간인 와실臥室을 두는 '일명이암一明二暗' 구성 원리를 따른다고 지적했다.

한편 북경 사합원은 목구조 방식이며, 목재로는 황송과 느릅나무를 사용했다. 벽체는 보온을 위해 상당히 두껍게 벽돌을 쌓아 구성했다.[4]

사합원은 시골에도 있지만 대표적 도시형 주택으로, 지역에 따라 중정의 규모, 벽 두께 등이 다르다. 중·소형은 주로 일반 서민이나 부유한 상인층, 대형·복합형은 귀족이나 관료층의 주택으로 쓰였는데, 중국 건축의 원형답게 주택뿐 아니라 일반 건축의 기본 유형으로도 두루 활용되어 왔다.

공간 디자인의 '축'과 '대칭'

중국의 거의 모든 도시는 평지에 위치해서 의지할 지형이 없었기에 자택의 영역을 에워싸 보호할 수 있는 강력한 건축적 질서가 절실히 필요했다. 이런 자연조건에서 비롯한 질서 원리가 중심 추구의 중화사상과 어우러진 것이 바로 중국 주택의 형식미를 이루는 '축'과 '대칭'이다.

사합원 건물은 남북의 종축을 중심으로 완벽하게 대칭을 이루는데, 종축에는 가장 핵심 건물인 정방을 배치했고, '중정'도 축의 중심에 두었다. 이런 질서 정연한 배치는 가장의 거처인 정방을 중심으로 구축된 위계질서의 표출이기도 하다. 이 같은 배치 원칙과 질서 규범은 일반 가옥뿐 아니라 왕궁에 이르기까지 동일하게 적용되었다. 예전에는 대문이 남북 종축에 위치했었지만 지금처럼 동남쪽 구석으로 몰리게 된 것도 송宋대에 이르러 일반화된 풍수설에 따라 정남쪽보다 동남쪽을 길한 방위로 믿었기 때문이다.

사합원의 핵심은 '소우주'인 중정

한족에 의해 중국 전역에 파급된 사합원은 해당 지방의 기후 등 자연조건과 생활 관습 등에 따라 다양하게 변형되었다. 일례로, 베이징의 사합원은 남방의 사합원과는 달리 건물들이 직접 연결되지 않고 독립적으로 구성되어 있다. 그러나 집의 배치만은 지

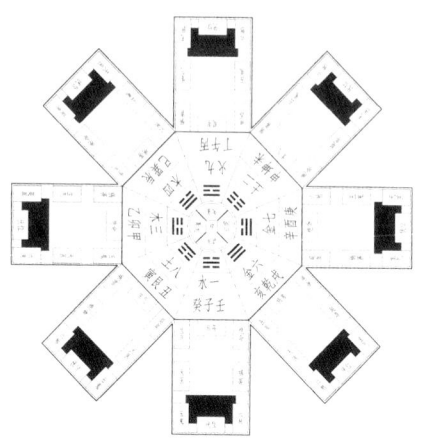

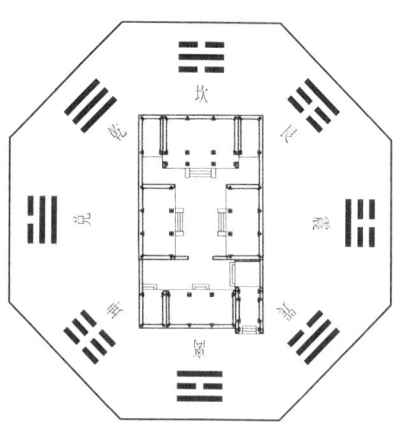

선천팔괘와 연관된 주택의 방위와 공간 관계

역을 불문하고 모든 사합원이 특유의 ㅁ자 형태인 중정형을 고수해 왔다.

일반적으로 중정형 가옥의 정원은 기후 조건이나 기능에 맞게 조성되었다. 그러나 사합원의 중정은 그 의미와 가치가 문화적으로 전혀 다르다. 사합원에서 중정은 가장 핵심 공간으로 내원 또는 원자院子라 불렀는데, 주택을 설계할 때 풍수지리적으로도 가장 우선적으로 고려한 공간이다. 이는 우리나라에서 집의 좌향을 잡을 때, 안방이 있는 정침正寢과 대문과의 관계를 중시하는 풍습과는 사뭇 다르다.

사합원의 중정은 주거 공간의 핵으로, 이를 중심으로 가족 생활공간이 배열되는 중심성이라는 위치를 갖는다. 일상생활 속에서 실내 공간과 긴밀히 연결되어 하나의 통합된 기능을 수행하는 거실 같은 공간이어서, 한옥의 비어 있는 마당과는 확연히 대비된다. 한편으로는 바깥세상과 격리되어 고요히 자연과 접하며 사색하는 공간이기도 해서, 거주자에게는 자신만의 소우주인 셈이다.

일반적으로 중국의 주택은 내부에 자연을 담는다. 주택의 중앙에 마당을 두어 그 중심을 비운다는 개념은 거친 외부 세계로부터 보호된 공간을 만들고 그 안에 풍요로운 자연을 담는다는 중국인의 의식 세계를 반영한다.

이러한 공간 구조는 '풍수적' 개념의 산물이기도 하다. 풍수적 공간 체계란 혈에서 솟아오르는 기가 흩어지지 않게 하는 장치다. 사합원에서는 정방의 중심인 조당祖堂이 기가 분출되는 혈이고, 이 혈과 마주하는 공간인 중정이 명당이다. 사방을 건물로 둘러싸고 중앙에 중정을 둔 사합원의 폐쇄적 공간 구조는 중정에 기의 흐름을 받아 담으려는 의도가 반영된 것이다. 가장 중요한 정방은 일반적으로 중정을 향해 개구부開口部를 만들고, 반대쪽인 후면으로는 개구부를 내지 않는다. 그러나 4진 사합원처럼 규모가 큰 경우 첫 번째 중정에 위치한 건물은 '청방'이라 하여 접객과 의례가 이루어졌고, 전면·후면에 문이 있다.

사합원의 배치는 중정의 전·후로 정원이 더 있는지 여부, 즉 중정으로 진입하기 전에 거치게 되는 앞뜰인 전원前院과 중정 뒤쪽의 후원後院이 있는지, 측면에 건물이 있는지, 사합원의 기본(단위) 공간이 연속적으로 반복·확장되어 있는지 여부에 따라 차이가 크다.

중정을 네 채의 건물이 사방으로 둘러싼 ㅁ자형 공간을 한 단위로 삼아 1진進이라 칭하며, 이 단위 공간이 '두 개, 세 개······'로 반복·확장됨에 따라 '2진, 3진······' 식으로 주택의 배치 규모가 달라진다. 일례로, 두 번째 대문 격인 수화문垂花門이 없는 기본형 사합원은 1진원, 수화문이 있어 대문과의 사이에 작은 진출입 전원을 구성한 사합원은 2진원이라 부른다. 즉 정원 수에 따라 주택

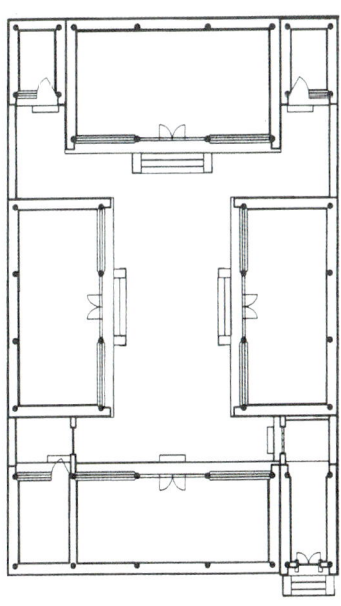

반듯한 사각형 대지에 질서 정연하게 배치된 사합원 가옥
수화문이 있는 2진 사합원의 기본 평면도

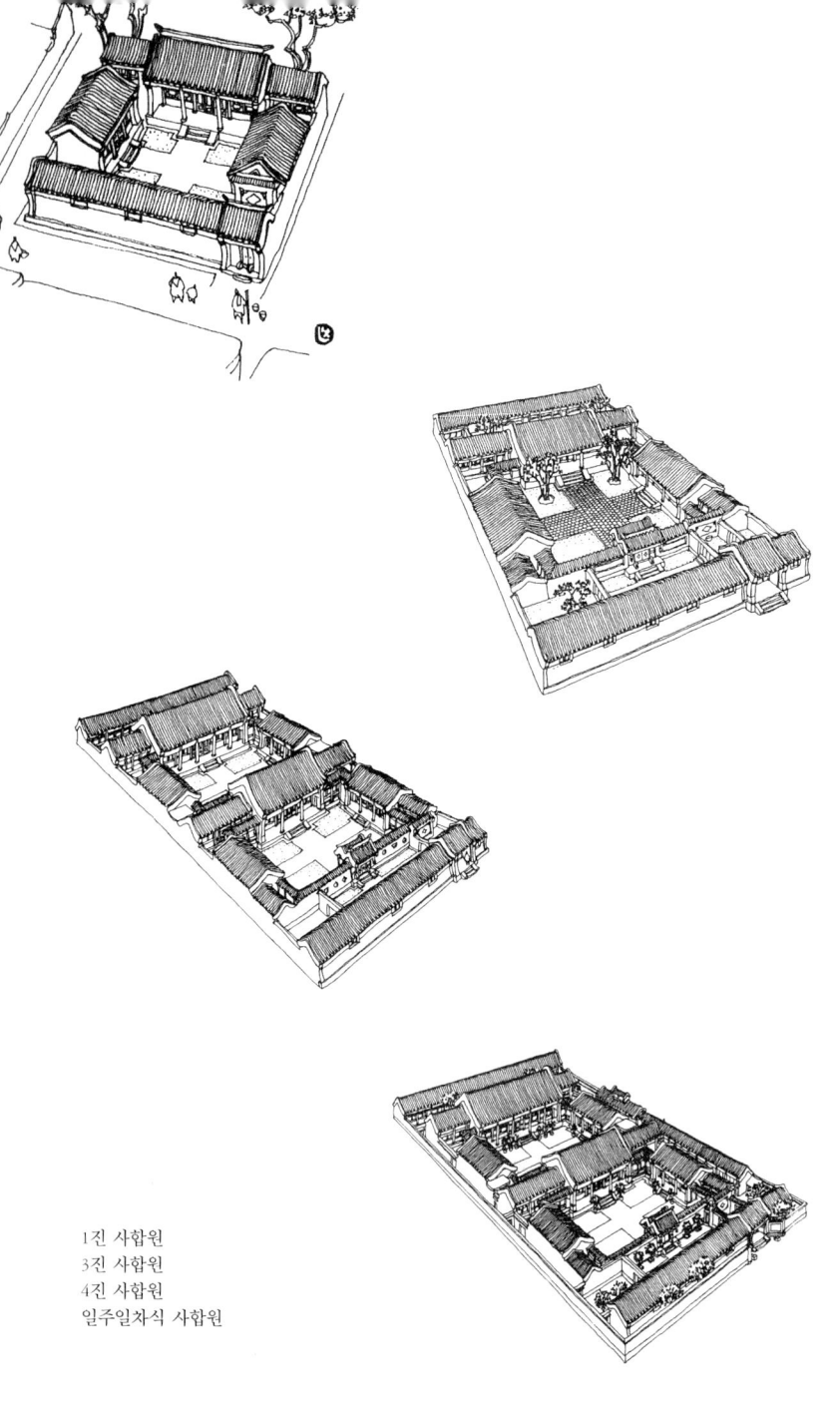

1진 사합원
3진 사합원
4진 사합원
일주일차식 사합원

의 명칭이 정해진다.

4진원 가옥 중에는 상방廂房 뒤편에 집채를 하나 더 길게 배치한 일주일차식一主一次式이나, 남북이 아닌 동서로 나란히 배치한 양조연립식兩組聯立式도 있다. 중산층 가옥은 대개 최소 규모의 1진원이었고, 최대 규모도 4진원을 넘지 않았다. 집안에 화원을 조성하면 대저택이 되는데, 왕족의 대규모 저택은 7진원, 9진원에 달했다.

또한 층수에 따라 단층 사합원과 다층 사합원으로도 구분하는데, 단층 사합원은 봉건사회의 풍수적 믿음에 따라서 대문이 중심축에 있거나 동남이나 서북 혹은 동북에 위치 하느냐에 따라, 두 유형으로 분류한다. 전자는 화이허淮河 강 이남과 동북 지역 성들에, 후자는 베이징을 중심으로 산둥山東, 산시山西, 허난河南, 산시陝西 성 등에 분포되어 있다.

사합원의 공간구성 원리를 따르면서 더 강한 내향성과 폐쇄성을 지닌 2층 이상의 목조 가옥군이 발달한 곳이 휘주다. 중국 안후이 성의 남부, 저장, 강서의 두 성과 접하는 지역은 양쯔 강의 남쪽으로 자연경관이 빼어나다. 오늘날 우리에게도 잘 알려진 강남 수향인 쑤저우, 항저우와 인근의 상하이까지 이러한 2층 주택이 구성되었다. 졸정원, 예원, 시탕마을 주씨가가 바로 휘주 주택이다.

이상의 유형에 속하지 않은 다른 사합원은 각 지역 소수민족들의 토속 가옥으로, 형태 역시 매우 다양하다.

사합원은 주로 상류 계층인 귀족, 지주, 부농, 상인 등이 거주하던 도시 주택이어서 문화혁명 당시 대부분 파괴되었다. 이후 전용轉用되거나 임대용 소규모 집들이 사합원 내에 무질서하게 지어져, 안타깝게도 일부를 제외하고는 본래의 형태와 기능을 잃어버렸다. 뒤늦게나마 관광용 가치가 있는 주요 건물을 수리·복원하거나 재건축하는 정책이 이어지고는 있으나, 사합원의 개별 역사를 살펴볼 수 있는 자료는 극히 적다.

베이징의 영혼, 후통

베이징의 골목은 미로처럼 펼쳐져 있는데, 이를 후통이라고 한다. 후통은 사합원을 이해하는 도시 문화다.

사합원은 한대 이후 주로 귀족, 부유층의 저택으로 쓰였지만, 오늘날에는 일반적으로 한 건물에 여러 세대가 공동 거주하고 있으며 음식점이나 호텔로도 사용한다. 일부 유명인이 거주했던 대규모 사합원은 행정기관이나 기념관으로 변용되었다.

중국의 도시는 대개 지에(街)로 가방(區域, 블록)을 구획하고, 가방은 후통胡同으로 조직되는데, 베이징 구舊 성내城內의 주택가를 격자 모양으로 구획하는 가로망의 골목길이 바로 후통이고, 그 안에 사합원이 바둑판처럼 이어져 있다.

후퉁은 중국 도시 주거지의 유구한 역사를 상징하는 공간으로 알려져 있다. 수·당대에도 성 이외 지역을 108개의 이방里坊(가까운 동네를 뜻하지만, 일종의 용도 구역으로 해석됨)으로 나누었고, 송대에는 121개로 늘렸으며, 그 안에서 구역별 거주지를 정했다고 한다. 반면 후퉁은 원대에 출현했고, 그 명칭도 '우물 또는 마을', 즉 '사람들이 모여 사는 곳'을 뜻하는 몽고어에서 유래하며, 800년의 역사를 지닌다는 견해가 설득력을 얻고 있다.

특이한 건물과 아름다운 화원 등, 독특한 공간 구조와 문화를 간직한 후퉁은 골목 곳곳마다 고사와 이야기가 배어 있어 그 자체가 사료이자 민속이며 민간고사民間故事의 발상지인 '전통문화의 보고'라 할 수 있다.

베이징의 멋은 도심 곳곳을 휘감아 도는 후퉁과 네모반듯하면서 단아한 모습의 사합원을 빼놓고는 얘기하기 어렵다. 이처럼 베이징의 상징이자 역사 그 자체이기도 한 후퉁의 배열과 성향이 사합원에 영향을 준 것으로 추정되며, 그 때문에 후퉁을 모르면 사합원도 이해하기 어렵다. 세계지명연합(UNGEGN) 중국 협회장을 역임한 베이징 도시 문화 운동가인 리우바오첸劉保全도 《베이징 후퉁》에서 "후퉁이야말로 베이징의 영혼이며 그 영혼을 이루는 요소가 바로 사합원이다"라고 피력했다.

후퉁의 길거리 풍광은 사합원 가옥의 대문과 높은 담장에 의해 연출된다. 폐쇄적이고 높은 담장은 지나가는 행인에게 아무것도 볼 수 없다는 궁금증과 담장 안에서도 자신을 외면하고 있다는 안도감의 묘한 이중적 느낌을 교차시킨다.

베이징 후통의 폭은 보통 7미터 내외인데, 후통 안에 자리 잡은 사합원 가옥의 담은 무려 4미터 전후에 달한다. 이런 후통과 사합원의 높은 담장은 오히려 외부의 공적 공간에서 주거 내부의 사적 공간으로 진입할 때 중간 지대로서의 기능적 공간 역할을 해 주며,[5] 이웃 간의 교류와 공동체적 결속을 조성하는 배경이 되기도 한다.

후통의 발달은 베이징의 중심인 자금성의 대규모 건설 계획과도 연관이 있다. 베이징의 인구는 명대에는 30만 정도였으나 청대 말기에 100만을 넘어, 주택 수요도 크게 늘었기 때문이다. 주周대의 왕성에서부터 명·청대의 베이징에 이르기까지 도시 가옥은 모두 질서 정연하게 정비된 후통의 방형(네모반듯한 형태)이나 구형(둥근 형태)의 일정한 택지 내에 지어졌는데, 사합원 가옥의 공간 구조가 이런 형태의 택지에 안성맞춤이었다.[6]

중국의 저명한 소설가이자 문명비평가인 린위탕林語堂은 《베이징 이야기》에서 이런 후통의 정경을 다음과 같이 묘사했다.[7]

밤의 장막이 드리워지면 집안에는 평온이 감돈다. 그것은 고요인 동시에 고요가 아니다. 바로 후퉁이 천천히 활기를 띠기 시작하기 때문이다. 옛날에는 종루에서 인정 人定(밤에 통행을 금하기 위해 종을 치던 일)을 알렸지만, 지금은 시청에서 고용한 야경꾼이 골목을 돌면서 딱따기를 치는데 자정에 세 번을 치고 동틀 무렵에 다섯 번을 친다. 후퉁에서 행상들이 외치는 소리는 약간 부드러우면서도 낮게 가라앉아 있어서 멀리까지 울려 퍼진다. 몇몇 유럽 사람들은 이런 행상들의 소리가 수면을 심각하게 방해한다고 말하지만, 어떤 사람들은 그 소리가 독특하고 평화로워 잠을 부르는 자장가 같다고 말하기도 한다.

겨울이든 여름이든 행상들이 외치는 소리는 후퉁을 가득 채운다. 그들은 골목의 고요함을 깨지 않으려 신경 쓰면서, 은근히 사람들의 생활을 부산하게 만든다.…… 이런 행상들의 왕래는 후퉁의 한적함을 깰 정도로 빈번하지는 않으며, 오히려 후퉁에 생기를 불어넣는다.

후퉁에서는 누구라도 사합원에 살고 뜰 한가운데에는 석류나무와 금붕어 연못이 있다. 여름이 되면 사람들은 소나무 아래 등나무 의자에 허리를 누이고 느긋하게 재스민 차나 녹차를 음미한다. 겨우 20전의 찻값을 치루면 여름의 긴 오후도 스르로 지나가 버린다. 차관에서는 따끈따끈한 양고기 구이를 먹을 수 있고,

명사, 고관, 호상, 소시민, 노점상 등이 배갈(白干酒) 잔을 기울이며 한데 어울린다. …… 거리 이발사의 귓전을 울리는 경쾌한 가위 소리, 골목골목을 돌며 고물을 사는 고물상의 북소리, 시원한 매실 주스를 파는 사람들의 구리 그릇 두드리는 소리들이 들려온다.

번잡한 대로와는 달리 후퉁은 구불구불 서로 연결되어 있기 때문에, 이따금 아무 생각 없이 후퉁을 걷다 보면 어느새 깊숙하고 고요한 옛 사찰에 들어서기도 한다. …… 모든 집에는 정원을 둘러싼 높은 담이 세워져 있으며, 대문은 굳게 잠겨 있다. 설령 대문이 열려 있다 해도 안마당이 녹색의 영벽影壁으로 가려져 있어서 바깥에서 집안을 들여다볼 수 없다.

하지만 오늘날에는 이런 후퉁의 모습도 현저히 변해 버렸다. 후퉁과 사합원은 과거에는 중상류층의 고풍스러운 주거 공간을 대표했으나 현재는 서민층의 조잡스런 주거 공간으로 바뀌었다.

베이징의 모습이 이처럼 급격히 무너지기 시작한 것은 1950년대 초반부터다. 사회주의 건설이라는 명목하에 베이징 도심을 둘러싼 오래된 성벽과 성루 들이 마구 파괴되고, 소중한 옛 자취가 속속 스러져 버리자 일부 언론은 '재난'이라고까지 비난했다. 한

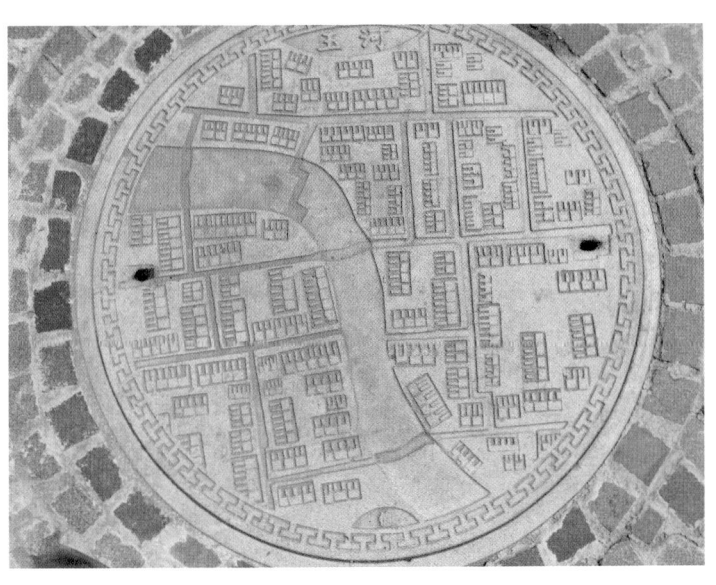

맨홀에 새겨진 베이징 후통의 일부

문화사학자는 아예 '베이징 말살론'을 제기하기도 했다. 후퉁과 사합원은 베이징을 이루는 '세포'나 마찬가지이므로 이를 파괴하는 것은 곧 유구한 고도古都인 베이징 자체를 없애는 것이라는 경고였다.

이런 비판에도 아랑곳없이, 베이징 현대화 건설 계획에 따라 후퉁의 길은 새로 단장되고 대로에 면한 곳은 이미 고층 건물이 들어서서 후퉁의 전면을 가로막고 있으며, 너무 낡은 목조 가옥은 콘크리트와 시멘트 벽돌로 바꾼 새 건물이 되어 옛 사합원 자리를 메꾸어 가고 있다. 그나마 다행스러운 것은, 베이징 당국이 급격히 줄고 있는 후퉁을 보존하기 위해 역사적 가치를 지닌 특색 있는 후퉁은 보호 지구로 설정해 보살피게 되었다는 점이다. 이처럼 빠르게 변해 가는 후퉁의 실상은, 현지 조사를 실시해 후퉁과 사합원의 구체적 현황을 정리한 전봉희의 책,《중국북경가가풍경》에 상세히 소개되어 있다.

사합원의 구조와 공간 특성

02

사합원은 오랜 세월에 걸쳐 만들어진 한족의 정형화된 공간 구조다. 이러한 공간 원리는 수많은 지역의 소수민족 가옥에도 적용되었으며, 오늘날 규모 여부와 상관없이 사합원으로 통칭한다. 앞서 말한 것처럼 네 채의 집채(건물)로 둘러싸인 ㅁ자 쌍변구조로, 외부는 폐쇄적이고 내부는 개방적인 독특한 내향적 가옥이다. 그리고 청(廳)이라 불리는 집채 부분과 외부 공간인 정원으로 구성되어 있다. 또한 각 건물 사이에는 회랑(유랑遊廊, 주랑走廊)을 설치해 건물 전면 처마 아래의 전랑과 연결되도록 동선의 흐름을 잇는다.

영벽과 수화문, 영역과 신분의 표지

문명권 사회의 주택에는 어느 나라를 막론하고 대문이 있다. 대문과 벽(담장)은 자기 영역에 대한 소유와 사용의 표지(標識)며, 그 표지의 강약은 문화적 차이에서 기인한다.

중국 주택의 대문은 격식과 장식을 통해 주인의 신분을 상징하는데, 일반적으로 옥우식屋宇式 대문과 벽식壁式 대문으로 구분한다. 옥우식은 집과 닮은 형태로 지위가 높은 관리나 부유한 상인층 저택에, 벽식은 벽의 일부에 개구부가 있는 간소한 형태로 서민층 가옥에 쓰였다.

대문을 들어서면서 바라보이는 내벽이 영벽影壁인데, 영벽은 외부 세계와 내부의 생활공간을 분리하는 장치이자 집의 첫인상을 주는 주요한 벽면이다. 영벽은 조벽이라고도 하는데 중국어로 마주친다는 말이 조면照面이어서 집을 출입하는 사람들이 영벽을 바로 마주치기 때문이다.[8]

영벽은 다양한 문양과 길사송어吉事頌語로 장식하거나 자연석 등으로 꾸며 독특한 분위기를 풍긴다. 영벽은 가로에서 관찰되는 집 안의 시선을 막고, 벽면에 새긴 부조는 앞에 심어진 나무 그늘과 빛의 조화를 이루는, 생동감 있는 4차원 공간 장식이다.[9]

이 영벽을 보며 좌측으로 꺾어 들어가면 길고 좁은 전원이 나오며, 그 오른쪽 담장 중앙에 내원인 중정으로 들어서는 수화문垂花門이 있다.

수화문은 집 내부와 외부를 구획하는 주요한 출입 경계 표지로, 주택의 중심축에 자리한 실질적 입구다. 처마 밑에 꽃 등의 조각이나 단청을 한두 개의 수화주垂花柱에 매달고 있어 수화문이라고 명명했다. 수화문은 겹문으로 되어 있는데, 외부에 면한 기반문棋盤門은 보안용으로, 밤에는 닫아 놓는다. 내부에 면한 병문屛門은 시선과 소음 차단용으로 차폐 기능을 하며, 결혼식이나 장례식 외에는 늘 닫아 놓는다.

외부인은 허락 없이 수화문으로 들어서지 못하며 미혼의 처녀는 수화문 밖으로 나가는 건 물론, 문밖을 엿보는 것도 금지시켰다. 대문과 마찬가지로 집주인의 사회경제적 지위를 과시하는 수단이었으므로 상류 가옥에서는 수화문을 문양과 채색으로 치장했으나 소규모 사합원에서는 간소하게 꾸미거나 아예 수화문을 생략하는 경우도 많았다.

공허부와 실체부, 중정과 회랑

중정에 들어서면 사합원의 축에 위치한 정방의 정면성은 매우 우세하다. 중정은 정방형이거나 남북이 약간 더 긴 장방형으로 열십자 통로로 연결되는데, 이 길은 가장만이 사용할 수 있었다고 한다. 중정은 몇 그루의 나무 외에는 비워진 공허부다. 리윈허는 이 중정이 사방이 둘러싸인 지붕 없는 실외 공간이며, 건물의 중요성과 동등하다고 했다.

반면 회랑은 내부 공간과 외부 공간을 연결해 주는 긴요한 공간으로, 각 건물의 중정을 향한 곳에 설치해 날씨와 무관하게 주택 곳곳으로 이동할 수 있게 해 준다. 회랑은 가장 이외의 가족이 사용했는데, 화려한 채색으로 치장했으며, 난간을 설치해 걸터앉아 담소를 나누거나 마당의 꽃이나 나무를 감상할 수 있는 기능적인 실체부 공간이었다.

주택 전체의 공간은 최고 연장자가 거처하는 공간을 중심으로 서열에 따라 단계적으로 배열된다. 가장 중요한 건물인 정방이 가장 크고 높으며 나머지 건물도 위계별로 크기와 높이를 달리한다. 정방은 대개 세 칸을 넘지 않았다.

봉건사회는 대가족제도여서 최고 연장자인 조부모가 정방을 쓰고, 상방은 대개 아들 부부가 사용했는데 동상방이 서상방보다 위계가 높아 주로 맏아들이 기거했다. 또한 남자의 공간은 전면과 중앙에, 여자의 공간은 후면과 구석에 배치했다.

정방 뒷면 북쪽 제일 깊은 곳에 위치한 후조방(后照房)은 미혼의 딸이나 첩, 여자 하인들의 거처로 부엌이나 가사용 작업실이 딸려 있다. 후조방 한쪽에 후통으로 직접 통하는 작은 문을 설치해 부녀자의 출입이나 서비스 용도로 사용하기도 했다. 정방 맞은편 대문 옆에 길게 연결된 도좌방은 손님방, 남자 하인방, 작업실(창고) 등으로 사용했다.

4진원 이상의 대규모 사합원에만 있는 청방은 접객용이나 서재, 관혼상제 공간으로 썼는데, 여기서부터는 외부인 출입이 금지

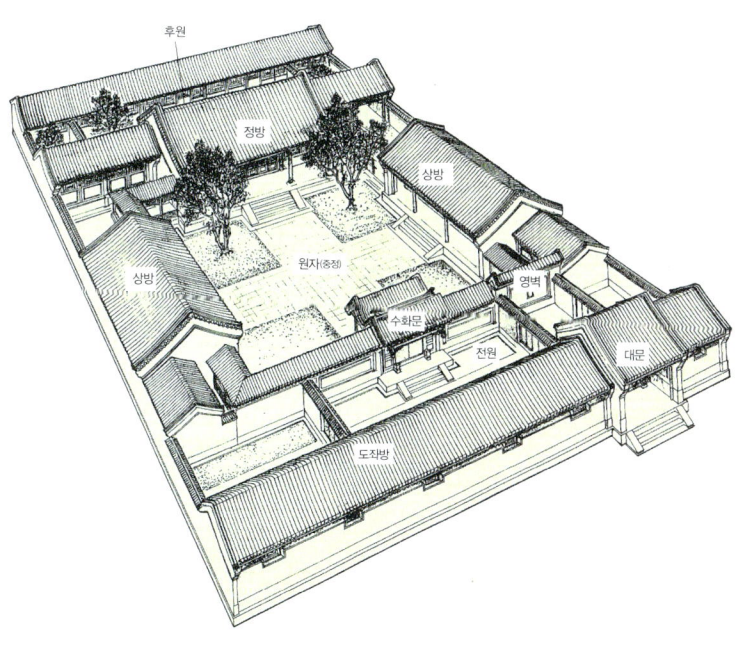

3진 사합원의 구성과 명칭

되는 사적 공간이다. 이는 중국 전통 주거의 구성 원리인 '전당후실前堂後室' 원칙에 따른 것인데, 전면에는 접객과 의례를 위한 공적 공간을, 후면에는 일상생활을 위한 사적 공간을 배치하는, 공간 개념이다.

각 방의 실내 공간은 축과 대칭 원리에 따라 보통 세 공간으로 분류하는데, 중앙의 당은 공적 공간인 거실로, 좌우의 와실은 사적 공간인 침실 등으로 사용한다.

사합원에서 가장 중요한 건물인 정방 중앙의 조당은 가족의 거실이자 주택의 실질적·상징적 중심 공간으로, 조상의 위패를 모시며 관혼상제나 접객 장소로도 쓰여 가장 격조 있게 장식한다. 이처럼 조당을 중시하는 규범의 근저에는 '기를 분출하는 혈 자리'라는 풍수 개념이 깔려 있다.

조당 좌우에는 집안 최연장자의 개인 공간인 와실이 있다. 와실에는 침대와 여러 가구를 두는데, 베이징을 위시한 화베이 지방에는 우리 온돌과 유사한 '캉'을 설치한다. 와실 양옆에는 작은 방인 이방耳房들이 딸려 있어, 부엌, 잡실, 화장실 등으로 썼다.

식사는 각 가구별로 하는 원칙에 따라 가장의 식사만 후조방 부엌에서 만들었다. 나머지 식구들은 한쪽 와실이나 이방을 부엌으로 사용했으며 일부는 마당 한구석을 이용하기도 했다. 욕실은 따로 없어서 항아리나 대야로 물을 날라 방에서 씻었다. 화장실은 가장 불길한 방위라는 남서쪽 구석, 즉 도좌방의 왼쪽 끝에 별도로 작은 건물을 배치했고, 필요에 따라 후조방에도 두었다. 각 와실에도 호자虎子(호랑이 모양의 남성 소변기)나 의자 형태의 이동식 변기인 마통馬桶을 구비했다.

중심성이 반영된 공간 구조

사합원의 실내 구조 중 또 다른 독특한 특징은 각 건물 출입문이 중앙에 단 하나뿐이라는 점이다. 정방은 중앙의 조당 앞쪽에 넓은 공간을 두어 손님을 접대하거나 가족 모임을 하는 거실로 활용해, 양옆에 부속된 방들은 조당 출입문을 사용할 수밖에 없다. 즉 중정을 정면에 둔 정방이 조당처럼 중심이 되면 양옆 상방은 중정의 측실 공간이 되는 셈이며, 중정을 향한 정면 문도 중앙의 정방 문 하나뿐이다. 상방들도 역시 문이 하나뿐으로, 중정을 향한 네 방위의 동서남북 축의 연결만 허용된 구조다.

주거 구조에 적용된 강한 중심성은 중국 봉건사회 유가의 사상적 교의가 적극 반영된 것이다. 당대에도 주거의 형태·배치·장식 등에 서열이 매겨졌으며, 명·청대에도 주택 규모에 엄격한 등급 제도가 적용되었다. 일반 가옥은 세 칸을 넘을 수 없었기 때문에 베이징 사합원의 대부분은 정방이 세 칸 규모이되 그 양옆에 부속 공간인 이방을 배치하는 방식을 취하게 되었다.

예로부터 중국인은 '오세동당五世同堂', 즉 '다섯 세대가 한집에 거주하는 것'이 복의 근간이 된다고 믿어 왔을 만큼 대가족제도를 이상으로 여겼다. 이 같은 가족 중심 사상은 우리나라도 마찬가지여서 가족의 건강과 장수, 행복 또한 출세와 비례하는, 가문의 번창을 위한 삶의 중요한 목표였다. 따라서 유교의 전통적 덕목인 장유유서, 부자유친, 남녀유별 등은 가족을 유지하고 다스리는 규범이었고, 그 규범을 수용하는 것 자체를 질서로 받아들였다.[10]

유교적 위계질서는 사합원의 공간 구조는 물론 자재에까지도 적용되었다. 목재 중 대나무는 선호도에서 후순위였고, 석재는 다듬어진 돌(熟石)이 가장 우위고 벽돌, 자연석, 흙벽돌 순으로 가치가 낮았다. 값어치가 높은 자재는 대문이나 정방 등에 사용했고, 빼어난 기술을 지닌 장인이 다루게 했다. 실내 마감재는 왕실 외에는 거의 모두 동일했다. 바닥은 대부분 석재였지만 지역이나 상황에 따라 목재를 사용하기도 했고, 벽은 창문을 제외한 나머지에는 회반죽이나 목재 장식판을 사용했다. 천장은 지붕 구조를 노출하지 않는 경우는 대개 평천장이었다.

이처럼 위계질서의 규범을 준수하는 사합원의 공간 구조는 엄격하고 폐쇄적인 환경을 조성해 가부장의 통치권, 남존여비 관행, 주종 관계의 서열 등을 확고히 다질 수 있는 여건을 마련해 줌으로써, 중국 봉건사회의 유교적 기틀을 공고히 하는 데 기여했다.

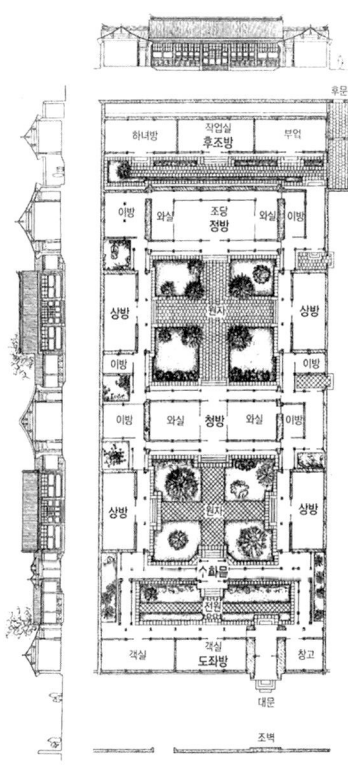
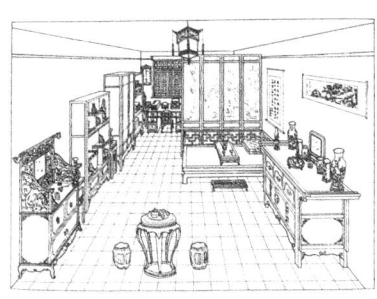

4진원의 공간구성
사합원 실내

정원과 원림, 자연과의 합일

격식을 갖춘 사합원의 외부 공간에는 전원, 중원, 후원 등으로 불리는 다양한 정원이 있는데, 보통 크기순으로 정庭, 원院, 원園으로 구분한다. 정은 청廳 앞의 소규모 정원이고, 원院은 정에 비해 크고 개방된 공간으로, 일조 조건이 정보다 좋아 화초를 심을 수 있다. 원園은 제일 큰 정원으로 화초나 나무를 심고 돌도 쌓아 가산假山을 꾸미고 물을 끌어들여 연못을 조성하는 등, 조경의 비중이 큰 공간이다. 린위탕은 《베이징 이야기》에서 중국 정원을 이렇게 묘사했다."

중국인의 주택 설계 형식은 비교적 단순하다. 벽돌로 바닥을 깐 정원은 그윽하고 유유자적하게 보낼 수 있는 공간이며 외부와는 완전히 차단되어 있다. 주인은 넓은 정원에 자신의 취향에 따라 인공산人工山을 만들어 꽃이나 나무를 심기도 하고, 옷을 말리는 막대기를 걸쳐 놓기도 하지만, 약 두 자(尺) 높이의 금붕어 어항만은 빠지지 않는 장식품 가운데 하나다. 소박한 집에서도 대추나무나 석류 한 그루쯤은 꼭 심는다.

모든 정원은 나름대로 특징이 있다. 대부호의 집에는 정원이 아주 많다. 이런 정원은 지붕이 있는 회랑으로 연결되어 있다. 회랑 한쪽은 담으로 막혀 있고 한쪽은 트여 있는데, 그 가운데에는 다른 정원들과 서로 통하도록 월량문月亮門이나 육각문六角門이 있다. 정원은 침실·서재·응접실 및 주방과 마찬가지로 주택의 한 구성 요소다.

주택에 부속된 정원들과는 달리 독립된 기능을 하는, 규모가 큰 정원을 '원림園林'이라 부르는데, 상商나라와 주周나라의 유적에서 이미 원림 가옥의 모태가 발견될 만큼 역사가 유구하다.

원림은 자연을 주제로 한 건축 문화의 일부로서 도가 사상에 뿌리를 두고 있다. 인간은 우주·자연과 분리될 수 없는 유기체적 일부라는 도가의 공간개념은 자연의 변화와 자유, 대조와 균형, 개체성과 통일성의 조화를 이상으로 삼는다. 따라서 원림의 공간 구성도 비정형, 비대칭, 신비성, 곡선적 구성을 강조해 자연 본래의 형태를 따르려 한다.

원림에는 중국인의 사상, 즉 우주관·자연관·인생관 등과 미학적 가치가 드러난다. 자연과 합일하려는 사유와 정조情操가 담겨 있는 것이다. 따라서 원림은 조성한 이의 우주·사회·인간에 대한 정취를 표현하는 심미적 수단이었을 뿐만 아니라, 정조를 배양시킴으로써 중세의 시·서·화·건축 등의 발전에 기폭제가 되기도 했다.

원림은 유형에 따라 황실 원림과 사가私家 원림으로 분류한다.

황실 원림은 규모가 엄청난데, 대표적인 것이 청더 피서避暑산장으로 대규모 원림답게 멀리 산 능선까지 포함해 한국의 자연 발생적 정원과 느낌이 비슷하다.

한편 강남 지역의 사가 원림은 중국 정원을 대표한다고 볼 수 있다. 예로부터 상업이 발달해 부유한 상인과 문인, 은퇴 관료 들이 많이 거주한 지역 특징이 강남, 특히 쑤저우 지역에 사가 원림이 발달한 배경이다.

원림의 주요 구성 요소는 연못과 기석奇石이다. 대부분 인공적으로 조성한 수경水耕 공간은 원림의 절반 이상을 차지하는데, 6분의 2는 수목과 화초, 6분의 1은 건축물로 구성된다.

수경 공간과 더불어 바위(假山)와 바위 속 동굴(山洞)도 도처에 인위적으로 만들었다. 육조六曹시대 이후 돌을 정원석으로 애호하는 풍조가 송대에도 이어진 것인데, 진기한 모양의 좋은 돌은 예술품 대접까지 받았고, 그중 최상으로 친 것이 장쑤 성 타이후에서 채취한 태호석太湖石이었다. 태호석은 아름답다고 보기에는 너무 심하게 울퉁불퉁하다. 이런 역동적인 형상에 회화적 가치를 부여해 선호한 풍조는, 송대 예술의 전성기에 기교를 중시하던 추세에서 비롯한 것으로 보인다.

원림의 특징은 바위, 연못, 인공산, 나무와 화초, 누각과 정자, 회랑 등을 세심하게 배치해 어디서 보든 완벽한 정경을 볼 수 있

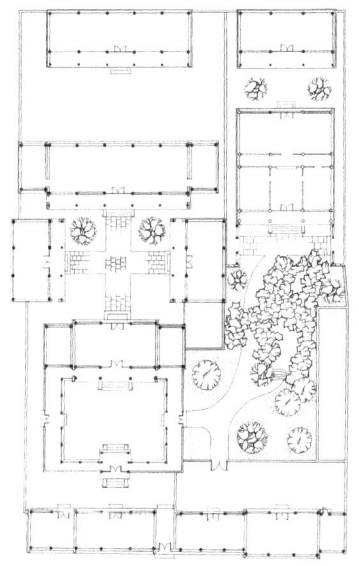
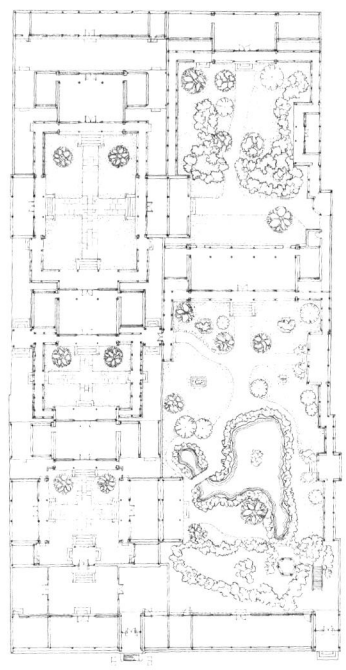

화원이 있는 대형 사합원 배치도
대규모 원림 가옥 배치도

다는 것이다. 거대한 연못을 조성한 수경 공간에 정자를 중심으로 석조 장식물과 수목 들을 조화롭게 배치하는데, 꽃보다 나무와 돌이 많은 까닭은 복의 기운을 담으려는 어목신御木神 사상의 영향을 받은 것이다.

또 원림은 이쪽저쪽으로 꺾인 다리, 굽이굽이 휘돌아 가는 긴 회랑 등의 구불구불한 복잡한 경로를 따라 유람하듯 둘러보게 배치되어 있다. 길이 꺾이는 곳마다 정자, 누, 대, 트인 창문 등을 조성했는데, 이 '관망처'들은 가장 수려한 풍경을 한눈에 바라볼 수 있는 장소에 주변과 조화를 이루는 적당한 크기로 설치했다.

이처럼 인공과 자연이 어우러져 연출하는 막힘과 트임, 딱딱함과 부드러움, 어둠과 밝음 사이를 유유히 오가며 자연과의 합일을 음미해 보는 것이 바로 원림의 매력이라 할 것이다.

원림과 어우러진 집을 '원림 가옥'이라 부르는데, 중국에는 대규모 원림 가옥이 많다. 원림보다 작은 규모의 정원인 화원花園이 있는 집은 '화원 가옥'이라 부른다.

원림 가옥은 남북조시대의 영향을 받은 것으로 보이며 당대에도 유행했다. 당대의 사대부나 문인·화가 들이 지녔던 사상과 정취가 원림 조성의 차경借景 방식, 즉 자연을 정원 경관의 일부로 도입하는 방식에 적극 반영되었다고 본다.

차경은 원림 조성의 가장 중요한 개념으로, 자연을 거스르지 않고 합일하여 자연 자체가 되는 것이다. 그 유형은 공간적 개념과 시간적 개념으로 나누는데, 공간적 개념은 먼 곳, 가까운 곳, 높은 곳, 낮은 곳의 경물景物을 차용하는 원차遠借, 인차隣借, 앙차仰借, 부차俯借고, 시간적 개념은 시절과 풍경에 따라 경물을 차용하는 응시이차應時而借다. 이 요소들은 각기 독립적이지 않고 서로 공유할 수 있는 개념이다.

따라서 원림 조성은 자연을 거스르지 않고, 자연을 닮기 위해 대칭과 직선 형태를 피하면서 변화무쌍하게 꾸미는 데 주안점을 둔다. 그 때문에 사합원의 축과 방위 중심의 엄격한 질서와는 묘한 대비를 이루는데, 이런 사합원의 엄격한 질서 정연함과 그와 대비되는 원림의 자유로운 자연스러움이야말로 중국 건축의 구성적 특성이라 할 수 있다.

상류 사합원의 사례와 특성

03

황궁의 축소판, 궁왕푸

왕푸(王府)는 친왕親王(황제의 아들이나 형제)이나 군왕郡王(친왕 이외의 황족)의 저택으로, 궁왕푸는 베이징에 남아 있는 왕푸 중 보존 상태가 가장 완벽한 황족의 저택이다.

이 고택은 청대 건륭제乾隆帝 때 대학사大學士이자 실권자였던 화신和珅(1750~1799)이 1776년에 지은 집으로, 험난한 역사를 지니고 있다.

만주족 출신인 화신은 빼어난 꽃미남에 총기가 뛰어났고 급제를 한 뒤 황제 호위 무관으로 머물다. 스물다섯이라는 젊은 나이에 건륭제의 눈에 들어 실권자가 되었다. 건륭제의 총애를 업고 날로 승승장구하던 그는 국가의 주요 정책에 쓸 예산을 빼돌리는 등 엄청난 부를 축적했고, 아들을 황제의 딸과 혼인시켜 일약 황가의 일원으로 진입시키는 등 온갖 권세를 휘둘렀다. 그 때문에 오늘날까지도 희대의 대大탐관오리로 비난받고 있다.

화신은 건륭제 사후에 황제 참칭僭稱과 과소비 향락 죄로 가경제嘉慶帝로부터 자결하라는 명을 받고는 감옥에서 목을 맸다. 이후 그의 집은 가경제의 동생인 영린왕永璘王이 차지해 살다가 함풍제咸豊帝 초년에 공친왕恭親王이 물려받으면서 '궁왕푸'로 불리게 되었다. 해방 후에는 국가 소유가 되어 1984년부터 내부 화원만 개방하고 있다.

궁왕푸는 '황궁의 축소판'이라는 명성답게, 남북으로 약 330미터, 동시로 약 180미터 길이에 전체 면적이 6만 1120제곱미터에 이르는 거대한 호화 저택이다. 또한 건물이 3만 2260제곱미터, 화원이 2만 8860제곱미터를 차지할 만큼 웅장하고 화려하다.

평면도를 보면 전면에는 남북을 축으로 삼은 집들이, 후면에는 화원이 배치되어 있다. 전면의 집들은 열두 개의 마당이 딸린 거대한 크기로, 특히 후원과 경계를 이루는 제일 안쪽의 2층 사합원은 동서 길이가 무려 156미터에 후벽의 창문이 88개, 방이 108개로 속칭 '99칸 반'이라 불린다. 도교의 '계만즉영屆滿卽盈(만기가 되면 넘친다)'의 의미를 취한 명칭이라 한다.

오랜 세월을 거치면서 일반 거주를 위한 공간 외에도 경극을 관람하는 극장, 연회와 의식을 베푸는 공간, 귀한 손님을 맞이하

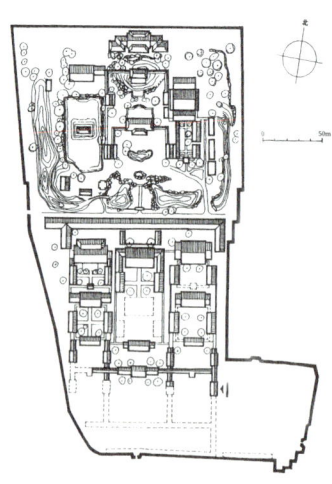

궁왕푸 저택 전면
궁왕푸 배치도 (전면은 저택, 후면은 원림으로 조성)

수화문과 회랑
5칸 청寢의 전면
건물들에 연결된 회랑
제일 안쪽의 2층 사합원
후원의 연못과 누각

는 객간 등 여러 기능의 공간을 추가한 것으로 보이는데, 상류 사합원의 가능한 모든 장식적 표현이 반영되어 있다.

건물 전면과 회랑은 모두 화려한 채화[12]로 장식했고, 전면의 장식 문양에는 금박도 입혔다. 저택의 구성은 전방과 후방으로 구분하는데, 전방을 현現 입구에서 살펴보면 거의 12진 사합원의 형태를 이루고 있다. 후방은 원림으로 조성해 대형 연못을 만들고 그 곁에 큰 누樓를 지어 잉어와 오리가 노니는 연못을 조망하게 배려했다.

질서 정연한 건물 배치, 정교한 공예, 교차하는 누각과 정자, 기암괴석과 태호석 등, 궁왕푸의 화려하고 우아한 정경은 사방으로 연결된 회랑을 통해 순회하며 고루 감상할 수 있다.

가장 완벽하게 보존된 원림, 졸정원

중국의 유명 관광도시 쑤저우에 위치한 졸정원은 무려 500여 년의 역사를 지닌, 5만 제곱미터에 달하는 대형 정원을 품은 거대한 원림 저택이다. 베이징의 이화원頤和園, 청더의 피서산장, 쑤저우의 유원留園과 더불어 중국 4대 명원으로 꼽힌다.

명나라 정덕제正德帝 때인 1509년에 어사御史를 지낸 왕헌신王獻臣이 낙향해 대굉사大宏寺 고적지를 증축해 조성했는데, 이후 이중里中의 서씨徐氏가에게 팔렸다가 청나라 초기에는 재상이던 진

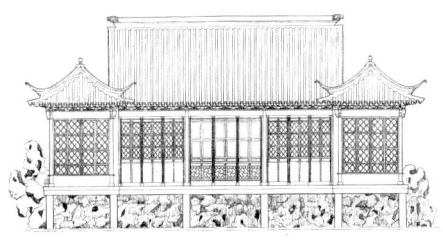

졸정원 건물의 입면도와 배치도

졸정원 원림의 정경들

지린陳之遴이 소유했다. 그 뒤로도 소유주가 여러 번 바뀌었고 강희제康熙帝 때는 주재 관료가 기거하기도 했다. 따라서 고대 강남 지방 관료들이 거주하던 주택의 건축양식을 엿볼 수 있다.

졸정원은 본래 주택보다는 원림에 주력해 조성했는데, 가장 완벽하게 보존된 정원으로 인정받는다. 졸정원은 크게 동부·중부·서부의 세 부분으로 나뉘며, 호수가 전체 면적의 3분의 2를 차지한다. 서원西園은 청대 말에 개수해 정원 양식이 조금 다르지만 전반적으로는 별 차이가 없다. 인공의 멋을 최대한 억제하고 자연 그대로의 모습을 살렸는데, 특히 심心자형으로 흐르는 연못을 따라 연꽃이 피어나는 여름철의 절경은 졸정원의 백미로 꼽힌다. 1997년에는 쑤저우 원림에 포함되어 유네스코 세계 유산으로 등재되었다.

최고 수준의 공간 설계, 예원

상하이에 위치한 예원 역시 원림 저택이다. 명나라 관료 반윤단潘允端이 부모를 위해 1559년 착공해 18년 만에 완성한 대규모 저택으로, 40여 채의 가옥과 정자, 누각이 들어서 있다. 이 건물들은 오랜 세월에 걸쳐 지속적으로 지은 듯한데, 일례로 삼혜당三穗堂은 1706년에, 앙산당仰山堂은 1866년에 축조했다. 아마도 기본 골격은 초기에 갖추었다 하더라도 지금처럼 완공된 모습은 오랜

예원 누각
작은 규모의 내원 연못과 정자
경극 공연을 위한 대형 극장

시간을 들여 완성한 것으로 보인다.

예원에는 크고 작은 연못이 구역별로 조성되어 있고, 그 사이사이에 조성한 다채로운 경관에서도 치밀한 설계가 드러나 보인다. 특히 궁왕푸나 이화원과는 다른, 매우 섬세한 정서가 느껴지는 정원 디자인이 돋보인다. 다양한 형태의 회랑을 활용한 공간의 극적 연출이나 짜임새 있는 주택 배치, 정자와 누각의 적절한 위치 선정 등에서는 원림 저택 중에서 가장 돋보이는 수준 높은 설계 의도가 엿보인다.

더구나 다른 저택에서는 보기 힘든 극장도 단독 건물로 구비했는데, 경극 공연을 위한 대규모 무대와 관람석은 이 저택의 생활 수준을 가늠케 한다.

근대 중국 최고의 지식인, 궈모뤄

베이징에 위치한 궈모뤄 고거故居는 1988년에야 일반에 개방된 사합원 고택으로, 수려한 경관이 돋보인다. 궈모뤄郭沫若(1892~1978)는 근대 중국 최고의 지식인으로, 문학가이자 역사학자·고문자학가였고, 사회활동가로도 활약했다. '갑골학 4당四堂' 중 하나로도 꼽힌다.

고택은 원래 건륭제의 신하인 화신 저택의 정원 일부였는데, 이후 궁왕푸에 편입되었다가 중화민국 초기에 중의학의 대가 낙

궈모뤄 고거의 대문과 수화문

수화문 안쪽 병문
회랑과 연결된 상방(廂房)

씨 가문의 저택인 '달인당達仁堂'에 소속된 가옥으로 지어졌고, 한때는 몽고 대사관과 쑹칭링宋慶齡(1893~1981)의 거처로도 쓰였다. 궈모뤄는 1963년에 이곳으로 옮겨 노년을 보내다 1978년 세상을 떠났으며, 고택은 1994년에 '궈모뤄 기념관'으로 지정되어 유품과 자료가 전시되어 있다.

궈모뤄 고거는 진입부에 넓은 화원이, 우측 안쪽에 사합원이 배치되어 있어, 여느 사합원의 정원 배치 형식과는 다르다.

대문 입구 위에는 덩잉차오鄧穎超(1903~1992)가 쓴 '궈모뤄 고거 郭沫若故居'라는 금색 글자가 새겨진 나무 편액이 걸려 있고, 화원에는 그의 전신 동상이 세워져 있다. 수화문을 포함한 안팎 구성은 독특하게 설계된 전통 방식에 충실하다.

중국 최고의 소설가, 마오둔

중국 최고의 소설가로 불리는 마오둔茅盾(1896~1981)은 저장 성

마오둔 고거의 대문과 영벽
정방 앞 중정의 마오둔 흉상

출신으로 본명은 선더훙沈德鴻이다. 마오둔은 장편소설《환멸幻滅》을 발표할 당시의 필명이다. 한때 정치에도 몸담아 중공 정부 시절에는 문화부장(문화부 장관 격)으로 문예계를 지도했다.

그가 말년(1974~1981)에 기거한 마오둔 고거는 베이징의 전형적인 2진 사합원으로 생전 자취가 그대로 보존되어 있다.

고택 구조는 후원이 있는 사합원으로, 수화문을 들어서면 바로 중정을 중심으로 네 채의 집이 있다. 안쪽 정방 앞에는 마오둔의 흉상이 세워져 있다. 목재와 벽돌로 지은 고택 외부는 청록색과 붉은색으로 칠해져 있는데, 중심의 창문과 틀은 모두 붉은색이며 특히 정방의 진입문 주변은 온통 붉은색이다. 지붕과 외벽 벽돌은 진회색이고, 정원 바닥에는 회색 시멘트 블록을 깔았다. 거처의 위계를 상징하는 기단 높이는 계단 수와도 직결되는데, 와실과 정방은 3단이고 그 외 건물은 모두 2단이다.

중국 근대사의 선구자, 차이위안페이

차이위안페이蔡元培(1868~1940)는 저장 성 출신으로, 중국 근대사에서 가장 명망 높은 교육자이자 사상가다. 청렴하고 강직해, 마오쩌둥으로부터 '학계의 일인자이자 세상 사람들의 모범'이라는 칭송까지 받았다.

중국 근대화 시기인 1968년부터 1940년까지 중국의 교육, 문

차이위안페이 고택의 대문과 안쪽 전경

화, 역사, 과학, 정치, 여성 해방운동에 이르기까지 그의 영향을 받지 않은 영역이 없을 정도며. 그의 '포용과 사상의 자유'라는 교육 이념은 중국 학자들에게 큰 영향을 미쳤다.

베이징에 위치한 고택은 프랑스 유학 후인, 1917년에 베이징 대학 학장이 되면서부터 살던(1917~1923) 집이다. 당시 대학 도서관 사서로 근무하던 마오쩌둥을 그가 유학까지 보내 준 일화는 유명하다.

이 사합원 고택은 약 800년에 이르는 오랜 역사를 지닌 뚱땅쯔 후퉁에 자리 잡고 있는데, 이 지역은 이미 베이징 도심으로 변해 버려 간선도로 주변에 고층 빌딩이 즐비한 번화가다. 주변 고택은 2000년에 대부분 철거되었고 이 집도 이전시킬 계획이었으나 뜻 있는 사람들의 노력으로 그대로 보존될 수 있었다.

동서로 나뉜 저택은 넓은 내원과 전원·후원이 있는 3진 사합원으로 비교적 보존이 잘 되어 있다. 저택 안내판에는 여러 후원자와 한 재력가의 도움으로 상당 부분을 재건했다고 간략히 기록되어 있다.

저택의 배치 방식과 구조, 외관 형태는 상류 사합원으로서 손색이 없으며, 특히 측면 회랑의 아름다운 모습이 눈에 띈다. 현재 내원을 둘러싼 건물은 모두 전시실로 사용하고 있으며, 후원 건물에는 차이위안페이가 쓰던 집기를 그대로 보존·전시하고 있다.

중국의 '국모', 쑹칭링

쑹칭링은 잘 알려졌듯이 중국의 국부國父로 추앙받는 쑨원孫文 (1866~1925)의 부인이자 중화인민공화국 명예 주석을 지낸 주요 지도자 중 한 사람으로, 중국 근대 여성 해방운동의 선구자, 사회운동가다.

그녀는 베이징에 위치한 이 고택에서 1963년부터 1981년 작고할 때까지 살았는데, 원래는 청 강희제 때 대학사였던 명주明珠의 저택이었고, 후에 청의 마지막 황제인 푸이溥儀(1934~1945)의 부친, 춘친왕의 저택인 춘친왕푸醇親王府가 된 전형적인 중국 저택이다.

대지가 2만 제곱미터에 달하는, 베이징의 저명인사 저택 중 가장 크다. 현재는 살아생전 생활상을 보여 주는 기념관으로 보존되고 있다. 기념관 안내문에 따르면, "동쪽 건축물은 순왕푸(춘친왕푸)로 후에 섭정 왕푸로 불렸다. 건륭제 때 화신의 별원으로 개축했지만 가경제 때 몰수되어 성왕푸로 불리다. 광서 14년에 순왕푸로 변경되었다. 1961년 저우언라이周恩來 총리가 기존의 순왕푸에 소속된 화원 가옥을 2층 건물로 새로 개조했고, 그 집에 1963년부터 쑹칭링이 살다 1981년 서거하자 그해 10월에 '중화인민공화국 명예 주석 쑹칭링의 옛집'으로 공식 명명되어 이듬해부터 외부에 개방되었다"고 한다.

쑹칭링 고택 대문
쑹칭링 이름이 적힌 편액
사합원 가옥과 진기한 괴석이 있는 내원
화원 진경

고택에 자리 잡고 있는 건물 대부분은 규모가 크고 역사가 오래되었지만, 쑹칭링이 거주한 2층 화원 가옥은 근대식 건축물로, 내부에 보존·전시하고 있는 가구나 집기는 신식 물품이다.

순왕푸는 전반적으로 거주용 건물보다 연못과 회랑, 언덕, 정자 등에 더 많은 면적을 할애하고 있다. 후면에 있는 사합원 가옥과 후원의 건물 일부, 정원은 중국 전통 양식이다. 화원 한쪽의 2층 누각들은 명대에 지어진 것도 있지만 대부분 너무 낡고 외부의 칠도 심하게 퇴색했다. 한때는 궁왕푸를 지은 화신의 별원이었던 만큼 매우 아름답고 화려한 원림 저택이었을 것이다. 그러나 오랜 세월 속에서 후대의 건물뿐만 아니라 원림의 관리도 제대로 되지 않고 있는 지금은 저택이 지닌 수난의 세월을 단적으로 보여 주는 것 같다. 그나마 사합원 가옥은 비교적 잘 보존되어, 매우 단아하고 정갈한 외연이 전형적인 베이징 사합원의 배치 규범을 잘 보여 주고 있는데, 내부는 개방하지 않고 있다.

사합원의 단청 역시 붉은색과 청록색이며, 지붕은 용마루가 없이 부드러운 곡선으로 처리했다. 내원에는 진귀한 모양의 괴석을 장식용으로 세웠으며, 외부 창문은 모두 유리창으로 바뀌었다. 근대화 과정에서 부분 개수가 있었던 듯싶다. 쑹칭링이 이 사합원도 함께 이용한 것으로 보인다.

중국 근대미술의 거두, 치바이스

치바이스薺白石(1860~1957)는 중국 근대미술의 거두로, 최근 중국 미술품 경매에서 사상 최고가를 기록한 작품의 작가다. 그의 사합원 고택은 본래 청 태종(홍타이지)의 넷째 아들인 이부슈의 저택이었는데, 1955년 저우언라이 총리가 치바이스에게 내주었다. 치바이스가 작고한 1957년 '치바이스 기념홀'로 지정되었다가 1986년에는 베이징미술아카데미로, 다시 2012년에 치바이스고거기념관으로 바뀌었다.

본래 황가의 저택인 왕푸였던 만큼 그에 걸맞은 대규모 가옥과 후원 등으로 조성되었겠지만, 현재 상태로 볼 때 초기의 가옥 다수가 분리되거나 변형된 듯싶다. 치바이스가 넘겨받은 이 가옥도 아마 후대까지 왕푸의 일부로 남아 있던 사합원 가옥 중 하나였을 것으로 추정되는데, 기념관으로 개방되기 전에 한 독지가의 도움으로 대폭 보수·개조해 공개되었다.

목재와 벽돌로 축조한 고택 면적은 200제곱미터로 일반 사합원에 비해 규모가 크며, 집 전체에 회랑을 조성하고 채화가 화려한 상류 가옥이다. 전시관으로 변모된 상방 일부에는 왕푸 특유의 화려한 장식이 곳곳에 남아 있다.

치바이스 고거 정방 전랑 상부의 조각 장식
내원의 치바이스 동상

강남 시탕 마을 주씨가

강남 저장 성 시탕西塘 마을은 중국 '6대 물의 도시' 중 하나로, 무려 2000년의 역사를 간직한 고즈넉한 수향水鄕이다. 주씨가朱氏家 저택은 수변 옆, 안쪽 마을에 위치한 명대의 상류 사합원이다.

강남의 전형적인 2층 사합원 구조로, 전면 창호도 일반 규격보다 훨씬 큰 편이다. 정원은 그리 크지 않으나 누정 등의 기본 요소를 두루 갖추고 있으며, 회랑을 따라 뒤채로 연결되게 조성되어 있다.

전체 규모는 베이징 상류 사합원에 뒤지지 않으나, 전면 기둥의 일부 채색 외에는 단청을 거의 칠하지 않았다. 다만 실내의 '짜오(칸막이 장식)' 같은 장식물의 구름 문양이나, 전체 형태를 원형으로 처리한 빼어난 조형의 의장(옷장) 등이 눈길을 끈다. 격단(실내 구획용 칸막이)도 전체 형태가 장중하면서도 창살의 섬세함이 잘 드러난다.

주씨가 사합원 전면
정원의 누정
회랑 상부
사합원 실내

사합원의 전통 인테리어

04

　사합원의 독자성은 시각적으로도 금방 느껴질 만큼 독특하다. 전통적 인테리어 특성은 장식 요소에서 가장 두드러진다.

　사합원은 기둥과 집 외관을 뒤덮은 붉은색의 강렬함 때문에 우선 화려하다는 인상부터 준다. 중국인이 가장 선호하는 붉은색은 열정, 상서로움, 경사로움, 존엄, 부귀 등을 상징한다. 이런 편애는 원시시대의 (어둠과 추위를 물리쳐 주는) 불에 대한 숭배와 '살아 있음'의 징표인 피가 상징하는 생명력에 대한 애착에서 비롯했다. 그래서 새해를 경축할 때도 붉은 종이를 쓰고 혼례를 올리는 신랑·신부도 붉은색 옷을 입는다. 붉은색 외에도 음양오행설에 근거한 오방색 또한 중시해 도처에 쓴다.

　사합원의 붉은색 대문을 들어서면 붉은색 수화문이 막아서 방문객을 긴장시킨다. 안쪽 수화문인 병문은 녹색이다. 수화문을 지나 내원(중정)에 들어서면 뜰을 향한 집채들 전면에 늘어선 붉은 두리기둥들의 위압적인 정렬부터 눈에 들어온다. 두리기둥 뒤 각 집채 외벽 창문과 출입문도 한결같이 기둥 색과 같은 붉은색인데, 넘치는 붉은 기운을 좀 누그러뜨려 주는 요소가 창살이다. 창살의 수장재修粧材가 전부 안쪽 수화문처럼 녹색이기 때문이다. 음양오행 사상이 색조에도 적용된 것이다.

내원으로 내려가지 않고 수화문 오른쪽으로 연결된 회랑으로 들어서면 또 한 번 놀라게 된다. 회랑의 색채 장식 때문이다. 회랑의 기둥들은 녹색이고 난간의 투각 문양은 붉은색인데, 위를 올려다보면 기둥 상부의 목재 결구 부분을 가득 메운 현란한 채화 장식에 감탄하게 된다.

회랑을 통해 도달한 정방 앞 처마 공간인 전랑前廊은 개방된 완충 공간이자 반半공적 공간이다. 정방 벽면의 강렬한 원색은 석재 바닥과 벽돌 벽 하부의 회색빛과 대비되어 더욱 돋보인다. 멀리서 보면 회색 기와지붕과도 수직선상의 또 다른 대칭을 이루는 셈이다.

이 같은 사합원 특유의 외관에 대해 리윈허는 "건축물 입면 구성의 목적은 입면 자체를 표현하는 데 있는 것이 아니라 마당의 배경을 구성하는 데 있다. 중국 건축의 입면성은 이중성을 지니는 경우가 많다. 건물의 외관이면서 마당의 배경이 되고 건물의 밖인 동시에 마당의 안이 되는 것이다. 따라서 그것은 어느 정도 실내 설계의 장식성과 근거리 시각에 치중한 처리 방법을 지니고 있어서 실내외의 구별이 없다고 할 수는 없으며, 오히려 미묘하게 안과 밖의 통일을 이루고 있다"[13]고 피력했다.

사합원의 인테리어 또한 각 집채별로 위계질서에 따른 엄격한 차이를 보인다. 주거 공간의 상징적 중심이자 제일 위계가 높은 정방은 가장 품위 있게 장식해 집안의 중심이라는 권위를 보여 준다. 벽면 한가운데에 커다란 두루마리 그림을 걸고 그 주위에는 대련을 붙이며, 벽을 향해 놓인 긴 탁자 위에는 화병, 향로, 촛대 등을 놓는 식으로 격조 있게 꾸민다. 이러한 장식 역시 철저히 대칭 구도를 따른다.

각 집채의 당이 가족 모임이나 손님 접대 등 거실 역할의 공간이라면 와실은 침실 등의 사적 공간으로 침대를 주축으로 탁자와 의자, 의류장 등을 배치한다. 나무로 제작된 침대는 상부에 천개天蓋가 있고 측면은 다양한 창살 무늬로 정교하게 장식해, 일종의 독립된 작은 공간 같은 느낌이다.

이처럼 사합원은 건물의 배치에서부터 실내 공간의 구성, 가구 배치, 벽면 장식에 이르기까지 중심과 축의 대칭적 질서 개념을 엄격하게 적용시켰다.

1 공간 구조와 장식

사합원 실내의 바닥은 석재로 마감해 신발을 신고 생활하게 되어 있다. 상류 가옥이나 왕궁의 바닥에는 깔개 등을 깔았으며 강남 수향 가옥의 2층 바닥은 목재로 마감했다.

건물의 폭을 이루는 좌우측 양 끝에는 벽을 조성하지 않았고, 전면이나 후면 중앙의 출입문 상층부에는 창문을 냈다. 창문이나 문은 본래 종이 마감이었으나 이후에 유리문을 부착했다. 창살이나 문의 채색은 바깥 면은 모두 붉은색이지만 안쪽 면은 흰색이나 밝은 크림색이다. 천장은 지붕 형태와 노출 정도에 따라 차이가 있다.

중국 전통 건축은 풍부하고 선명하며 대담한 색채가 주를 이룬다. 그런 특성의 배경에 대해 리윈허는 "예로부터 열정적이고 쾌락적이며 풍부한 색채를 선호해 온 중국 민족 특유의 성향에서 기인한다"고 지적했다. 석기시대에 이미 홍색 위주의 열정적 색조를 장식에 활용했으며, 오랜 세월을 거치면서 건축자재, 구조 방식 및 다양한 법식, 전체 조형 등과도 연관되어 형성된 성향이라고 본 것이다.

한편 사합원의 주요 장식 문양과 채색은 왕부의 저택과 일반 상류 가옥 사이에 차이가 크다.

붉은 두리기둥과 오방색의 채화

채화란 목구조 건축물의 각종 부재에 색을 칠하고 그림을 그린 장식이다. 중국 건축에 활용된 채화는 일정 시기에 이르러 도圖나 화畵에서 점차 변화해 장식적 도안으로 통합되었고, 나중에는 형식과 방법도 정형화되었다. 송대에 이르러서는 채화의 제식制式이 이미 상당히 성숙된 경지에 도달해 《영조법식營造法式》에는 모두 아홉 가지의 서로 다른 색채 사용법이 실려 있기도 하다.

채화 도안의 유형은 매우 방대해서 《영조법식》에는 동식물·인물·기하 도안 등 여섯 종류 26품이 열거되어 있는데 실제 응용된 수는 더 많았을 것이다. 도안의 주목적은 아름답게 장식하려는 데 있지만, 그 바탕에는 음양오행 사상이 깔려 있다. 일례로, 수련이나 연꽃 등의 수생식물은 물을 상징해서 목조 주택의 가장 큰 취약점인 화재를 막기 위한 상징적 문양에 응용했다.

기둥을 비롯한 목부재의 채색을 중국에서는 유칠油漆이라 하며, 명·청대에는 기둥 위의 보(梁, beam)나 도리(桁, cross beam)를 받치는 부재를 총칭해서 격가과隔架科라고 불렀다. 격가과의 활용은 장식상 아주 재미있는 기법으로, 중국의 전형적인 부재를 모두 한 곳으로 모아 예술적으로도 대표성을 인정받는다. 기둥 위 직선적인 도리에도 이 격가과를 활용해 곡선 장식을 가미시켜, 도리의 딱딱함에 활기를 불어넣는다.

궁왕푸의 붉은 기둥과 녹색 유리기와는 대조적인 채색 장식의 화려함이 돋보이며,
창호는 금박의 노란색과 창살문의 붉은색이 조화를 이룬다

궁왕푸를 비롯한 중국의 모든 저택의 전면 기둥은 붉은 두리기둥으로, 출입문 주변도 모두 붉은색으로 채워져 있다. 황가의 왕푸는 기둥 상부를 화려한 채화 장식으로 가득 채웠으나 일반 주택은 단순하게 처리했다. 장식용 문양은 궁왕푸는 용문이나 기하문, 만자문卍字紋 등의 길상문吉祥紋을 주로 썼고, 궈모뤄 저택은 복숭아나 국화 등의 식물문, 기하문 등을 즐겨 썼다.

녹색·붉은색 창살과 문양 '패턴의 반복'

정방 정면의 외관 이미지에는 지붕 형태가 가장 큰 영향을 미치지만, 벽면은 창호의 크기와 형태, 차지하는 면적 등에 좌우된다.

사합원의 외관을 규정하는 창호의 배열은 중앙의 출입문을 축으로 삼은 대칭적 질서미를 잘 보여 준다. 이런 미학적 질서는 집의 규모와 무관하게 모든 주택에 동일하게 적용된다.

창살 문양은 대체로 기하학적 기본 형태를 띠면서 창살 사이에 축약된 작은 문양이 연결된 경우가 많다. 전반적으로 궁왕푸의 창호 장식이 가장 섬세하고 화려한데, 문양 유형은 기하문, 길상문, 인동문, 식물문 등이 주를 이룬다. 그 다음으로는 차이위안페이·치바이스 저택의 창호 장식이 아름답다. 하지만 마오둔·치바이스 저택은 이미 근대식 창문으로 교체되어 전통 창살의 자취는 찾기 어렵다.

상하이 예원의 출입문
얼음과 대나무를 닮아 빙죽문氷竹紋, 혹은 빙렬문氷裂紋이라고 불리는 살창문(오른쪽 가운데)
시탕 마을 주씨가의 기하학적 살창문(오른쪽 아래)

궁왕푸에서 마오둔 저택에 이르기까지 모든 창살은 녹색과 붉은색 조합이다. 마오둔 저택의 창살은 오랜 세월에 걸쳐 새로 덧칠된 부분이 있어 차이가 있지만, 기둥 같은 구조 요소가 대부분 붉은색인 데 반해 창살은 녹색이다. 차이위안페이 저택 창살은 녹색이 아닌 검은색인데, 회랑은 다른 저택처럼 녹색과 붉은색 조합이지만 유독 창호 외관만 검은색으로 채색한 이유는 알 수 없다.

창호에서 공통적으로 두드러지는 장식 특성은 무엇보다도 문양 '패턴의 반복'이라는 미적 원리의 활용이다. 밑에서 벽 천장에 이르기까지 전면이, 반복 패턴으로 가득 채워져 있다. 이런 특성에 대해, 서양인으로서 중국에 살면서 생활문화를 연구해 1932년 책으로 펴낸 C.A.S. 윌리엄스는 "중국인들은 예술품에 장식이 없는 밋밋한 여백을 싫어한다. 전통 공예가들은 선이나 색채 등으로 단조로운 표면을 완전히 메운 후에야 작품이 완성된 것으로 여긴다. 복잡하고 다양한 무늬가 상점의 진열대, 사원, 교량, 기념 아치, 자기, 청동 제품, 카펫, 자수품, 문방제구文房諸具 등에도 지나칠 정도로 남용되고 있다"라고 했다.

사합원을 하나로 묶어 주는 다용도 회랑

사합원의 건물들을 연결해 주는 핵심 요소인 '랑廊'은 공간을 구획하거나 경관의 깊이를 증대시키는 역할을 한다. 한대의 벽화

차이위안페이 고택의 회랑
궁왕푸 회랑의 화사한 채화 장식과 장식 창
회랑 장식 창의 다양한 형태와 문양

에서도 발견되는 걸로 보아 역사가 오래된 듯하며, 설치 위치에 따라 주랑走廊, 회랑回廊, 수랑水廊 등으로 나눈다.

주랑은 한 건물에서 다른 건물로 연결되는 통로로, 넓이는 5~10자 정도이며 기와지붕으로 덮여 있다. 회랑은 굴절되어 둘러싸는 주랑으로, 건물 사면을 둘러싸는 주랑도 회랑이라 부른다.

사합원의 가장 중요한 특징 중 하나는 회랑을 통한 건물들의 연결인데, 특히 정방 앞의 전랑과 연결되도록 했다. 회랑은 실내 공간과 외부 공간인 정원을 이어 주는 매개체이기도 해서, 공간의 깊이를 더해 주고 공간감을 풍부하게 만든다. 건물들이 각기 분리되어 배치된 사합원을 하나의 유기체로 묶어 주는 것이다. 또한 날씨와 무관하게 주택 내에서 편리하게 이동할 수 있게 해 주며, 일사日射나 비바람을 피해 다양한 활동을 할 수 있는 장소이기도 하다.

회랑 기둥과 기둥 사이 하부에는 난간을 조성하고, 상부에는 다채로운 조각 판재를 넣어 채색했는데, 이처럼 기둥과 대들보를 채화로 장식한 화려한 집을 '띠우롄화동雕欄畫棟'이라 부른다.

붉은 기둥들이 강렬한 직선적 입면을 조성하는 사합원의 몸채와는 달리, 회랑은 녹색 기둥과 난간 장식의 아름다움으로 집의 격조를 살려 준다. 회랑을 장식하는 문양은 궈모뤄·차이위안페이·치바이스 저택 등이 모두 유사한 기하문인 데 반해, 궁왕푸의 회랑 문양은 곡선 투각 장식이어서 한층 더 정교해 보인다.

    회랑에서 주목할 또 다른 장식물은 회랑 벽면(담)에 낸 다양한 형태의 장식 창窓으로, 사합원에서만 볼 수 있는 독특한 미적 장식이다. 공간의 시각적 연결과 관찰을 가능하게 하는 기능적 역할 외에도, 길게 이어지는 회랑 벽면의 지루함을 해소시켜 주는 중요한 장식 요소인 셈이다. 이 장식 창은 제각각 다른 모양이어서 그 묘미를 더한다. 회랑 장식 창 역시 궁왕푸가 치바이스나 차이위안페이 저택에 비해 섬세한 곡선 모양의 장식으로 꾸며져 한결 더 아름답다.

2 가구의 유형과 특성

    중국은 한대 이전까지는 좌식 생활을 했다. 그러다 한대 초기에 불교가 들어와 침대와 카우치couch가 유입되면서 입식 생활이 시작되었고, 당대에 이르자 외국 문물이 쏟아져 들어와 가구 제조에도 영향을 미치게 되었다. 이후 침대나 탁자, 의자 등의 제작이 늘어 송대에는 입식 생활에 적합한 가구가 급속히 개발·확산되었다.

    명대에는 이전 시대에 비해 현저히 변모되어, 가구 재료부터 엄격하게 선택해서 독특한 특색을 지닌 가구를 만들어 냈다. 이런

'명나라식' 가구는 청대에도 그대로 계승되었고, 이를 기초로 변화를 이루어 발전했다.

가장 큰 변화는 역시 가구의 풍격風格에서 드러나는데, 명대에는 '재료의 사용이 합리적이고, 소박하고 대범하며, 견고하고 오래 쓸 수 있는 가구'를 강구했으나, 청대에는 '재료를 넘치게 사용하고, 장식이 자질구레하고 번잡하며, 중후하고 대범한' '청나라식' 가구가 새로운 유형으로 자리 잡게 되었다.

청대 초기만 해도 '명나라식' 가구의 풍격을 이어받아 어떤 변화도 없었지만, 옹정·건륭 연간(1723~1795)에 이르러 비로소 '청나라식' 가구의 새로운 풍격이 형성되기 시작했다. 청대를 통틀어 가구 부문의 발전과 성취는 주로 이 두 시기에 이루어졌다.[14]

명·청대 가구의 재료 선택은 독자적으로 하나의 유파가 형성될 정도여서 귀중하고 질 좋은 목재가 숭상되었는데, 고급 재목으로는 자단紫檀(화류목), 화리목花利木, 홍목紅木, 황양목黃楊木[15] 등이 꼽힌다.

명대의 가구는 법도가 매우 엄격했고, 왕조가 바뀌어도 풍격이 비교적 고른 수준을 유지했던 데 비해, 청대의 가구는 생산지가 대폭 늘어 지역별로 독특한 특성을 고수했다. 전반적으로 청대 가구는 장식이 화려한 가구가 주류를 이뤘다.

명·청대의 가구는 대부분 장부(한쪽 재료의 구멍에 끼울 수 있도록 다른 재료의 끝을 가늘고 길게 만든 부분)를 엄밀하게 끼워 맞추는 구조였고, 명대에 특히 많이 쓰였다.

또한 목재로 만든 가구에는 칠漆을 했는데, 그 기술은 아주 오래되었다. 칠의 원료는 주로 옻나무(漆樹, rhus vernicifera)에서 채취하는데 중국 중남부에서 재배된다. 오늘날 중국 칠기의 주요 생산지는 베이징, 후저우다. 최상급 칠기를 만드는 데는 10년 이상이 걸리며, 한 겹 칠하고 그 칠이 마른 다음 또 칠하는 작업을 200회 이상 반복한다.

칠을 바른 표면은 예로부터 전해 오는 상징적 그림으로 장식하거나, 금은·청동·상아·진주·조개 등으로 상감하기도 한다. 이 칠공예 기법은 건륭제 때 절정에 달했으며, 고위 관리의 관은 붉은 칠을, 하위 관리의 관은 검은 칠을 했고, 일반 백성의 관에는 칠을 금지시켰다.[16]

중국 가구의 주류는 상탑·탁안·의자·주궤류

오랜 역사를 지닌 만큼 중국 가구는 유형도 다양하다. 대략 분류하면 상탑(침상)류, 탁안(탁자와 긴 책상)류, 의자류, 주궤(수납, 혹은 수납을 겸한 탁자)류의 네 유형으로 나눌 수 있다. 이에 관해 단구오지앙은 다음과 같이 정리했다.[17]

- **상탑류**: 상탑은 침상류에 속하는 중국 6대 고전 가구 중 하나로, 고전 가구 수장가들이 가장 선호하는 가구다. 큰 것을 '상床'이라 하고, 좁고 긴 것을 '탑榻'이라 한다.
- **탁안류**: 탁안은 기본적으로 탁자를 이르는데, 굳이 구분하자면 안案은 탁자의 다리가 상판보다 안으로 들어가서 연결된 구식 구조이며, 탁卓은 다리가 상판과 면해서 부착되어 있는 구조다. 탁안류 가구는 사용 위치에 따라, 바닥에서 쓰는 것과 캉 위에서 쓰는 것으로 나뉘기도 한다. 캉 위에서 쓰는 탁자는 '캉탁'이라고도 한다.

  탁자의 종류는 네 변의 길이와 형상에 따라 방탁·장방탁·장조탁의 세 종류로 분류되는데, 각 종류마다 다시 여러 유형과 명칭으로 구분되기도 한다. 제작 기술 측면에서 보면, 명대의 탁자는 미끈하고 아름다우며 품위가 있고, 청대의 탁자는 다소 육중하고 단조로운 편이다.

- **의자류**: 중국 고전 의자는 목재의 조각 및 변형을 활용해 디자인되는데, 특히 못을 전혀 쓰지 않은 점으로 보아, 정교한 사전 도면에 따라 제작된 것으로 짐작된다. 따라서 일부 부품(部分)이 망가져도 동일한 모양의 부품을 끼워 넣어 오래 쓸 수 있다.

  의자의 종류는 형태에 따라 보의·교의·권의·관모의·고배의·매괴의의 여섯 종류로 대별되며, 그 구조는 대략 앉는 면, 팔걸이, 등받이, 다리로 구성된다. 등받이 의자가 나오기 전에는 등받이가 없는 의자인 등자橙子를 사용했는데 오늘날의 스툴이 었던 셈이다.

• 주궤류: 옷이나 서류를 넣어 두는 장이나 궤인 궤자櫃子는 거실에 반드시 갖춰 놔야 했던 가구로, 높이가 비교적 높은 편이어서 큰 물건이나 많은 물품을 넣어 둘 수 있다. 쌍을 이룬 두 개의 문짝인 궤문 중간에는 여닫개가 세워져 있고, 궤문과 입주 위에는 동銅 장식물을 박아 자물쇠를 채우게 되어 있다. 궤 안은 당판(가로질러 댄 판)으로 조성된 여러 층으로 나뉘어져 있다.

궤주는 궤와 주(상판을 의미)의 두 기능을 겸하게 만든 가구로, 조합 가구의 초기 형태라 할 수 있다. 일반적으로 그다지 크지 않고, 높이는 큰 탁자 정도다. 아래 부분에는 서랍이 있고, 서랍 밑에는 궤문 두 짝이 달려 있다.

고전 가구는 대부분 목재로 만들었으며 자개 공예나 조각 등의 기법으로 매우 정교한 문양을 첨가했다. 일반적으로 목가구의 장식에는 세 가지 조각 기법을 적용했다.

첫째는 목재 표면을 깎거나 파고, 붙이는 돋을새김을 하는 반半 입체적인 부조浮雕 기법으로, 주로 판재의 표면에 많이 사용한다.

둘째는 목재 표면에 3차원적으로 전후좌우를 둥글게 새겨 입체

명대의 황화리목 나권의
명대의 황화리목 매괴의
청대의 자단목 의자

적 조각 장식을 하는 원조圓雕 기법으로, 주로 가구의 다리나 코너 등 입체 장식을 할 수 있는 공간 확보가 가능한 부위에 사용한다.

셋째는 목재의 뒷면까지 완전히 도려내는 투조透雕 기법으로, 판재의 답답함을 해소하면서 조각 문양의 형상을 쉽게 나타낼 수 있는 기법이다. 명대보다는 청대의 가구에 극히 복잡하고도 세밀하게 적용되었다.

황실의 고급 가구는 매우 섬세하게 무늬를 새겨 넣고 그 위에 주칠을 했다. 특히 척홍剔紅 기법을 사용했다고 하는데, 이는 옻칠을 몇 번이고 겹칠한 다음에 무늬를 새겨 넣는 칠공예 기법으로 당·송대부터 쓰기 시작해 원·명대에 널리 퍼졌다. 명·청대의 경목, 즉 단단한 나무로 만든 고급 가구는 매우 치밀하고 단단한 재질에 우아하고 중후한 색조의 개성적인 특징을 지니고 있다.

일례로 황제의 보좌寶座는 많은 조각 장식과 장엄하고 엄숙한 형태를 지닌 데 비해, '매괴의玫瑰椅'는 낮은 등받이와 팔걸이에, 색과 광택이 아름다우며 진기하고 미려하다. 또한 등받이와 팔걸이를 말굽 모양의 우아한 곡선으로 연결시킨 '나권의羅圈椅'는 중국 가구 중에서 가장 우아하다는 찬사를 받는다. 팔걸이·등받이·다리 등 돌출된 부위에만 간결한 조각을 가미했는데 단화나 운룡을 새겨 동動과 정靜의 결합을 꾀했고, 전체적으로 정교함과 간결함이 적절하게 어우러져 있다.

명대 말기부터는 일부 경목 가구에 상감 장식 기법이 나타나기 시작했는데 대부분 화훼나 기하 문양이었다.[18] 그러나 황가나 상류 계층의 가구 중 다수는 상감이나 양각, 투각 기법의 정교한 문양으로 장식되어, 전체적으로 매우 화려하고 섬세한 조형미를 과시한다.

가구 배치는 축 중심의 좌우대칭

이 같은 가구를 실내에 배치할 때는 사합원 주거 공간의 배치 원리와 마찬가지로 항상 대칭되게 한 쌍으로 배치했다. 가구뿐만 아니라 벽에 건 그림이나 천장에 매단 조명 등도 모두 대칭으로 쌍을 이룬다.

이처럼 공간구성에서 축을 중심으로 한 대칭 배치를 준수하는 엄격한 질서 의식은 고대 중국인에게 가장 우선적이고 중요한 미의식이었다.

그러나 대칭 배치가 모든 공간에 다 적용된 것은 아니다. 일례로 정방의 중앙 공간인 조당祖堂은 가족 모임 등을 하는 일상 공간이자 조상을 모시기도 하고 손님도 맞이하는 복합 공간이므로 가급적 겸허하고 화려하지 않게 꾸미는 것이 규범이었다.

사합원 정방의 조당은 중앙의 그림을 중심축으로 삼아
가구와 등, 장식물 들을 대칭으로 배치했다

가구 배치의 위계질서는 유교 전통의 산물

정방의 양측에 있는 와실은 침실을 겸한 개인 휴식 공간이므로, 그 기능에 맞게 정갈하고 차분한 분위기로 꾸몄으며 흰색을 선호했다. 남성은 주로 취향에 맞는 장식품을 진열했고, 여성은 경대 같은 화장용 기능을 지닌 가구 위주로 배치했다. 장식용 도자기는 길상 문양을 선호했다.

서재는 공부하는 공간이므로 조용하고 아늑한 방을 선택했다. 채광이 좋은 쪽에 장방형 책상과 지필묵 등의 필기류를 필수적으로 구비했으며, 특히 친한 친구와의 교류를 중시해 서재를 친교의 장으로 활용했다. 서재용 가구는 대부분 황화리목으로 만들었는데, 보기에도 좋지만 무엇보다 내구성을 고려했기 때문이다. 탁자 의자는 탁자를 중심으로 대칭에 가깝게 배치했지만, 수납 가구 등의 다른 가구는 굳이 대칭에 얽매이지 않고 공간의 전체 균형을 고려해 조화롭게 배치했다.

4진 사합원같이 내원(중정)이 둘 있는 큰 저택은 내원들 사이에 청방을 두었는데, 내원의 연결 공간으로서, 집안이나 공공 모임, 또는 사당이나 손님 접대 등의 용도로 사용했다. 따라서 청방의 규모는 커야 했고, 실내는 큰 화분을 놓거나 의자를 많이 배치하는 등 질서 정연함을 우선으로 삼았다. 더 아늑한 분위기를 조성하기 위해 병풍을 드리우기도 했다.

가구 배치의 대칭성은 위계의 중요성과 질서가 내재적으로 반영된 결과물로, 의자 배치에서도 종종 드러난다. 조당이나 청방에 배치한 의자의 위치에도 집안 서열이 엄격하게 적용되었다. '남존여비'도 그 질서 중 하나여서 여자들은 조당의 의자에 앉는 게 금기시되어 서 있어야 했다.

3 인테리어 파티션의 빼어난 장식 효과

  사합원의 흥미로운 요소 중 하나는 실내 공간의 동선과 사용 방식이다. 일례로, 정방의 중심 공간인 조당은 양쪽 와실에 진입하는 홀이자 모임이나 유대를 위한 다용도 거실로, 사적 공간인 와실에는 외부와 통하는 별도의 문이 없어 조당의 출입문을 사용해야 했다. 그 때문에 내밀한 개인 공간을 보호할 수 있는 장치가 필요할 수밖에 없었고, 자연스레 내부 노출을 차단하는 칸막이 설비가 발달했다. 바로 이 칸막이가 실내 공간을 구획하면서 동시에 빼어난 장식 효과도 발휘하는 '중국식' 인테리어 파티션이다.

  중국에서 최초로 사용한 칸막이는 둘러치는 휘장인 유장帷帳, 위에서 아래로 내려뜨리는 염막簾幕, 가리개의 형태와 기능을 지닌 병풍 등이었다. 휘장은 피륙을 여러 폭으로 이어서 빙 둘러치거나 길게 늘어뜨린 장막으로, 직물의 발달로 인해 용이하게 사용할 수 있는 공간 가리개였다.

유목 시대나 고대 전쟁 시에는 외부 공간에 설치한 장막에 기거했고, 옛 궁궐에서도 외부 행사 때면 염막을 쳐서 왕을 위한 임시 공간을 마련했다. 이런 외부 가리개 장치가 점차 실내에도 채용되어 시대의 흐름과 더불어 전해져 오다가, 실내 공간의 확장에 의한 공간 구획이나 사생활 보호를 위한 도구인 다양한 인테리어 파티션으로 발전되었을 것이다.

격단, 격선문과 벽사주

격단은 사합원 실내 공간을 가변적으로 구획하기 위한 설비를 총칭하는데, 실내 공간의 개구부 옆에 격선隔扇의 일부를 고정하거나 격선과 다른 설비를 조합하는 방식이다.

사합원의 실내 공간 구획은 공간의 크기와 연관된다고 볼 수 있다. 궁왕푸 같은 대규모 사합원은 내부의 별도 공간을 격단으로 구획하기도 했다. 일반 사합원은 출입문이 중앙에 하나만 있어서 당연히 양쪽 공간과의 분리가 필요했으므로, 이 같은 파티션 설비가 발달했을 것으로 짐작된다. 이처럼 사합원의 실내 구획을 위해 공적 공간에서 사적 공간에 이르기까지 시각적 다단계 과정을 거치면서 장식적 기능도 추가되었다.

격단은 후대로 갈수록 침실의 공간 구획을 위한 다양한 칸막이용 설비이자 장식물로 발전했는데, 대표적인 유형이 '격선문隔扇門'과 '짜오(罩)'다.

격선문은 격자를 응용한 선扇을 장치한 출입구로, 격문이라고도 불린다. 청대에 실내 공간을 구획하는 용도로 쓰인 장식물 중 하나인데, '격선'은 쉽게 말하면 매우 좁은 폭의 여러 개의 문을 연결시킨 형태로, 병풍의 개념과 기능을 발전시킨 것이다.

격심格心(격선문 상부의 격자 형태 부분)과 하부의 군판裙板으로 이루어져 있고, 주간柱間 한 간에 4·6·8매의 문짝(扉)이 쓰이는데 전부 열 수 있게 되어 있다.

상부인 격심은 등불 모양의 여러 조각이 격자형으로 이어진 살창 형태로, 각 조각의 중앙에 그림이나 글씨로 꾸민 종이를 바르기도 하고, 궁궐이나 부귀한 집에서는 유리나 다양한 빛깔의 비단을 붙였다. 이 '고급형' 격선문을 일컬어 '벽사주碧紗櫥'라 불렀는데, 중국에서 벽사주 '안'이라 칭하는 것은 벽사주가 설치된 방의 안쪽 공간을 뜻한다.[19] 리윈허는 격단에 대해 다음과 같이 설명했다.[20]

> 완전하지 않거나 반半격단인 것인데, 활동적이거나 이동 가능한 격단을 포함한다. 여러 가지 상황에서 실내의 공간은 결코 절대적이고 고정적인 칸막이를 요구하지 않는다. 분리된 일부 방

들은 그 간벽이 통풍 및 채광 작용도 동시에 하고 있으므로, 외첨수장外簷修裝[21]에 쓰이는 격선을 격단에 사용한다. 격선이나 격문 형식의 격단은 상부가 외부와 통하는 격심으로서 아름다운 통화 무늬가 있을 뿐만 아니라 광선이 일정하게 통할 수도 있다. 안팎으로 시각적으로 완전한 격단을 이루지는 못하나 그 가운데 호응하는 점들이 있어 멋이 있고 실용적인 형식이 되었다. 뿐만 아니라 격심은 간혹 전체를 다 열 수도 있는데, 공간적으로 완전히 상호 연결이 필요할 때 격문을 열면 이러한 목적을 이룰 수 있다. 이러한 문식門式 격단의 성질과 비슷한 것으로 창식窓式 격단도 있는데, 차이점은 군판裙版 이하의 부분이 고정되어 상부의 함창檻窓 같은 것만을 여닫을 수 있는 것이다. 그러나 이런 형식의 격단은 외첨수장의 문창과 일치하며 척도상 이들이 비교적 좀 더 정교하다. 이러한 격선식의 격단에 의해 분리된 방간을 청대에는 '벽사주'라 했는데, 이러한 명칭은 대부분 격심 위에 비단을 붙인 데서 유래한다.

송대에 기술된 《영조법식》에는 격단을 격자라 칭했고, 그 작법에 따른 다양한 유형도 기술되어 있다. 전반적으로 당·송대에는 이러한 내첨수장內簷修裝[22] 기술이 엄청난 변화와 발전을 이룬 것으로 전한다. 그러므로 그 뒤를 이은 명·청대에는 세부 마감이나

벽사주의 실물과 도식

장식 기술이 더 다양하게 발전했을 것으로 짐작된다.

리원허는 저서 《중국 고전건축의 원리》에서, 건축학자 유치평이 "가령, 중국 역대의 지혜가 쌓여 있지 않았더라면 근거도 없이 그처럼 많은 방법을 생각해 내기란 쉽지 않았을 것이다. 중국이 아닌 다른 나라에서는 그토록 많은 내첨수장 방식을 보지 못했다. 이는 세계 문화의 정화精華로서 결코 과찬의 말이 아니다"라고 찬탄한 글을 인용하며, "중국 고전 건축의 눈부신 성취는 실내 설계의 수많은 창조적 성과와 조건들을 장식적으로 아름답게 발전시킨 데 있었다"고 동의했다. 그러한 성취의 배경에 대해서도, 목조

건축의 소목장이 완수해 내는 장식적 설계가 건축설계 작업과는 별도로 진행됨으로써 자유로운 독창적 분야로서 발전해 나갈 수 있었기에 가능했음을 역설하기도 했다.

사실 중국은 세계에서 가장 먼저 '가구식 구조'의 건축 체계가 운용되고 발달한 나라다. 목조의 구조적 체계는 물론 세부 치장재에 이르기까지 가장 오랜 역사를 지녔고, 사용 범위도 매우 광범위해서 이를 다양하게 응용하는 기법 또한 매우 발달했다.

본래 가구식 구조에서는 지붕을 중심으로 하는 상부구조의 하중을 기둥이 지지하므로 기둥 사이의 벽체는 자유롭다. 즉 내부 공간을 분리하는 어떤 방식의 설비도 건물의 구조와 역학적 관계를 발생시키지 않으므로, 재료의 선택이나 형식·구조 등에서 완전히 자유로운 것이다. 이러한 원리는 한국이나 일본의 목조도 동일하다. 그러므로 기둥 사이의 전면에 창호를 낼 수 있으며, 같은 원리로 실내에 다양한 칸막이 방식도 적용할 수 있다.

이처럼 하중을 받지 않는 벽체를 '장막벽帳幕壁'이라 하며, 반대로 하중을 지탱해 구조물 기초로 전달하는 벽체를 '내력벽耐力壁'이라 한다. 기둥만으로 지탱하던 하중을 격벽으로만 쓰이던 벽체에도 분담하게 하는 공법으로, 고층 건물이나 경량 골조 건물에서 자체 하중을 줄이고 내부 공간을 확보하기 위해 많이 쓴다.

내력벽식 구조의 건물에서는 내부의 칸막이가 하중을 항상 받

상하이 예원 격단,
시탕 마을 주씨가의 계단 앞을 가린 소규모 격단,
치바이스 고택의 격단, 궁왕푸의 벽사주 격단(위부터 시계 방향으로)

기 때문에 사용하는 부재도 동시에 고려해야 하므로, 공간 분할 방식이 내력벽의 제한을 받아 역학상의 요구를 초월해 다양한 변화를 이루기는 어렵다.

짜오, 격단에서 진화된 파티션의 대표 주자

공간의 고정적 분리를 위한 격단에서 좀 더 진화한 형태의 파티션을 '짜오'라고 하는데, 심리적·장식적 구획은 하되 쉽게 드나들 수 있다는 차이가 있다.

짜오의 유래는 휘장과 직결된다. 애초에는 휘장에 적응하기 위해 만든 보조 장치였는데, 점차 휘장의 장식 효과를 대체하게 되면서 오늘날의 형태로 발전했을 것으로 추정되기 때문이다.

짜오는 대부분 목재로 만들며, 창과 문으로 공간의 입면 전체를 구성하는 경우에 단순한 형태나 아주 정교한 조각 문양을 넣은 복잡한 형태, 또는 문과 짜오의 혼합 형태를 지닌 짜오를 사용했다. 자금성이나 궁왕푸 같은 대저택은 건물의 폭이 넓고 깊어 좌우 측면뿐만 아니라 안쪽에도 있는 또 다른 공간을 구획하기 위해 다양한 형태의 짜오를 제작했다.

이처럼 공간 구획용 설비인 짜오는 장식 효과도 특출해서 사합원 공간 조성에 적극 활용했다. 짜오의 진수는 공간을 꾸미는 장식에 있는데, 대부분 목재를 사용해 아주 복잡하고 섬세한 문양으로 장식했다.

짜오의 명칭은 통로 부분의 형태와 규모에 따라 제각각이며, 장식 효과 또한 차이가 크다. 즉 개방된 통로를 크게 두면서 기둥과 상인방上引枋(기둥과 기둥 사이 상부에 가로지른 나무) 부재까지 한 몸체의 조각 장식으로 조성한 천만조天彎罩, 중앙에 낸 원형이나 팔각형 문의 주변을 모두 장식 조각으로 채운 문동식 화조門洞式 花罩, 격단을 중앙에 두고 양쪽을 개방한 태사벽太師壁, 양쪽에 격단을 두고 중앙을 개방한 다보격多寶格 등, 다양한 유형이 있다.

이외에도 짜오와 유사하면서 조금 변형시킨 '박고가博古架'가 있다. 가구의 장식품 진열 기능을 짜오에 결합시킨 것으로, 공간 사이의 칸막이 역할을 하되 수납 기능도 겸한다. 즉 장식물을 진열할 수 있는 선반을 추가한 것인데, 오늘날에도 단독 가구로 많이 쓴다.

명·청대에는 짜오가 실내 설계의 핵심 설비로 자리 잡아, 심지어는 아주 작은 공간을 나눌 때도 항상 짜오를 응용할 정도였다. 공간 구획의 대표 주자로 부상한 것이다. 이렇게 뛰어난 공간 파티션인 짜오의 기원을, 리원허는 작체雀替[23]의 한 종류인 '화아자花牙子'에서 비롯한다고 보았다.

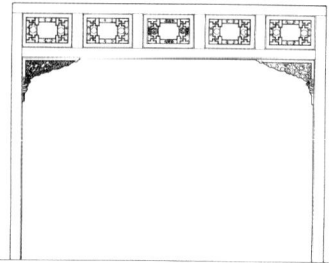

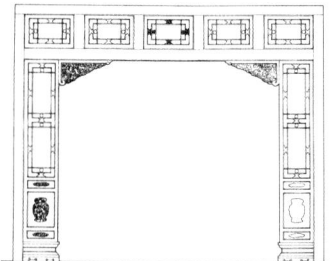
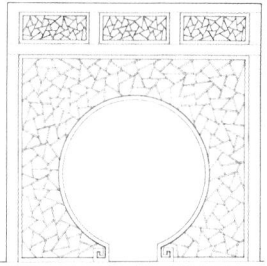

짜오의 다양한 형태와 장식

고궁박물원의 짜오와 화짜오,
시탕 마을 주씨가의 격단과 화짜오, 예원의 장식창(위로부터 시계 방향으로)

휘장, 중국 최초의 실내 칸막이

휘장은 오늘날의 커튼이다. 커튼은 창문을 가리는 용도로 인식되지만, 본래 직물로 만든 휘장은 시각적 차단을 위한 공간 구획 용도로 만들어졌다.

유럽의 성 내부를 보면 왕이나 영주의 침실을 별도로 구분하지 않아, 큰 홀의 한쪽 침대에서 취침했음을 알 수 있다. 그래서 침대의 네 모서리를 휘장으로 가린 것이다. 이런 용도의 휘장은 장식적 효과도 컸기 때문에 지속적으로 발전해 왔다. 즉 휘장은 공간을 가장 편리한 방법으로 구획해 주는 기능적 장식물이었다.

사합원에서는 휘장을 공간을 구획하는 짜오나 침대에 사용했다. 중국은 일찍부터 직물 제조가 발달했기에 비단이나 투명한 천으로 만든 휘장을 다양하게 사용했다. 실내 천장이 높은 경우는 천장 상부를 가려 주며 장식도 겸하는 휘장을 사용했는데, 이런 다양한 형태의 휘장을 우리나라에서도 고대부터 사용해 온 사실은, 고구려 고분벽화에서 조선시대 의궤에 이르기까지 두루 발견된 유물들에서 입증된 바 있다.

고대 문헌 및 도화에 따르면 중국 최초의 실내 칸막이용 시설은 고대부터 쓰인 휘장, 염막簾幕(발과 장막), 병풍으로 추정된다. 궁실 휘장은 《사기》의 한 구절에도 등장한다. "패공이 진궁에 들어가니 '궁실 휘장'에 개, 말, 보물, 부녀가 수천이다." 고대 궁궐에

황실 침상의 휘장들

서도 휘장 등을 이용해 실내 공간을 분리했음을 알 수 있다.

휘장의 기능에는 장점도 아주 많다. 공간구성을 수시로 바꿀 수 있고, 열고 닫을 수 있으며 장식적으로도 큰 효과를 얻을 수 있다. 비단 꽃무늬가 화려하게 수놓인 거대한 휘장을 치면, 그 찬란한 색채와 기품에 실내 분위기가 얼마나 화사하고 격조 있게 돌변할지는 쉽게 그려 볼 수 있을 것이다.

병풍, 관념적으로 건물과 연계된 필수 시설

병풍의 뜻풀이는 '바람을 가려 막는 것'으로, 중국에서는 휘장과 더불어 오랜 역사를 지닌 실내 공간 분리 시설이다.

리윈허는 "병풍은 《주례》와 《예기》에 '의扆'로 기록되어 있다"라고 지적했다. 즉 "천자는 '의'를 마주해 서며, 또 천자는 의를 지고 남쪽을 향해 선다. 의는 병풍을 말한다. 이처럼 본래 병풍은 실내 정면에 대한 뒷면의 벽이었음을 알 수 있다"라는 것이다. 더불어 "《석명釋名》의 '병풍은 바람을 막을 수 있다. 의는 뒤로 기대는 것이다'는 기록으로 보아, 병풍은 원래 바람을 막는 시설이었다가, 후에 예제상의 의로 발전한 것으로, 어쨌든 의는 중국 건축 최초의 내부 공간 분리용 시설이었던 것이다"라고 부언했다.

이후 병풍은 유동적인 간벽으로 발전하면서 점점 더 정교한 가구로 진화했다. 리윈허는 이어서, 실내 공간과 더불어 진화해 온 병풍의 주요 기능과 역할에 대해 "진·한대를 전후해 휘장과 병풍은 실내에선 빠질 수 없는 시설로서 관념적으로 건물과 연계된 한 부분으로 간주되었는데, 심지어 이것들로 실내 각 공간을 명명하거나 설명하기도 했다. '휘장을 치고, 앞뒤로 병풍이 쳐 있다'는 표현을 그 시대 문학작품에서 흔히 볼 수 있다. 그러다 당·송대에 이르러 휘장과 병풍은 복식이나 가구의 일종으로 간주되어 버렸지만, 중국 건축의 실내 구획 방식은 모두 휘장과 병풍의 개념에 따르거나 그런 의미로 발전되었다"라고 했다.

중국의 사합원에서 종종 볼 수 있는 병풍은 다리가 달린 커다란 판재板材 틀에 전면에는 그림을 비롯한 각종 장식을 부착한 형태가 주를 이루며, 재료도 다양하다. 이런 유형의 병풍은 엄막의 기능이 계속 이어져 진화한 것이다. 한국에는 고궁박물관에 소장된 일월오봉도日月五峰圖 삽병揷屛(나무틀에 그림판을 끼워 세운 병풍)이 이와 유사한 기능으로 제작된 것으로 보인다.

이후 중국 병풍은 한국이나 일본에 전래되어 세 나라 모두가 요긴하게 사용하는 실내 용품으로 자리 잡게 되었다.

중국 병풍의 유형은 가리개 형태와 여러 폭으로 만들어 접을 수 있는 두 형태로 분류한다. 접히는 병풍은 그림이 그려진 종이 병풍보다는 칠기 병풍이 주를 이루는데, 칠기 병풍 역시 하단에 다리를 부착한 점이 한국과 다르다. 이런 차이는 실내 생활 방식

명·청대의 병풍

에서 기인하는데, 사합원 바닥과 한옥 온돌 바닥 마감재의 차이와 공간 사용의 효율적 기능과 조화에 따른 것이다.

이처럼 휘장이나 가리개, 병풍은 모두 이동이 수월하고 어느 공간에서든 간편하게 구획할 수 있는 실내 용품이다. 이런 유동적인 차단 용품이나, 격단, 짜오 같은 파티션 그리고 사합원의 수화문과 영벽 같은 고정적 차단 시설에서 사적 공간에 대한 중국인 특유의 뿌리 깊은 시각적 분리 의식을 엿볼 수 있다.

그런데 사생활 보호를 위한 이런 시설은 대개 부분 시각적 차단에만 국한되어 있을 뿐, 청각적 차단에는 무심한 편이다. 아마도 주어진 공간 안에서 이뤄지는 인간관계의 규범이나 친밀함과도 연관된 현상인 듯하다. 즉 이 차단 시설이 외부에는 극히 방어적이지만 내부 거주자에게는 매우 개방적인 장치인 셈이다.

종합적으로 볼 때, 실내 공간 분리를 통해 공간 활용의 밀도를 높여 주면서 동시에 빼어난 장식적 기능도 발휘하는 파티션은 공간 사용에 대한 중국인의 흥미로운 기질 또한 잘 보여 주는, 사합원 인테리어의 소중한 보조 요소라 할 것이다.

사합원의 전통 인테리어로 본 중국인의 미의식

05

사합원 전통 인테리어의 주요 장식 요소는 창호와 창살의 다양한 형태와 문양, 가구, 특히 의자·탁자류의 유형과 진화, 붉은색 위주의 실내외 채색과 오방색의 채화, 다양한 문양과 조각 기법, 공간 구획 파티션인 격선과 짜오 및 휘장과 병풍 등으로 요약할 수 있다.

이런 장식 요소가 주거 공간의 핵심 구성 원리인 중화사상과 연계된 중정 중심의 '상의 공간'의 무한 증대 구조, 공간 구성의 대칭과 축적 구성, 유가 윤리의 위계질서 등에 바탕을 둔 '디자인 개념'과 어우러져, 사합원의 독특한 미학적 특성을 형성하고 있음을 살펴보았고, 그 과정을 통해 중국인 특유의 미의식도 감지할 수 있었다.

예로부터 중국에는 '미'에 대한 숱한 담론이 있어 왔다. 특히 순자는 "아름다움(美)은 착함(善)이나 좋음(好)이라는 내적 성질을 지니며, 적절한 표현형식을 갖고 있다. 그러므로 금과 옥으로 만든 기물과 채색한 의복, 화려한 무늬 같은 아름다운 예술품으로 장식함으로써 그 덕을 더욱 높일 수 있다"라고 했다. 또한 "무릇 군자란 장엄하고 화려한 장식이 없으면 백성을 다스릴 수 없다"라며, 아름다움의 특징을 장식으로 보았다. 따라서 "실용성만 좋아하고 장식을 좋아하지 않으면 용속庸俗한 데만 치우치는 촌부가 될 것이다"라며 장식을 부정적으로 본 묵자를 비판하기도 했다.

이에 대해 중국의 미학자인 시창동施昌東은 '당대 신흥 지주계급의 이익을 옹호하기 위한 궤변'이라고 비판하면서도, 순자의 미학 사상이 체계를 갖추고 있으며 중국 고대 미학 사상은 물론 후대 유물주의 미학 이론의 훌륭한 기초가 되었음을 인정했다.[24]

순자의 '장식 지지론'이 먼 후대 사합원의 인테리어에까지 영향을 줬다고는 볼 수 없지만, 적어도 중국 봉건사회 상류층의 장식 지향적 풍조에 일조는 하지 않았을까 싶다. 사합원의 채색이나 조각 등의 장식이 일본이나 한국에 비해 유독 두드러진 건 사실이기 때문이다. 특히 중국의 장식이 선사시대의 청동기 조각을 비롯해 누대累代에 걸쳐 조각 장식에 많이 치중되어 있는 걸로 보아, 조각 장식이 지닌 정교한 미의식이 강점임을 알 수 있다.

사합원의 전통 인테리어에서 두드러지는 미학적 특성은 대략 네 가지로 요약할 수 있다.

우선 무엇보다도 '축을 중심으로 한 대칭'이라는 균형의 미의식이 돋보인다. 정방을 중심으로 삼은 상방의 좌우대칭 배치, 원자(中庭) 식재의 대칭 기법, 주택 외관 창호의 대칭 배열, 실내 가구와 벽면 그림, 탁자 위 장식물 등의 대칭 배치, 가구 자체의 대칭 디자인 등, 중심축이 존재하는 곳을 반드시 대칭으로 조성한 것이다. 바로 이 '축과 대칭'이야말로 사합원의 주거 공간과 마찬가지로 전통 인테리어에서도 핵심 원리다. 축과 대칭 원리는 평형에 대한 질서를 지향하기 마련이다. 질서를 엄격히 적용시킨 인테리어는 자유로운 공간보다는 좀 더 격식을 갖춘 공간이 요구될 때 적용되는 개념이기 때문이다.

두 번째로 두드러지는 특성은 장식 문양 패턴의 반복이다. 창호·창살이나 천장 등의 장식 문양이 반복해서 이어지는 패턴은 계층과 무관하게 전반적으로 선호되었다. 문양은 주로 기하문과 식물문을 복합적으로 사용했다. 문양은 인간만의 독특한 능력인 상징적 사고의 표현물로, 의식의 반영이자 창조적 미화 활동의 소중한 산물이다. 따라서 문양의 일관된 반복 패턴은, 중화사상을 신봉하는 중국 민족의 '동질성 추구'라는 미의식의 일단을 보여 주는 요소라 하겠다.

세 번째로는 장식조각에서 면의 구성과 채움을 위한 정교한 기법이 구현해 내는 기능적·미적 우월성을 꼽을 수 있다. 장식조각에는 목재 표면을 깎거나 파내는 반입체적 부조 기법, 전후좌우 전면을 둥글게 새기는 3차원의 입체적 원조 기법, 목재 뒷면을 완전히 도려내 투명한 공간을 확보하는 투조 기법을 주로 썼는데, 지붕 구조, 창호, 회랑, 격선·짜오나 다른 가구 등에 두루 적용했다. 이런 기법은 장식에 대한 정서적 접근과도 연계되어 있으며, 그중에서도 특히 투조 기법은 공간에 대한 고도의 3차원적 투과성을 장식에 적용시킨 것이어서, 기능적·미적 우월성을 보여 준다.

마지막으로, 붉은색 중심인 오방색의 다채로운 채색과 길상문의 선호를 들 수 있다. 사합원은 한국이나 일본에 비해 외관의 색채가 강렬하게 두드러진다. 붉은색의 육중한 기둥, 회랑의 난간과 그 상부의 현란한 채색과 문양 및 벽면 장식 창의 다양한 형태 그리고 건물 외관 창호와 문의 녹색과 붉은색의 이색적 조화, 특히 정방의 전랑 상부구조의 화려한 오방색 채화와 문양 등, 이 모든 것이 강렬한 이미지를 내뿜고 있다.

고대 중국인에게 색채는 인간 정신을 함양하고 삶의 깊이를 표현하는 소중한 도구였다. 이 같은 색채 문화는 음양오행설에 바탕을 둔다. 음양오행은 중국을 중심으로 한 동양 문화권에서 우주 인식과 사상 체계의 중심이 되어 온 원리로, 고대 중국인은 오행(金·木·水·火·土)에 따라 자연계의 만물이 생성하고 변화한다고 믿었다. 따라서 색채도 이 오행에서 비롯한 오방색(오행의 각 기운과 직결된 青·赤·黃·白·黑)이 전반적인 색채 의식을 형성하는 근간이 되었는데, 단순히 색에만 국한된 게 아니라, 방위와 계절을, 나아가 종교적·우주적인 철학관까지 형성했다. 그래서 중국인은 나쁜 기운을 물리치고 복을 바라는 마음으로 오행에 따른 오방색을 용도와 신분에 맞게 구분해, 복식·공예품·왕궁과 사찰의 단청·음식 등, 생활 전반에 적용하게 되었다. 황제들도 색채의 선택에 오행 이론을 적용시킬 정도였다.

이러한 색채 표현은 상류 계층에게는 집이나 의복 등을 통해 신분의 위계를 과시할 수 있는 적극적인 표현 수단이기도 했다. 그런 표현 행위 자체를 중국인은 사회적 규범으로 인식하기까지 했다. 목조건물의 단청도 건물의 보존과 장식 목적 외에, 왕궁이나 사찰의 위엄을 과시하는 표현 수단이었다.

오방색 중에서도 유독 붉은색을 선호하는 중국인의 풍속과 심리에는 문화 역사적 배경이 있다. 원시시대부터 붉은색은 생명력을 상징하는 피와, 원시인들이 숭상한 불의 이미지였다. 또한 원시적 종교 관념에는 붉은색이 재앙을 물리치고 위험에서 보호해 준다는 정감적 의미도 부여되었다. 이처럼 원시 문화에서 형성된 붉은색의 가치와 상징적 의미가 민족심리의 심층에 오랜 세월 축적되어, 상서로움과 경사로움의 상징으로 뿌리내리게 되면서 대대로 붉은색에 특별한 호감을 보이게 되었다.

고대부터 중국인에게 각별한 의미인 붉은색은, 근대에 이르러 혁명 전사들의 정치적 도구로 이용되면서 단순한 정치적 선동을 넘어서서 중국이란 나라를 상징하고 통합하는 역할까지 하게 되었고, 오늘날에도 열정, 진취성, 권위, 부귀를 상징하는 색으로서 변함없이 선호되고 있다.

행복한 삶을 염원하는 길상문을 선호한 풍조는 한국과도 비슷하지만 그 미적 표현은 훨씬 더 강했다.

옛사람들이 세상살이에서 가장 염원한 건 복福(행운과 축복)·녹祿(입신출세)·수壽(무병장수)였다. 이 세 염원과 연관된 이미지들이 도안으로 정착된 것이 바로 길상문이다. 오랜 전란과 정치적 혼란 속에서 재앙을 면하고 평안과 복을 구하고자 하는 민간의 염원이 생활 속 장식 문양에까지 반영된 흥미로운 본보기인 셈이다. 길상문은 주로 동식물의 형상이나 이미지를 차용했는데, 일부는 명칭의 발음이 '복·녹·수'와 비슷해 길상문에 포함하기도 했다. 또한 후대에는 아예 복·녹·수 등의 글자 자체를 길상문으로 쓰기도 했다.

창조적 실내 설계와 비범한 장식 능력

리원허의 지적처럼, 중국 고전 건축이 이룬 눈부신 성취의 원동력은 심오한 정신문화에 뿌리를 둔 창조적 실내 설계와 그 성과물을 아름다운 조형으로 승화시킨 비범한 장식 능력이라 할 것이다.

중국 실내 설계의 전통 개념은 대부분의 실내 공간을 구획하되 폐쇄적으로 격리시키지는 않으며, 변화를 요구하면서도 동시에 지속되고 소통되는 독창성을 지녔다. 이는 현대의 실내 설계 개념과도 기본적으로 일치한다. 그 이유는 결코 우연의 일치나 일치된 미학 이론을 지녀서가 아니라, 양자의 개념 모두가 표준화된 평면·가구식 구조의 공통 조건에 기초한 산물이기 때문이다.

공간구획에서도 한국이나 일본에 비해 매우 독창적인 자질을 보여 주는데, 반半개방적인 구획에 더해, 장식물을 적극 활용해 빼어난 조형적 미감을 발휘한다.

이 같은 중국 고건축을 대표하는 사합원의 전통 인테리어에는, 복과 평안의 염원이 담긴 장식물을 비롯한 모든 미적·디자인적 요소가 우주적·자연적 삶의 일부임을 수용하고, 그 안에서 동질적 일체를 이루고자 한 중국인 특유의 심오한 미의식이 꽃처럼 피어 있다.

절제와 관조의 긴장미, 서원조

3

서원조는
일본 전통 주택이
형태적 체계를 갖추게 된
주거문화의
산실이다

서원조의 구성 원리와 배경

01

일본의 중세(1167~1603)는 천황과 귀족 중심이던 고대국가가 해체되고 무사들이 정권을 잡아 무가 사회로 전환된 약 400년간의 시기를 이른다. 귀족 세력을 밀어내고 무사가 정권을 장악했으나, 여전히 귀족과 승려 등이 문화를 이끌었고 후반기에는 서민층이 서서히 두각을 드러냈다.

서원조書院造(쇼인즈쿠리)는 중세의 무로마치室町시대(1336~1573)에 무가에 의해 형성되기 시작해 근세 초기인 에도江戶시대(1603~1867)[1]에 확립된 상류 주거 양식으로, 무가 주거의 전형이 되었다.

서원조는 일본 전통 주택이 형태적 체계를 갖추게 된 주거문화의 산실이다. 주거 내 공간의 구획 개념과 쇼지 설비, 다다미 확대 등 일본 주거의 문화적 지표들이 이 시기에 모두 확립되었기 때문이다.

유교·선불교적 배경과 공간 구성

서원조는 무가 사회의 유교적 격식과 위계질서는 물론, 선종 사상과 도가적 자연관 등이 한데 어우러진 독특한 주거 양식이며, 일본 문화의 복합체라 할 수 있다.

한중일이 공유하는 사상적 배경인 유교·불교·도교 중에서도 특히 무가의 엄격한 계층 사회를 받쳐 준 유교 규범과, 무가 정신의 근간인 불교의 선종 사상은 서원조의 형성에 큰 영향을 미쳤다. 무위의 도가적 자연관은 서원조의 조형 의식인 '친親자연성'과 '관조觀照'의 토대로 작용했다.

두 개념은 정원과 같은 인위적 기교를 사용하기도 하지만 전반적으로 자연에 순응하는 친자연적 자세를 견지하고, 사물을 관조함으로써 '비어 있음'을 통해 사물과 자신을 합일시켜 또 다른 세계와의 공간 체험으로 이끈다.

서원조 평면 구성의 원리는 다다미의 이음과 확장이다. 이는 분할·연결과도 관련 있다. 서민층 가옥이 '田'자형의 공간 구획과 질서를 지닌 데 반해, 상류층 가옥인 서원조는 쓰임에 맞춰 분할된 공간을 주인의 신분과 권위를 과시하기 위해 과대하게 연결·확장시키는 구성 방식을 중시했다. 다다미방의 연결·확장에 의해 생성된 평면 형태는 같은 유형이 만들어질 수 없었다.

일각에서는 서원조 구성의 특징으로 독특한 '비대칭'을 들기도 한다. 비대칭의 일반적 특징인 자유나 여유로움과는 반대로 절제된 정갈한 긴장감을 느끼게 한다는 것이다. 그 예로, 직사각형 다다미의 기하학적 패턴, 벽을 장식할 때 쓰는 자연 그대로의 기둥, 관상용 공간인 '도코노마', 장식용 비대칭 선반인 '치가이다나' 등을 꼽는다. '일본 건축물의 직선 안에는 곡선이 숨겨져 있다'는 일본인들의 이색적인 주장도 이 '비대칭 원리'와 일맥상통한다.

중층성·양면성·집단주의·현세주의

일반적으로 일본의 공간개념은 '상대적 모호성과 복합성'으로 요약하며, '오쿠'라는 용어로 대변된다. 즉 비밀스럽고 가려져 있다는 의미이자, 의식하시는 못하지만 항상 주변에 있다는 상대적 공간개념을 뜻하는데, 서원조의 안행雁行(기러기 행렬의 건물 배치)이 대표적 예로 꼽힌다.

이런 특성은 일본 문화 특유의 모호한 양면성이나 복합적 중층성重層性과 맞닿아 있는 듯하다. 일본의 사회·문화를 이해하기 위한 키워드로는 양면성, 중층성과 '화혼양재和魂洋才' 정신, 폐쇄적 집단주의의 '화和 사상', 현세주의 등이 회자된다.

'중층성'은 옛것과 새것을 일본식으로 발전시키거나 개량하는 다양성이다. 일본 문화는 계통이 다른 문화가 겹겹이 공존하거나 혼재하는 중층 문화로, 전통문화의 근본은 면면히 계승하면서 형태만 시대 상황에 맞게 변형시키거나, 자기 것은 지켜 가면서 외래문화나 사상의 좋은 점만 취사선택해서 새로운 문화로 덧씌워 가는 매우 실용적인 특성을 지닌다.

아직도 유지되고 있는 천황제나, 한자가 절반 이상 섞여 있는 일본어, 민족 신앙인 신도神道와 불교의 융합 등이 대표적 예다.

엄격한 의장·위계와 절제·관조의 미

서원조의 가장 두드러진 특성은 무가 사회의 유교적 의장과 위계질서, 선종 사상의 체취가 깃든 절제와 관조의 미적 완벽주의라 할 수 있다.

서원조의 공간구성과 사용 방식에 무가 사회의 종적 관계가 여실히 반영되며, 무가의 격식과 위엄을 상징하는 엄격한 접객법이 자리 잡고 있다. 일반 서원조 주택에서도 귀한 손님일수록 도코노마 앞쪽 상석에 앉히는 것이 예우였는데, 이러한 의식은 일본의 현재 주거 생활에서도 여전히 이어지고 있다.

일본 상류층의 전통 주거 양식은 크게 두 시기의 두 유형으로 대별된다.

첫째는 헤이안平安시대(794~1185)의 귀족 주거인 침전조寢殿造(신덴즈쿠리) 양식인데, 당시 서민의 주거는 여전히 수혈주거竪穴住居(움집)가 주류였다.

침전조는 헤이안시대에 형성된 귀족층의 주거 양식으로, 당나라의 건축양식을 도입해 개인 공간인 '침전寢殿'에서 접객과 의례가 두루 이루어져 붙은 이름이다.

침전은 모야(身舍, 본채)와 히사시(庇, 본채 주변의 행랑방)로 구성되며, 남쪽의 미나미비사시(南庇)는 손님 접대에, 북쪽의 기타비사시(北庇)는 일상생활 공간으로 쓰였다. 실室들은 침실로 사용할 경우 외에는 '일실一室 공간'을 이루는데, 침전 외주부의 문을 개방하면 주택 내부가 한 공간을 이루며 외부 공간과도 관통되어 실들 간의 사생활 보호는 취약했다. 즉 침전조에는 사실 벽이 없었다고 하겠다. 공간 분리에는 병풍이나 가베시로(壁代, 천장에 달아 늘어뜨린 휘장) 등을 사용했다.

침전조의 구성은 초기에는 좌우대칭을 추구했으나 점차 대칭적 배치가 사라지면서 단순하고 실용적으로 변모했고, 중세 후반에 이르러서는 서원조로 진화했다.

둘째가 바로 중세 무로마치 말기에 시작된 무가 주거인 서원조 양식이다.

서원, 무가 문화의 산실

서원조는 사찰에서 승려가 불경을 읽기 위해 만든 서재를 도입하면서 시작되었는데, 에도시대에 들어서서 무가 사회가 안정적으로 확립되자 그 격식과 위엄을 지닌 생활 규범이 주거 공간에 도입되면서 상급 무사의 주거 양식으로 정착했다.

따라서 일본 전통 건축을 대표하는 서원조의 주거 문화를 파악하기 위해서는 무가의 생활과 문화에 대한 이해가 필수다.

일본 고대사회는 천황제하에서 도성에 거주하던 귀족계급이 이끌었는데, 12세기 후반에 무가가 정권을 잡게 되면서 귀족의 장원을 빼앗아 경제적 기반을 확충하며 무가 사회를 성립시켜 감으로써, 중세 초기의 가마쿠라鎌倉시대(1185~1333)부터 근세 초기 에도시대에 이르는 이른바 '무가 시대'가 열리게 되었다.

이 무가 정권을 '막부'라 칭하는데, 막부는 12세기부터 19세기까지 약 700년에 걸쳐 쇼군(막부의 수장인 장군)을 중심으로 일본을 실질적으로 통치했다. 막부는 초기에는 군사 지휘 본부라는 의미였으나 군사령관인 쇼군이 천황 대신 실질적 통치자가 되고 그의 본부가 정치·행정·경제권을 장악하게 되면서 정부의 의미를 지니게 되었다.

최초의 막부인 가마쿠라시대 말기부터 무로마치시대 초기는 귀족이 몰락하고 무사들이 득세하던 '야만의 시대'였다. 귀족을 호위하거나 싸움이나 하는 '경호원' 정도에 불과하던 무사들이 몇 번의 전란을 거치며 중앙 정치에까지 진출해 귀족계급을 밀어내고 정권을 차지하게 되자, 정치적으로나 경제·사회 전반에 걸쳐 혼

일본의 대표적 전통 건축물인 금각사(킨카쿠지)

란을 겪을 수밖에 없었다. 문화적으로도 귀족 문화와 무사 문화가 뒤섞인 혼돈과 변화의 시대였다.

무가의 정신적 기반은 가마쿠라시대에 중국으로부터 유입한 불교의 선종 사상이었다. 당시 활발히 교류하던 중국 선승들의 생활양식이 무가의 생활에 다방면으로 영향을 미친 것이다. 즉 선종의 방장方丈(불교 총림의 최고 어른) 제도, 정원, 차를 마시는 습관, 접객 방식, 족자와 문구류 등, 이전에는 없던 불가佛家의 문물이 들어오면서, 고대 귀족의 침전조 양식도 점차 변모해 선불교의 체취를 풍기는 무가 사회가 확립된 것이다.

서원조는 그런 무가 사회의 격식과 위엄을 드러내는 접객법과 일상생활이 관례화됨에 따라 정형화된 주거 양식이다.

본래 (서원조의) '서원書院'은 관청 부속의 서고나 서적 편찬소, 개인 서재를 가리키는 용어로, 특히 선승의 서재 겸 객실을 일컬었다. 그런데 선종에 깊이 심취한 무로마치막부의 8대 쇼군 아시카가 요시마사足利義政(1443~1490)가 주택에 현관[2]을 도입하는 등 선종 문화의 체현에 앞장서면서, 주택 객실인 자시키(座敷)에 서원이 부속되고 이 서원을 중심으로 다도茶道 의례가 거행되어 널리 퍼지는 등, 서원이 무가 문화를 꽃피우는 산실 역할을 하게 되었다.

이처럼 서원조나 일본의 다실茶室 같은 건축물은 모두 선종 사상에 심취한 무가의 의식 및 가치관과 깊이 연계된다. 서원조는 무가 사회에만 허용된 주거 양식이었으나, 점차 재력 있는 상인이나 지방의 명주名主 계층의 주거로도 채용되었고, 서원의 여러 요소는 정형화되어 오늘날 화풍和風(일본식) 주택의 평면과 의장에까지 이어지고 있다.

수직 계층 제도와 거주

미국의 문화인류학자 루스 베네딕트Ruth Benedict는 일본 사회·문화를 이해하려면 '계층 제도'와 이 제도를 받쳐 주는 전통 규범인 온(恩), 기리(義理), 기무(義務)를 제대로 파악해야 한다고 지적했다.

계층 제도는 단순히 신분제도가 아니라, 사회집단에서 개인이 차지하는 알맞은 위치를 의미하는데, 크게 두 가지로 구분된다고 한다.

첫째는 가정에서의 계층 제도로, 에도시대부터 이어진 '이에(家)'라는 가족제도하의 엄격한 위계 서열이 계층 제도의 근간이라 할 수 있다. 가장의 권한은 종신적인 중국과는 달리 유동적이어서, 장남이 가장권을 물려받으면 아버지도 그에 따라야 했다.

둘째는 사회생활 속 계층 제도로, 일본은 7세기경에 중국에서 율령을 도입해 고유의 계급 질서를 만들었는데, 그 정점에 있는 천황은 상징적 존재였고 실제 통치자는 '쇼군'이었다. 그 아래

에도막부의 성이던 나고야 성의 천수각
에도막부의 가신, 마에다 가문의 저택이었던 가나자와 성
히메지 성

번을 다스리는 영주, 즉 '다이묘'와 그를 보좌하는 무사인 '사무라이'가 있었고, 그 아래가 평민·천민층인 종적 구조였다. 에도시대에 확립된 이 제도는 메이지시대에 사민평등 정책이 취해지면서 신분 대신에 경제적 지위에 따라 계층이 나뉘는 새로운 형태로 바뀌어 이어짐으로써 근대사회에서도 여전히 봉건제적 계층 제도는 유지되었다. 이 계층 제도에 대한 신뢰를 지탱해 주는 규범인 온과 기리, 기무는 남에게서 받은 친절이나 은혜는 반드시 갚아야 한다는 일본 특유의 가치관에서 비롯했다.

이 같은 계층 제도는 에도시대에 이르러 안정적으로 확립되었는데, 당대의 무가 주택은 계급별로 집의 위치나 규모 등에 법적 제한을 두었다. 또한 서민과 무사가 사는 시역도 엄격히 분리해, 에도뿐만 아니라 모든 성곽도시도 신분에 따라 거주 구역이 정해졌다.

성의 가장 높은 탑인 천수각 天守閣(망루와 비슷한 형태인 일본 성의 상징적 건물)을 중심으로 다이묘의 저택을 배치하고, 그 다음으로 성내에 중신들의 저택을 두었고, 무사의 가옥은 계급 서열에 따라 상급 무사부터 하급 무사인 아시가루(足輕, 보병)에 이르기까지 성이나 진 주변에 배치했다. 기본적으로 서열이 높은 무사일수록 주군인 다이묘의 거처 가까이에 거주했으며, 주군에게서 가옥을 하사받는 경우가 많다 보니 서열의 상승이나 강등에 따라 가옥도 변하

시바타에 있는 하급 무사들의 집단 숙소인 나가야

기 마련이었다.

하급 무사들은 연립주택과 같은 집단 숙소, 나가야(長屋)에서 기거했다. 성의 외곽에는 상공업에 종사하는 서민의 주거로 마치야(町屋)가 있었다. 상인들의 마치야는 2층 상가로 도로에 면한 부분을 좁은 폭으로 구획하고 안측으로 긴 장방형이었다. 그 안쪽에 형성된 중정에 장인들이 각종 물건을 제조하는 작업장과 숙소를 연립해 배치했다.

다이묘가 에도 저택의 부지를 쇼군에게서 하사받았듯이 번藩(다이묘의 영지)의 무사들도 번주인 다이묘에게서 가옥 부지를 하사받았다. 부지의 크기는 월급인 녹고祿高의 차이에 따랐고, 가옥에도 여러 제한이 따랐다. 경우에 따라서는 객실 넓이와 바닥 다다미의 수까지도 일정하게 제한했다. 신분별로만 제한한 우리 조선시대에 비해 훨씬 더 세분화되고 엄격한 규제였다.

에도막부는 처음부터 질소質素한 검약주의를 취했으며, 1699년에는 주택의 도리(목조건물의 서까래를 받치는 나무) 두께나 내부 장식에 대해서도 일일이 지정할 정도였다. 당대 무가 주택의 표상인 문의 크기와 구조도 신분과 격식에 따라 엄격하게 규제했다. 최상층 무가 주택의 입구에는 현관을 설치해 정식 출입구로 사용했는데, 현관은 객실과 더불어 상류 무가 주택의 상징이 되었다.

참근교대와 에도의 영주 저택

무가의 전성기인 에도시대의 도쿠가와막부는 중앙집권적 권력을 강화하기 위해 조정·사원·다이묘 등의 세력화를 미연에 방지하고 이들의 교류를 차단하고자 했다. 특히 260~270명가량의 다이묘는 각지에 할거하면서 군사력을 보유하고 있었기에 엄격하게 통제했다. 그 일환으로, 1615년부터 단계적으로 정비된 '무가제법도武家諸法度'는 쇼군에 대한 충성, 정치적 훈계, 치안 유지와 의례상의 규정 등으로 다이묘의 행동거지나 결혼을 규제하고, 도당의 결성과 군비 증강, 대선大船 건조, 기독교도 금지시켰다.

또한 쇼군의 지시로, 전국시대부터 관례화되어 오던 '인질 제도'를 1633년에 '참근교대參勤交代'로 변형해 정례화시켰다. 다이묘들이 반란을 일으키지 못하도록 격년제로 막부의 근거지인 에도에 거주하게 만든 제도였다. 따라서 다이묘들은 1년은 에도에, 다음 1년은 영지에 거주했고, 정실부인과 자식들은 볼모 격으로 에도에 계속 거주해야 했다.

이 제도는 다이묘의 감시와 더불어 분권적 제도를 하나로 결합시키고, 막대한 비용이 소요되는 주기적인 이동 행차로 다이묘의 재정을 약화시켜 군비 증강도 방지함으로써, 도쿠가와 가문이 15대에 걸쳐 번영을 누릴 수 있는 받침대가 되었다. 이 밖에도 공물 납부·군역·노역 봉사 등을 도자마다이묘(에도막부에 가장 비우호적인 다이묘)들의 세력을 약화시키기 위한 수단으로 자주 활용했다.

다이묘의 참근교대 행차에는 인력과 물력이 엄청나게 많이 동원되어 (쇼군의 의도대로) 재정적 약화를 초래했지만, 한편으로는 먼 여행길에 여관 등에 묵게 되면서 숙박업과 상업 등이 발달하는 계기가 되기도 했다.

다이묘들은 에도 성 가까이에는 본 저택인 가미야시키(上屋敷)를, 교외에는 별저인 시모야시키(下屋敷)를 두었는데, 가족을 위해 도심을 벗어난 한적한 곳에 큰 정원을 구비한 별저를 짓기도 했다. 또 가미야시키와 시모야시키 중간 위치에 별저인 나카야시키(中屋敷)를 짓기도 했다. 오늘날 대부분의 가미야시키는 사라졌지만, 아름다운 정원을 조성한 별저 중엔 요코히미의 삼계원二溪園을 비롯해 여러 채가 남아 있다.

이렇게 무려 700여 년간 이어진 막부 통치는 19세기 후반에 일어난 메이지유신에 의해 무너지고, 결국 1866년 막부가 패배해 1867년에 '대정봉환 大政奉還(천황에게 통치권을 돌려준 사건)'의 왕정복고가 이루어진다.

서원조의 구조와 공간 특성

02

일본 주택은 다다미와 마루 공간이 특징이다. 일본의 주거와 그 문화를 이해하려면 기후 조건부터 알아야 한다. 섬나라인 일본 열도는 남부와 북부의 기후 차이가 커서 주거 양식도 지역의 풍토와 밀접하게 연관되기 때문이다.

비교적 온난한 지역이 많은 일본은 겨울보다는 여름철의 온습도 조절이 관건이어서, 개방적이고 통풍이 잘되는 주거 양식을 추구했다. 취사와 겨울 난방, 습기 조절 등을 위해 전통 일본 가옥에서 공통적으로 갖추었던 '이로리'는 마루방에 만들어진 유일한 화덕으로, 없어서는 안 되는 다목적 설비였다. 전통 주택의 실내 바닥에는 다다미를 깔아 겨울에는 보온이 되고 여름에는 비교적 시원하게 지냈다.

일본 주거 공간의 특징으로는 한국이나 중국과 달리 한 채에 모든 공간을 모은 '집약형' 평면 구성을 들 수 있는데, 복도와 툇마루가 있지만 내부의 방은 모두 연결되어 있다.

접대 공간의 등장

서원조가 형성된 무가 시대는 쇼군을 정점으로 하는 무가 중심의 상류계급과 무가 이외의 하류계급이 대립했다. 무가의 서원조 주택도 계급 또는 녹봉에 따라 위로는 다이묘의 저택에서부터 아래로는 최하급 무사인 아시가루의 가옥에 이르기까지 부지 면적과 건축양식 등에 세밀하고도 엄격한 차등을 두었다. 일례로 대문을 겸한 나가야인 나가야몬(長屋門)은 300석 이상의 녹봉을 받는 무사에게만 허용되었다. 그러나 전반적인 외관상으로는 주거의 차이가 크게 드러나지 않았다. 다만 상류계급은 미의식을 드리낼 수 있는 차노마(차를 마시는 공간)에 많은 공을 들여 꾸미는 경향이 있었다.

상류 저택에서는 공식적으로 손님을 접대하는 의식 공간을 중시했다. 쇼군의 저택 같은 최상류 저택에서는 별동(別棟)에 접대 공간을 마련했다.

이런 접객 문화는 다도를 중시하며 차를 마시는 풍속과 어우러져 다실(차시쓰)이라는 독특한 시설을 만들었다. 다도를 행하는 공간인 다실은 중세 말부터 근세 초에 걸쳐 정착했는데, 무가 사회에서 다도가 접객의 주요 요소로 부상하면서 다실도 무가 주택의 주요 시설로 자리 잡게 되었다. 다실은 자시키에 연결해 배치하거나, 무사들의 별저인 시모야시키에 자연친화적인 초암풍草庵風으로 지었다. 이러한 다실은 상급 무사들이 차를 마시면서 매우 은밀한 대화를 나누는 장소로도 애용했다고 한다.

에도시대 이후에는 다실 건축의 영향을 받아 섬세한 나무 자재와 간결한 장식이 특징인 격조 있는 스키야數寄屋풍[3]의 서원조, 즉 '스키야즈쿠리(數寄屋造)'가 등장해 점차 부유한 농민층이나 상인 등 일반층에까지 퍼지게 되었다.

도코노마, 일본 주거의 중심이자 상징

주거의 접객 공간에서 사회적 교류가 이뤄짐으로써 주거가 사회와 밀접하게 연계되자, 의식·접객 공간인 자시키를 일상생활 공간과 분리시켜 주택의 전면前面에 설치했다.

최상류 서원조에서는 대소大小 양 서원을 접객 공간으로 썼는데, 대서원은 주로 대면對面,[4] 소서원은 향응響應의 장으로 썼고, 특히 손님의 신분에 맞춘 다양한 예법을 중시했다. 표문(바깥문)과 현관은 주인과 손님만 출입할 수 있었고, 식솔들은 그 옆의 작은 출입문을 사용했다.

서원조 양식은 신분에 따라 형태나 규모, 장식 등에 차등을 두었기에, 다이묘의 저택은 물론 상급 무사인 가로家老에서 하급 무

서원조의 의장

사인 아시가루의 가옥에 이르기까지 각기 적합한 양식을 적용했다.[5]

일반적으로 알려진 서원조의 정형은, 격식을 갖추어 손님을 맞는 공간인 자시키(座敷)에 도코노마(상床의 공간), 도코와키(床脇), 쓰케쇼인(付書院), 조다이카마에(帳台構え)를 갖춘 양식을 일컫는다. 상류 서원조에서는 이 넷 중 도코노마만 갖춰도 서원조에 포함시켰다.

도코노마는 신앙심과 상징성을 내포한 성스러운 관상 공간으로 치부되어 장식물로 특색 있게 꾸몄다. 방 한쪽에 보통 다다미 하나 정도 넓이의 벽 쪽으로 움푹 파인 작은 공간으로, 방바닥보다 한 단 정도 높여 단壇처럼 설치했고, 옻칠을 한 긴 횡재橫材인 도코가마치(床框), 그 위에 깐 다다미인 도코다다미, 천장까지 연결된 나무 기둥인 도코하시라(床柱), 소벽을 이어 벽을 지탱하는 상부의 가로대인 오토시가케(落掛), 미장으로 마무리한 벽으로 구성되었다. 정면 벽에는 글씨나 그림이 담긴 족자를 걸고, 바닥의 단(도코가마치)에는 꽃병이나 장식물을 놓아 장식했다.

도코와키는 도코노마 옆에 장식 선반과 작은 수납 벽장으로 꾸민 공간이며, 쓰케쇼인은 도코노마 옆, 도코와키의 반대편 광창光窓 하단을 돌출시켜 단을 갖춘 서재 공간이다. 조다이카마에는 쓰케쇼인 맞은편에 배치된 공간의 장지문 장식이다.

상류 서원조의 도코노마는 목재의 종류나 그 구성 형식 등에 따라, '진眞·행行·초草' 라는 등급 유형으로 구분하기도 했다.

서원과 도코노마는 선종 문화의 산물

도코노마는 일본 주거의 상징이자 중심으로 보통 접대나 사교 공간인 자시키에 둔다. 도코노마를 등진 자리를 상석上席으로 손님에게 권하는데, 봉건시대에는 주군이나 귀한 손님의 자리로 격식화되었고, 각 가정의 부를 상징하는 용도로도 썼다.

원래는 사찰에서 승방의 벽에 불화를 걸고 그 앞에 경전을 펼칠 수 있는 책상을 놓아 향로, 화병, 촛대 등으로 장식하던 풍습을 무로마치시대에 선종 문화가 풍미하면서 속가에서도 채용한 데서 유래했다고 한다. 질박함을 소중히 여기던 에도시대에는 도코노마가 주거에서 거의 유일한 장식 공간이었으며, 하급 무사나 서민 가옥에는 도코노마를 금지시켰다.

선종 문화의 산물인 서원은 애초에는 깨달음을 얻기 위한 공부방이어서 한쪽 벽에 불화나 경전 경구를 적은 족자를 걸고 약간의 공양 음식도 차려 놓았다. 그러다 점차 무사나 귀족의 권위를 상징하는 공간으로 변질되면서, 비싼 그림이나 도자기 등으로 꾸며 놓고 감상하며 마음을 쉬는 관상 공간으로 의미가 변해 버렸다. 그래도 애초의 성스러운 의미가 아직 남아 있어, 함부로 도코노마에 올라가서는 안 된다고 한다.

18세기 중엽부터 서민 가옥에도 스키야풍의 도코노마를 채용하기 시작했다. 2차 세계대전 후에는 봉건시대의 상징이라는 비판과 더불어 도시 주택의 협소함과 생활 가구의 증가로 점차 감소했지만, 현대 경제가 성장하고 고급 주택이 지어지면서 전통적인 다다미방을 도입하고 도코노마를 다양한 형태로 응용, 디자인해서 구성해 왔다.

도코노마같이 실室의 기능에 부합하는 장치를 붙박이로 설치한 것을 '자시키카자리(座敷飾り)'라 한다. 중세 중반, 무로마치시대부터 이런 시설이 등장하게 된 것은 중국에서 들여온 서적이나 불화 등이 그려진 족자, 문구, 다기茶器 등을 자시키에 진열하고 감상하는 풍습이 정착했기 때문이다. 또한 근대 이후 신을 모시는 제단인 가미다나(神棚)와 조상의 신위를 모시는 부쓰단(佛壇)도 붙박이 시설로 도입되었다.

간의 분할·연결, 종적 구성, 안팎의 대비

서원조의 공간구성과 사용 방식은 무가 사회의 격식과 위계질서를 여실히 반영한 것이다. 농가나 상가 같은 민가에서도 무가 주택을 모방했다. 서원조의 공간 특성을 간추리면 다음과 같다.

첫째, 서원조 평면 구성의 기준은 기둥과 기둥 사이의 간격인 간間으로, 간의 분할과 연결이 서원조에 특색을 부여한다. 바닥 크기는 네 기둥이 만나는 것을 한 간으로 하는데 이는 중국, 한국과 같다. 한 간의 크기는 다다미의 수를 어떻게 할지와 밀접하다. 그러므로 다다미의 규격은 실의 크기를 나타내는 기준이자 주택 구성의 기준 척도가 되었다.

간의 분할과 연결은 계층이 높아질수록 더욱 복잡해져 쇼군이나 다이묘의 저택은 마치 '미로의 집' 같다. 이에 대해 가토 슈이치는 "일본의 건축물은 먼저 건물 전체의 공간을 고려해 내부를 분화시킨 게 아니라 방을 만들어 가다가 이루어진 것이어서, 결국 상상하지도 않은 복잡한 평면이 만들어졌다"라면서, 이런 특성은 '부분에서 출발하면 자연적으로 전체에 도달하게 된다'는 일본 특유의 사상에서 비롯한 것이라고 지적했다.[6]

둘째, 접객과 의식 위주의 종적 구성을 들 수 있다. 무가 사회의 봉건적인 종적 구조를 주거 공간에도 반영했기 때문인데, 에도 중기부터 점차 공간의 상하 방위 관계를 매우 중시해 복잡해졌다. 일례로, 하방下方의 토방이나 현관에서 출발해 상방上方으로 향하는 동선의 경로를 매우 중시해, 그 경로를 꺾어지게 만들어서 위세적 규범을 은연중에 인식하도록 했다.

셋째, 안팎이 대비되는 공간개념이다. 상류 서원조의 주거 공간은 성격이 다른 두 영역으로 구분된다. 제1영역은 전면(바깥)의 의식·접객 공간인 오모테(表)의 영역으로 남쪽의 정원에 면해서 열려 있는데, 신분이 높은 손님을 접대할 때나 특별한 행사 때 쓴다. 따라서 신분에 맞게 엄격한 규범을 지켜야 했다. 제2영역은 후면(안)의 일상생활 공간인 우라(裏)의 영역이다. 이 내부 공간은 별다른 장식 없이 허술하게 조성하되 외부에서는 보이지 않게 배치하고, 여성에게 맡겨 두었다.

이렇게 오모테와 우라로 양분되는 공간구성은 하레(晴. 비일상 영

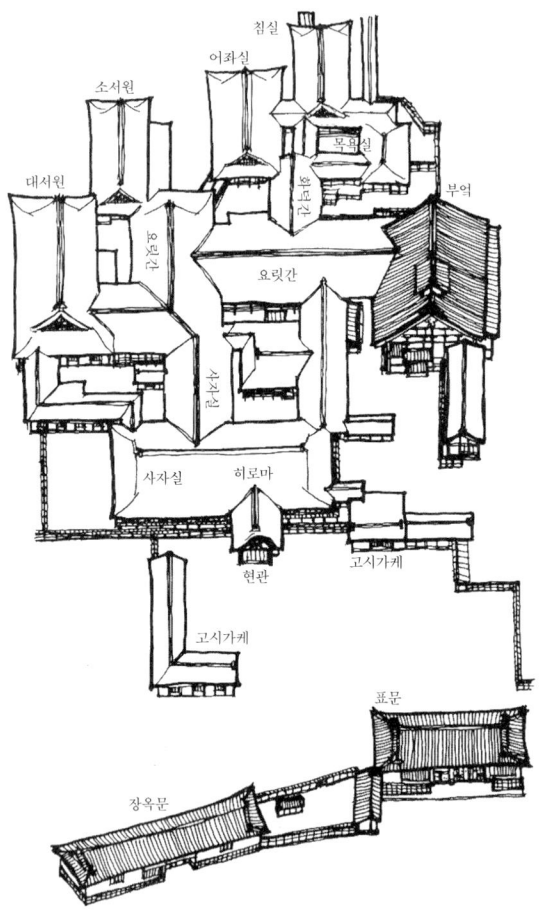

우와지마 번주의 에도나카야시키

역)와 케(褻, 일상 영역)의 구분에 대응하는 중세적 영역 구분 방식으로, 여건에 따라 중간 영역인 나카오쿠(中奧)를 두기도 했다.

쇼군이나 다이묘의 저택도 오모테, 나카오쿠, 오오쿠(大奧)의 세 구역으로 구분했는데, 오모테는 정치 등을 논하는 의식·접객 공간, 나카오쿠는 일상생활 공간, 오오쿠는 부인과 하녀들이 생활하는 공간으로 쓰였다. 하급 무사의 비좁은 가옥에서도 가족용 공간은 침실 하나뿐이고, 현관에서 객실까지의 전 공간은 손님을 위한 접객용으로 할애했다.

이처럼 가족의 일상생활공간은 '안'으로 숨긴 영역, 접객과 의례를 위한 사회적 공간은 그 집을 상징하는 '바깥'으로 내세운 영역으로 분리시킨 구성 방식은 무사들이 속한 공동체의 격식과 규범에 충실히 따른 결과물로, 일본 문화 특유의 집단주의와 양면성이 엿보인다.

이에 관해, 야나기 미요코柳美代子는 "일본 전통 주거의 독특한 특징 중 하나는 '접객 위주'의 공간 배치로, 이는 무가뿐만 아니라 농민이나 상인 주거에서도 동일했다. 즉 채광이 좋은 최상의 방은 접객이나 관혼상제, 연중행사용으로 썼기에, 가족은 채광이 잘 안 되는 협소한 방에서 불편하게 생활해야 하는 비경제적인 공간 사용 방식이었다"라고 지적했다.[7]

주거 공간의 절반 이상이 가족의 일상생활과는 무관한 가장 위주의 사회적 공간으로 독점되는 공간 배치에서도 드러나는 가족의 취약한 위상은 서원조의 주거 생활에도 그대로 반영되었다.

　목조건축인 서원조에서는 선적 구성이 두드러지는데, 직선적 성향이 강한 지붕과 처마 선은 날카로운 모서리로 마무리되어 절제와 긴장감을 느끼게 한다. 창호는 정제된 기하학적 질서를 보여주며, 창살의 외부에 창호지를 발라, 외부에서는 면적으로, 내부에서는 선적으로 인식된다. 천장은 우물천장이 대부분이고, 바깥 창문에는 보안이나 궂은 날씨에 대비해 '아마도(雨戶)'라 불리는 널판 덧문을 설치해서 해가 뜨면 열고 밤이 되면 닫았다. 발처럼 생긴 '스다레'를 아마도 바깥쪽에 매달아 강한 햇볕을 차단하기도 했다.

무가 접대와 정원 발달

　일본은 일찍부터 조경을 중시해, 헤이안시대부터 에도시대에 이르기까지 정원 문화가 크게 융성했다. 일본 정원은 19세기에 서구에까지 소개되어 정원 조성에 영향을 미쳤을 정도인데, 원시종교에서 비롯한 자연숭배에 뿌리를 두고 있으며 자연의 세계를 한정된 공간 속에 응축하려는 경향이 짙다. 입체적 조경을 위해 돌의 배치를 중시하고, 색채감이 거의 없으며, 고산수枯山水(가레산스이) 형식, 징검돌 배치, 정원수 다듬기 등 섬세한 기교를 다양하게 구사하면서 자연을 모방하고자 했다.

침전조 시대부터 최상층 저택의 정원은 연못을 조성해 왔다.

이 시대의 건물과 정원으로 남아 있는 귀중한 유구는 교토의 사원인 평등원이다. 중앙에 배치한 사원을 중심으로 큰 연못이 감싸고 있어 무척 아름답다.

일본의 자연적 정원을 더욱 발달시킨 것은 선종의 자연애 정신인데, 그중 조원 기술이 능한 무소오 코쿠시夢窓國師가 출현해 광대한 자연을 좁은 공간 속에 압축해서 상징적으로 표현했다.[8]

서원조 주택에서 대면이라는 의식적 접객이 이루어지면서 실내에서 감상하는 정원 양식이 더욱 중요하게 되었다. 우선 가마쿠리막부 때 등장한 가레산스이 정원은 12세기 말, 에이사이榮西(1141~1215) 선사가 선불교를 전하면서 함께 도입된 정원 양식이다.

가레산스이 정원은 선 사상에 심취한 무사들이 정원을 감상과 관조의 대상으로 즐기게 되면서, 숙련된 장인을 동원해 만들었다. 선종이 추구하는 선의 정신을 정원 양식으로 구현하기 위해 물과 초목을 사용하지 않고 돌과 모래, 이끼만으로 심산유곡이나 바다, 계곡 등을 재현했다. 그리고 돌의 형태와 크기, 배치가 연출하는 돌들 사이의 호응을 통해 단순한 풍경을 넘어 하나의 우주를 형성한다는 심오한 의미가 내재되어 있다. 이 양식은 선불교를 통해 유입된 중국의 '석정石庭(돌 정원)'에서 비롯했지만 일본 특유의

평등원平等院(뵤도인)의 봉황당鳳凰堂(호오도)과
정토 정원의 전형으로 꼽히는 차경식 정원

교토의 용안사 정원

방식으로 재해석해 표현되었다. 전례가 없는 독특한 형식은 민둥산과 건조한 강바닥을 주로 그린 중국 수묵 풍경화의 영향을 받았다. 정원의 위치는 서원조의 '서원(쇼인)'에서 감상할 수 있도록 배치했다.

가레산스이 정원의 정점으로 인정받는 교토의 '용안사龍安寺(료안지)' 정원은 15개의 돌과 흰모래, 이끼만으로 꾸민 평지 정원의 전형인데, 돌은 산과 폭포를, 모래는 흐르는 물을 상징한다.

모모야마桃山시대(1568~1603)에는 상하의 종적 위계가 엄격한 무가의 특성이 서원조에 반영되었듯이 정원 양식도 격식과 규범을 중시하는 경향으로 바뀌었다. 귀족 저택의 침전조 정원과 선종 사원의 가레산스이 정원 구성 요소 중, 남쪽 방위를 무시하고 모래를 배제했으며, 산·계곡·섬·못·개울·폭포 등, 이전과는 달리 다양하게 활용했다.

한편 차실 건축이 발달하면서 생긴 다원은 모모야마시대 다인茶人 무라타 주코오村田珠光(1422~1502)가 차와 선을 융합해 소박한 다실에서 차를 즐기는 풍류를 유행시키면서 등장한 정원 양식이다.

차를 마시는 작은 다실로 가는 길을 정원화한 것으로 노지露地라고도 부르며, 다원의 초목과 돌 등도 모두 다회茶會(차 모임) 성향에 맞게 양식화했다. 사례의 노무라가에서도 차실 공간을 2층에 조성하면서 계단 대신 넓은 판석을 깔고 토벽으로 마감해 작지만

노무라가의 정원
다실 입구의 판석

매우 운치 있는 다원을 조성했다.

17세기 초, 에도시대에 본격적으로 부상한 지천회유식池泉廻遊式 정원은 연못 주위를 돌면서 시각적 조망의 변화를 감상하도록 꾸민 것이다.

이러한 정원 양식들은 사실 무가 가족들의 일상적인 휴식을 위한 외부 뜰이 아니었다. 물론 가족들의 은밀한 감상도 가능했겠지만 주된 목적은 격식의 대면 관계에서 초대된 귀중한 신분의 상급 무사가 자시키에서 바로 내려가 감상할 수 있는 특권적인 동선의 규칙이었다.[9] 이러한 특성 역시 서원조 무가 주택의 한 양식에 속한 것으로 정원 장식의 발달을 촉진하게 되었다.

'화혼의 지킴이', 무가의 생활

일본의 전통문화는 오랜 무가 시대를 통해 형성되었다고 볼 수 있다. 무가의 역사는 무려 700년에 이른다. 무가는 원래 지주와 소작인으로 구성된 자경단自警團에서 비롯했으며, 그중 일부는 분가해 장원莊園을 경비하는 집단을 이루었다. 그러다 다시 하나로 연합해서 각 지역을 기반으로 세력을 구축해 나감으로써 본격적인 무가 시대가 열리게 된다.

무가의 규범은 '무가제법도'나 '무사도武士道'[10] 등에 명시되어 있는데, 오랜 기간 무가의 통치가 이어지면서 그 규범도 일본인의

생활 전반에 침투되었다. 무가 시대 중 가장 안정되고, 문화도 융성한 시기는 에도시대다.[11]

에도시대는 1590년 8월, 도쿠가와 이에야스가 본거지를 지금의 도쿄인 에도로 옮긴 지 13년 만인 1603년에 쇼군 선지를 받아 막부를 세우면서 시작되었다. 실질적인 국가 통치자로서의 지위를 합법적으로 부여받게 된 것이다. 이후 도쿠가와 가문이 쇼군의 자리를 이어감으로써 그 휘하에 각 번의 다이묘와 그에 소속된 무사들의 종적 구조가 형성되었고, 엄격한 격식과 복잡한 직제로 통제되었다. 이들 다이묘는 1871년 다이묘 영지 제도가 완전히 폐지되자 다이묘들은 기존의 권한을 잃고 궁중 귀족인 공가公家(조정에 출사하는 귀족층)와 더불어 화족華族이라 귀족으로 분류되어 연금을 받으며 살게 되었다.

무가 체제와 거주 생활

에도시대는 가마쿠라시대에 형성되기 시작한 봉건 체제가 확립된 시기로, 무사 계급의 최고 지위에 있는 쇼군이 막강한 권력을 장악해 병농兵農 분리를 완성시켰다. 다이묘를 비롯한 무사 계급의 봉토封土와 관록제, 농민으로부터의 연공年貢 징수 체제 등도 확립되었다.

특히 엄격한 신분제도인 사농공상이 확립되어, 5~6퍼센트에

절제와 관조의 긴장미, 서원조

불과한 무사 계급이 군사력과 정치를 독점해 80퍼센트 이상의 농민과 5~6퍼센트의 공상工商을 지배했다. 무가의 구성원은 쇼군, 다이묘, 하타모토(旗本), 고케닌(御家人), 바이신(陪臣), 무가봉공인 武家奉公人(무사 계층과는 별개로, 잡일을 담당한 최하위층)의 서열순으로 구분해, 엄격한 주종 관계가 지켰다.

다이묘는 100만 석 다이묘에서 1만 석 다이묘까지 약 260~270개의 '가家'가 있었는데, 석고의 양, 쇼군과의 신뢰, 공훈功勳, 관위官位 등에 따라 세분화된 격이 정해졌다.[12] '격格'이란 자격으로, 신분상의 영예 또는 특권이나 계급을 이르며, 봉건사회의 세습제에서는 '가'에 부여되는 것이 관행이었다.

근세 무가의 '가家'는 두 유형으로 구분하는데, 하나는 자신이 신하로 종속해 있는 쇼군가나 다이묘가이고, 다른 하나는 조상 대대로 이어 온 가문이다. 다이묘는 영토를 받는 대신 쇼군의 엄격한 통제를 받아, 개역改易(영지가 바뀌는 처벌)이나 전봉轉封(근거지를 수도에서 멀리 이전시키는 처벌) 등의 처벌을 자주 받기도 했다.

무사 계급과 더불어, 천황가와 공가, 고위 승려, 신직神職도 지배층에 속했다. 공가는 집안의 격에 따라 서열이 정해졌으며, 승려와 신직도 서열과 관위의 차이를 명확히 두었다. 천황 및 황가와 공가는 정치적으로 무력화된 채 존재했다.

피지배층은 농업을 중심으로 임업·어업에 종사하는 백성과 수

가나자와에 있는 무가의 주거지

공업자인 직인職人, 도시의 상인인 이에모치조닌(家持町人)으로 구성되었다. 농민은 여러 층으로 구별되었고, 직인들은 각기 독자적 기술 노동을 국역國役으로 부담했다.

신분은 세습되어 다른 신분으로의 이동이 금지되었기에 혼인조차도 같은 신분 사이에서만 이뤄졌으며, 농민에게는 거주 이전의 자유조차 없었다.

무사의 거주지는 대부분 번의 중심지인 다이묘가 거주하던 성 주변 구역에 위치했고, 그들은 성에 통근해 번의 사무를 보는 공무원이었다.

100만 석고를 자랑하던 가나자와 번金澤藩의 경우, 무사가 인구의 약 30퍼센트이고 나머지가 농공상인, 승려, 신사를 관리하는 신관神官 등이었는데도, 무사의 거주지가 주요 면적의 약 70퍼센트를 차지했다. 이처럼 무사 계층이 사회 전반을 지배하는 구조였지만 지역 행사인 축제(마쓰리)나 가부키(歌舞伎) 공연 등은 모든 계층이 함께 어울리며 즐겨, 신분 간의 교류가 이루어졌다.[13]

무사는 기본적으로 가족과 거처했는데, 서민 주거와는 달리 단독 우물이 있었고 작은 창고도 갖췄다. 담은 싸리나 대나무 등으로 만들었고, 작은 정원 등을 조성하기도 했다.

상류층 무가에서는 대부분의 일을 신분이 낮은 하인들이 했다. 육아나 의복을 만드는 일 등은 일부 여자 하인이 했지만 공적인 주택의 관리는 물론 요리, 세탁 등은 모두 하급 무사인 남성의 몫이었다. 그러므로 무가의 상류층 여성에겐 주로 사교적인 일이 중심이었다.[14]

상류 서원조의 사례와 특성

03

최상류 서원조 고택, 세이손가쿠

문화 예술의 전통 도시 가나자와에 위치한 세이손가쿠(成巽閣)는 285년간 가가 번加賀藩을 통치한 가나자와 성의 마에다가前田家 13대손인 나리야쓰가 에도 후기(1863)에 지은 저택으로, 도쿄에서 돌아올 어머니를 위해 마련한 것이다.

부지가 약 6600제곱미터에 이르고, 다이묘가에 걸맞은 풍격을 지닌 2층 서원조 고택인데, 본래 건물은 대부분 파괴되어 일부만 남았다. 최상류 저택답게 방도 매우 크고 장식도 화려하며, 아래층은 대략 네 구역으로 나뉘어 있다.

첫 번째 구역은 공식 알현 구역이다. 히로마(廣間, 회합 등을 위한 큰 방)는 33조組(조는 다다미를 세는 단위)나 되며 알현 공간도 위쪽과 아래쪽 각각 18조나 된다. 알현 공간 상단은 단段에 층차層差를 두어 위계를 구분했다. 두 번째 구역은 침실을 비롯한 사적 공간으로 양

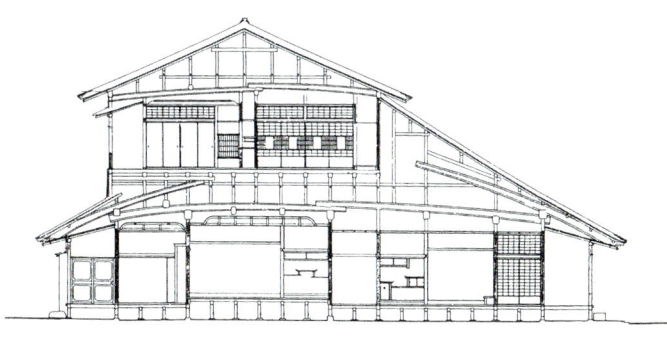

세이손가쿠 전경
현재 건물 입면도

쪽에 복도를 두었다. 세 번째 구역은 거실로, 알현 구역 맞은편에 위치하며 중간 복도를 사이에 두고 있다. 네 번째는 다실인 청향헌淸香軒과 청향서원으로 구성된 구역이다. 다실은 본채 끝에 인접해 있으며 앞에 작은 석정이 있다. 모든 공간의 실내장식은 무가 저택의 최상급 수준으로 꾸몄는데, 특히 2층 '군청의 방(群靑の間)'은 자색紫色·청색 칠에 토벽 마감을 한 스키야풍 인테리어가 돋보인다.

천년 황족 사찰, 인화사

교토의 사찰, 인화사仁和寺(닌나지)는 본래 헤이안시대의 건축물로, 진언종眞言宗 오무로파(御室派)의 총본산이다.

고코천황光孝天皇 때인 886년 착공해 우다천황宇多天皇 때인 888년 완공했는데, 우다천황이 31세에 양위讓位하고 일본 최초의 법황法皇(상황)으로서 인화사로 출가해 거처를 마련하면서 '오무로고쇼(御室御所)'라 불리게 되었다. 이후로도 역대 천황의 황자皇子가 몬세키(門跡, 황족의 주지)의 지위를 계승함으로써, 메이지유신 전까지 1000년에 걸쳐 황족 사찰의 필두로서 불교 종파를 통괄하며 교세를 확장했다.

그러다 1464년 일어난 오닌의 난으로 불에 타 소실되었고, 약 100년 뒤 도쿠가와막부의 3대 쇼군인 도쿠가와 이에미쓰德川家光

인화사 회랑 정경
정원

(1604~1651)가 현재와 같은 모습으로 재건했다. 소실과 재건으로 건물의 위치나 평면 등 많은 부분이 변했다.

시로쇼인(白書院)과 구로쇼인(黑書院) 그리고 신덴(寝殿)으로 구성되어 있는 이 고택의 실내장식은 화려하지는 않지만 방마다 채색된 후스마에로 매우 아름답게 치장했고 품격이 있다. 실의 규모는 그리 크지 않으나 천장이 높고 금박의 장식화가 많으며, 복도와 회랑에는 난간이 부설되어 있다. 어전御殿 가장 안쪽에는 불단을 모신 별채가 있는데, 회랑으로 연결되어 있다.

인화사는 국보인 금당金堂과 근세 오층탑의 백미로 꼽히는 오층탑(1644년에 재건) 등, 다수의 국보와 주요 문화재를 보유하고 있어, 세계문화유산에도 등재되었다.

대지주 가문의 서원조 저택, 이토가

니가타新潟에 위치한 이토가伊藤家는 에도시대 중기 이후 에치고越後 지방 대지주로 성장한 이토 가문의 저택으로, 실제로는 1882년부터 8년에 걸쳐 지은 집이지만 전형적인 서원조 양식을 갖추고 있다. 부지 약 3만 제곱미터, 건평 약 4000제곱미터에 65개의 실室이 있는 대저택으로, 2000년에 국가 유형문화재로 등록되었다. 현재는 주변의 몇몇 시설을 보강해 '북방문화박물관'으로 조성해 일반에 개방하고 있다.

이토가 고택 진입로
입구 쪽 전경
다실

이토가 정원
내원 쪽에서 본 2층 채의 전경
내원

2층은 원래 물품 수납, 작업실, 어린이 놀이 공간 등으로 사용했지만 지금은 선대의 유품들을 전시하고 있다. 오히로마(大廣間) 전면에 있는 큰 정원은 연못 주변을 각 지역에서 가져온 유명한 돌로 장식한 회유식回遊式 정원으로, 교토 은각사 정원 조성에 참여한 정원사 다나카가 5년간 조성했다. 저택의 본채는 'ㄷ'자 형태로 가운데에 내원內院이 자리 잡고 있다.

최상급 회유식 정원, 시미즈엔

니가타 현 시바타新發田 시에 위치한 시미즈엔(淸水園)은 다이묘의 별저인 시모야시키였다. 그에 걸맞게 부지가 총 1만 5200제곱미터에 달하며 다른 어느 정원에도 뒤지지 않을 만큼 빼어난 운치가 돋보이는 아름다운 회유식 정원을 품고 있다. 정원의 연못도 작은 호수라 할 만큼 넓고 깊으며, 이 못을 중심으로 초정草亭과 산책로가 조성했다. 주변 산책로는 돌과 이끼, 울창한 수목으로 단장했다.

일본의 정원은 중국과는 달리 대부분 한눈에 조망이 가능한데, 시미즈엔은 정원 요소가 인위적이지 않고, 자연 그대로를 살린 조경에 충실하다.

1598년 시바타의 초대 번주인 미조구치 히데카쓰溝口秀勝(1548~1610)가 최초로 거주했고, 이후 3대 번주가 다이묘의 별저로

시미즈엔 정원을 향한 저택 전경
정원의 다실

사용했다. 어전은 1666년 4월에 건립했다. 건물 자체는 소박하지만 서원조의 초기 양식이 잘 갖춰져 있으며 아름다운 실내 의장도 겸비했다.

명문가 11대 고택, 노무라가

가나자와에 위치한 노무라가野村家는 유서 깊은 가문의 고택으로, 1583년 가가 번의 초대 번주인 마에다 도시이에前田利家(1538~1599)가 가나자와 성에 입성할 때 신하로 따라온 노무라가의 선조가 축조했다.

이 집안은 메이지 4년인 1871년에 시행된 폐번치현廢藩置縣(다이묘가 다스리던 번을 폐지하고 현으로 바꾸어, 이를 다스릴 지방 장관을 중앙정부에서 파견하는 제도)에 의해 번이 폐지되기까지 11대나 이어 온 상류층 명문가인데, 고택의 원형은 많이 손실되었고, 지금도 일부 변형되었다. 그러나 도시에 위치한 상류 무가의 전통적인 모습을 잘 알아볼 수 있는 중요한 집이다.

고택 규모는 3000제곱미터로, 2층 곁채에는 다실을 마련해 차를 마시면서 정원을 조망할 수 있게 했다. 불단을 모신 별도의 불간도 있으며, 퇴(툇마루)를 제외한 모든 실내에는 다다미를 깔았다.

노무라가 입구와 현관
대문

서원조 전통에 충실한 근대건축, 다카하시가

전통·근대 건축물 수십 동을 이건移建해 전시하고 있는 도쿄에도건축박물관 내에 소재한 다카하시가高橋是淸家는 메이지에서 쇼와昭和 초기에 걸쳐 활약한 정치가 다카하시 고레키요高橋是淸(1854~1936)의 저택이다.

근대(1902)에 지어진 만큼 전통적·근대적 요소가 어우러져 있으나, 주요 실내 공간 구조나 의장은 서원조의 전통적 양식을 충실히 반영했다.

입구에는 꽤 큰 현관을 설치했고, 격식을 갖춘 회유식 정원도 들어서 있다. 외측 복도 벽에는 근대식 유리창을 다는 등, 실용적 공간구성이 두드러진다. 2층에는 서재와 침실 용도로 여러 간의 다다미방이 집약되어 있고, 현관과 복도, 계단, 툇마루를 제외한 모든 공간에도 다다미를 깔았다.

다카하시가 현관
1층과 2층 실내

서원조의 전통 인테리어

04

일본의 목조 주택 자재는 대부분 삼나무와 편백나무다. 일본 열도는 주로 습도가 높은 온대에 속해 강우량이 많아 식물 성장이 빠르고, 화산암에 부식한 낙엽이 섞인 토질도 수목이 깊게 뿌리내리기 쉬워, 하늘을 찌를 듯 성장이 빠른 삼나무나 편백나무의 서식지로는 안성맞춤이기 때문이다.

어느 나라든 이런 자연 재료를 기본 건축자재로 활용하지만, 구조재나 수장재로서 건축 공간에 적용하고 표현하는 방식은 나라마다 다르다.

채색을 배제한 무광의 미

일본 건축의 모든 구조재는 외부로 드러나 있어서 치장재 역할도 겸하는 게 일반적이다. 특히 일본인은 예로부터 시라키즈쿠리(白木造)[15]를 선호해 목재 표면에 채색을 하지 않는 경우가 많아, 좋은 나뭇결이 있는 목재를 중시했다.

근세 이래 일본의 전통 주택에는 계층을 막론하고 채색이 없어서, 중국 사합원의 외첨수장처럼 현란한 색채는 전혀 찾아볼 수 없다. 사찰에는 채색을 일부 사용했지만 밝고 단순해서, 중국 건축처럼 농후하지 않고 담백하다. 신궁 건축에 한해서만 중국의 붉은색보다 밝은 빨간색을 사용했다.

이런 성향은 미술에도 이어져 중세 이후로는 현란한 색채를 꺼리는 무광無光의 미가 주류를 이뤘는데, 중세 승려이자 작가인 요시다 겐코吉田兼好(1283~1352)의 인생무상을 다룬 대표작《쓰레즈레구사(徒然草)》도 무광의 미의식과 불균형의 미학이 기조를 이루고 있다.[16]

일본인은 나뭇결은 물론 나무 향도 좋아해, 고대부터 주요 건물 자재로 향이 좋은 편백나무(히노키)를 많이 사용했다. 목재를 다듬는 기술도 뛰어나 부재의 이음새와 짜임새를 매우 정교하게 시공했다.

일본은 오랫동안 다양한 외래문화를 수용하면서도 고유의 미적 특성을 고수해 예술은 물론 주거 공간의 실내·외 의장에도 적절히 반영시켜 왔다. 그 대표적 사례인 상류 서원조는 모든 실내 공간이 집약되어 연결된 독특한 구조인데, 특히 폐쇄적인 벽으로 분리된 방이 거의 없고, 방문에 잠금장치나 고리도 없는 개방된 구조다.

I 공간 구조와 장식

섬나라인 일본은 고온다습한 해양성 기후로 인해, 무더운 여름이면 세계에서 제일 고온다습하다는 아마존보다도 더 견디기 어렵다고 한다. 무더운 여름날 더위 조심하라는 안부 인사를 적은 엽서를 보내는 풍습인 '쇼추미마이(暑中見舞い)'까지 생겨났을 정도다. 그래서 실내 바닥재로 여름 습기를 조절하고 겨울 냉기를 완화시키는 '다다미'가 자리 잡게 되었다. 한편 일본의 겨울은 한국보다는 따뜻하지만 난방 없이 지내기에는 추운 편이다.

일본 주택의 특징 중 하나는 실내 바닥을 마루와 다다미로 마감하는 구성인데, 특히 다다미는 일본 고유의 독특한 가재도구로 꼽힌다.

다다미, 일본 주택을 상징하는 바닥재

다다미의 한자어 첩疊은 '포개어 겹친다'는 뜻으로 원래는 명석이나 돗자리를 겹쳐서 깔개로 사용하다가 헤이안시대 초기부터 그것을 합쳐서 박아 사용하게 되었다. 즉 볏짚을 겹으로 쌓아 삼실로 꿰매 단단하게 다진 후, 그 거죽에 왕골로 짠 돗자리를 씌워서 단(緣)이라 불리는 흑색·감색·갈색·녹색 등의 천(명주·삼베·무명)으로 가장자리에 선을 둘러 장식한 것이다.

그러나 애초부터 다다미를 바닥재로 사용하진 않았다. 일본도 초기 농경 사회에 접어들면서 곡식을 저장하기 위한 높은 고상식 창고를 마련하게 되었는데, 이것이 바로 일본 목조 주택의 효시로, 당시의 집 바닥은 전부 마루였다. 그러다 고대 상류 지배 계층을 위한 특별한 좌석 자재로 다다미가 등장해, 방석의 기능과 더불어 신분의 위계를 표시하는 역할도 겸하게 되었다.

헤이안시대에 다다미는 신분이 가장 높은 사람만이 잘 수 있도록 특별히 제작된 매트리스였다. 매트리스의 폭은 누워서 잘 수 있는 크기로, 여기에 기둥을 세워 판재나 휘장으로 침실 공간을 둘러막아 사생활 보호를 꾀했다. 1125년 전후의 겐지모노가타리 그림(源氏物語繪卷)[17]이나 남북조시대의 마쿠기에고토바(慕歸繪詞, 교토 본원사에 소장된 옛 그림책)의 그림에서도 다다미를 볼 수 있다.

일본 주택에서 실내 바닥 전체에 다다미를 깔게 된 건 그리 오래되지 않았다. 다다미가 실내 바닥재로 상류층에 보편화된 시기는 에도시대부터로 보이며,[18] 일반 민가까지 확산된 건 메이지시대 초기였다.

다다미가 널리 퍼지면서 질적으로도 발전해 규격화되었는데, 크기도 다양해지고, 두꺼운 다다미와 그 반두께의 얇은 다다미로 나뉘어져, 신분이 높을수록 넓고 두꺼운 다다미를 사용했다. 가마쿠라시대를 거쳐 무로마치시대 후기에는 상당수의 상류 저택에 다다미방이 만들어져 방들 전체로 확산되면서 다다미의 높낮이 구별이 사라지자 별도의 구분이 필요하게 되었다. 그래서 다다미 테두리(단)에 색이나 문양을 넣어 신분별로 사용하도록 규제했다. 에도시대에는 쇼군이나 다이묘의 저택에서 대면이라는 의식 용도로 큰 방이 필요해지자, 계급별 자리 지정의 표식으로도 다다미가 더욱 중요해졌다.

에도시대 중기에 지어진 쓰나시마 농가의 유구에는 두 개의 다다미방이 있다. 집 전체 면적으로는 이마(居間)라 불리는 마루방이 훨씬 더 많은 걸로 볼 때, 다다미가 일본 서민 주택에까지 정착된 것은 비교적 늦은 시기인 근대로 추정된다. 상류 저택의 실내는 대부분 다다미였지만 실내 화덕인 '이로리'[19]가 놓인 곳은 불을 다루고 식사 준비도 하는 공간이어서 마루방으로 구성되기도 했다. 후대로 갈수록 마루방은 거의 사라지고 다다미로 교체되었는데, 다다미방의 구획에는 가벼운 장지문을 썼다.

다다미의 단위는 조組라 부르는데, 몇 조를 까는지에 따라 방의 크기가 정해진다. 일반적으로 다다미 2조의 크기가 약 3.3제곱미터(1평) 정도다. 서원조의 평면 특성이 공간의 연속적 이어짐이듯이, 다다미방도 다다미를 한 조씩 연결해서 방의 크기를 조절한다.

한 조의 무게는 17~30킬로그램, 두께는 4.5~6센티미터로 무

이토가의 이로리와 마루방

겁고 두꺼울수록 상등품이다. 형태는 직사각형으로, 종횡비가 2 대 1인 장방형과 그 절반인 정방형의 두 종류가 있다. 크기는 3자 ×6자(910밀리미터×1820밀리미터)가 기본이지만, 방의 크기에 맞춰 주문생산하는 경우도 있어 일정치 않다. 일반적으로 '교토 규격'인 교마(京間, 본간本間), 주쿄마(中京間, 삼육간三六間)와 '도쿄 규격'인 에도마(江戸間, 오팔간五八間), 단치마(團地間, 오육간五六間)의 네 종류를 널리 사용하며, 그 밖에도 지역마다 규격이 다양하다. 현재 일본에서는 방의 크기를 다다미 수로 셈하기도 한다.

다다미방의 장식 특징은 기능성 장식인 다다미 단의 색과 선이 만들어 내는 기하학적 공간감이다. 작은 문양 패턴의 감색이나 검은색 등의 테두리 선이 풍기는 소형성은 매우 질서 정연하고 안정감 있는 마감의 미를 보여 준다.

다다미방은 쇼지(장지문)로 나누는데, 작은 방은 규칙적인 면 분할이, 큰 방은 면 분할보다는 넓이의 광활함이 강조된다. 쇼지의 미닫이 문턱은 매우 낮아 다다미와 평행을 이룬다. 대저택의 경우, 모든 쇼지를 열어젖히거나 아예 떼어 버리면 각각의 다다미방은 하나의 거대한 공간으로 돌변하는데, 이를 '통괄 공간'이라 부르는 것에는 일리가 있다. 한눈에 실내 모든 공간이 평면적으로 전개되어 공간의 수평적 확장감을 불러일으키기 때문이다. 방을 뜻하는 '마(間)'라는 용어도 상하좌우를 이어 주는 기능의 의미를 지니고 있다.

이 같은 공간적 감성을 뒷받침해 주는 또 하나의 요소가 바로 실내의 목재 기둥이다. 만일 기둥이 구조재로서 당당한 굵기로 상부 천장을 받치고 있다면 시각적 공간의 흐름에 방해가 될 것이다. 그러나 일본의 구조재는 일반적으로 얇다고 느낄 정도로 두께감이 두드러지지 않는다. 물리적으로 의식되지 않을 만큼 조용한 형상이다. 그 때문에 다다미 공간의 확장과 이음을 따라가던 시선은 기둥을 무시해 버리고 열린 쇼지를 통해 외부 정원으로 연장·확대되기 마련이다.

다다미는 세계적으로 보기 드문 독특한 바닥재다. 다다미 자체의 질감과 쿠션감은 풍부한 장식적 미감을 지니고 있으며, 기하학적 형태는 규격의 미뿐만 아니라 방을 정돈해 주는 완결의 미, 준비가 끝난 듯한 대기와 수용의 공간미를 자아낸다. 비록 경계선의 테두리(단)는 그 경계를 넘어서서는 안 된다는 질서에 대한 무언의 종용으로서 일말의 부담감도 느끼게 하지만.

다다미 한 조는 하나의 단위이자 모듈이기에, 다다미의 본기능은 방을 규정하는 데 있는 것이 아니라 방의 확장이자 전체 공간에 대한 끊임없는 연계라 할 것이다.

다다미의 면 분할과 확장이 공간 전체로 이어진 겐로쿠엔 다실(위·가운데)
이토가의 다다미방

쇼지, 채광과 칸막이용 문

쇼지(障子)는 가느다란 나무 틀에 흰 종이를 입힌 채광용 미닫이다. 쇼지는 가벼운 구조여서 문을 여닫을 때 마찰음도 적고 매우 조용하다. 하지만 한 공간의 벽체 한 면을 거의 다 차지하기 때문에 시각적으로만 차단할 뿐 방음 기능은 거의 없다. 그래서 방을 출입할 때는 서양식 노크 대신 인기척을 내는 무언의 예의가 자리 잡게 되었다.

이와 같이 채광을 위해 일본의 전통 흰 종이인 와시(和紙)를 바른 것을 아카리쇼지(明かり障子)라 한다. 채광은 고려하지 않고 안팎으로 두꺼운 종이나 천을 겹바른 미닫이문은 후스마라고 해 방과 방 사이 구획을 목적으로 썼는데 나중에 후스마쇼지(旨障子)로 부르기도 했다. 후스마쇼지(준말은 후스마)는 실내 구획용으로 그림 장식이 특징이며, 아카리쇼지는 채광용으로 우리나라와는 반대로 창호지를 바깥쪽에 입힌다. 아카리쇼지는 채광이 가장 좋은 툇마루와의 사이에, 후스마쇼지는 방과 방 사이에 설치했고, 가장 안쪽의 사적 공간이나 마루방에는 판재문을 설치했다. 툇마루가 있는 바깥 공간에는 비바람을 막기 위한 나무 덧문인 아마도를 설치했다.

후스마쇼지 전면을 장식한 그림을 '후스마에(襖繪, 장벽화障壁畵)'라 하는데, 에도시대의 쇼군이나 다이묘가 성 내부를 치장해 과시하고자 화가에게 그리게 한 데서 시작되었다. 당시 가노 에이토쿠 狩野永德(1543~1590)와 가노파(狩野派)[20] 화가들은 노부나가家의 아즈치安土 성 장식을 맡았으며, 그 후 후시미伏見 성과 오사카大阪 성 장식도 주도했다.

이들이 그린 후스마에는 후스마의 기능에 따라 소재나 색조 등을 달리했는데, 공식 주접견실인 오히로마(大廣間)의 후스마는 중국 역사에 등장하는 현인이나 정치인, 사계절 식물 등을 화려한 금박 배경에 대담한 색조로, 사적인 방의 후스마는 주로 수묵이나 엷은 채색의 명상적 풍경으로 장식했다. 이 같은 성의 실내장식은 에도시대 가옥에도 영향을 미쳤을 것이다.[21]

후스마쇼지에는 아름다운 문양의 벽지를 입히기도 했는데, 세이손가쿠에는 쇼지는 물론 실내 벽에도 우아한 벽지를 발랐다. 아카리쇼지 하단의 판재도 그림으로 장식했는데, 물고기나 소라 등의 바다 생물로 채워진 걸로 볼 때, 중국 황실 천장의 수생식물처럼 목조 주택의 화재 예방을 위한 부적 용도의 그림이 전래되어 온 듯싶다.

인화사 실내에도 많은 후스마에가 있으며, 벽면과 후스마 전체나 하단에 다양한 그림을 채웠다.

노무라가의 후스마에는 황금색 바탕에 매화나 모란을 하얀색으로 묘사해 전체적으로 매우 고아한 장식 효과가 돋보인다. 이에 반해 다카하시가의 후스마는 벽지만으로 치장했고, 정원 저택인 스키야풍 시미즈엔의 후스마는 별다른 치장도 하지 않았다.

니가타의 이토가는 집을 전시관으로 개방하면서 후스마를 모두 떼어 버려 후스마에를 볼 수 없지만, 벽에 걸려 있는 그림이나 도코노마의 벽에 남아 있는 장식 요소 등으로 비추어 볼 때 소박하거나 화려한 후스마에가 두루 섞여 있었을 것으로 짐작된다.

서원조의 후스마에는 전반적으로 장식과 채색이 매우 절제되어 있다. 이는 일본의 대표적 건축가 구로카와 기쇼黑川紀章가 '회색'을 일본을 상징하는 색으로 규정한 것과 일맥상통한다. 즉 검은색과 흰색 중간의 무채색이자, 여러 원색이 혼합된 복잡 미묘한 색으로, 애매모호한 느낌을 주는 회색이 일본인의 모호한 중층적 성향에 부합한다는 주장이다. 철학자 구키 슈조九鬼周造도 일본인이 선호하는 '이키(粹, 세련되고 운치와 매력이 있는 것)'의 색으로 회색, 갈색, 청색 계열의 색을 꼽기도 했다.

서원조의 아카리쇼지는 세이손가쿠나 인화사처럼 한결같이 수평 격자형 창살이다. 노무라가의 수직 격자문, 이토가의 일부 세살 변형 창살같이 일부 예외가 있기는 하지만 기본 격자형을 크게 벗어나지는 않는다. 아카리쇼지의 상부는 다양한 투각 장식이나 기하 문양 창살 등으로 꾸몄다.

전통 주택에서 문은 출입문을 의미했기에 창과는 명확히 구분되었으며, 주인과 귀한 손님을 위해 주 출입문인 오모테겐칸(表玄關, 집 정면의 정식 현관)을 설치했다.

란마, 일본 고유의 장식 난간

일본 전통 주택에만 있는 특이한 인테리어인 란마(欄干)의 장식은 아주 흥미롭다. 란마는 쇼지와 천장 사이에 설치한 난간으로, 쇼지의 개폐 및 위치를 잡아 주는 상인방 횡목과 천장 사이의 가장자리에 일정한 높이로 세웠다.

중국은 격선 위의 이 부분을 대개 창이나 판재로 막으며, 한국은 대부분 폐쇄적인 벽체로 연결해 막지만, 일본은 큰 다다미방이 연속으로 배치될 경우, 이 부분에 란마나 작은 창문을 설치해 개폐가 되게 만들었다. 무더운 여름철에 실내 상층부를 통해 통풍이 원활히 이루어지도록 고안해 낸 장치다.

란마의 유형은 다양한데, 판재의 일부를 란마로 장식하고 그 윗부분은 개방되게 처리하거나, 란마 전체에 투각 장식을 해 그 장식 살들 사이로 통풍이 되게 만들기도 한다.

서원조에는 판재에 투각 장식을 한 란마가 많다. 인화사는 폐쇄적으로 막힌 란마를 설치한 방이 많지만, 쿠로쇼인(黑書院) 침전의 란마는 아래쪽 일부만 장식 살로 꾸미고 그 윗부분은 개방했다.

세이손가쿠 조단노마(上段の間)의 란마는 동백꽃과 매화, 새를

세이손가쿠 조단노마의 란마
인화사의 란마

소재로 채색을 가미한, 가장 아름답고 빼어난 조각 장식들로 채워, 다이묘 저택의 최상급 인테리어를 엿볼 수 있다. 노무라가는 란마에 산수풍경을 투각했으며, 다카하시가는 학 같은 동물을 투각했다.

광창, 채광과 장식의 2중 효과

실내 광창光窓은 채광을 위해 설치하지만, 형태를 변형시켜 조형미를 가미해 장식 효과를 겸하기도 한다. 실내 안쪽 벽이나 툇마루에 면한 쪽의 광창, 란마에 설치한 작은 광창 등이 그렇다.

다이묘의 별저인 세이손가쿠에 아름다운 광창이 많은데, 원형창이나 곡선 형태의 화두창花頭窓이 실내장식의 중심 역할을 하면서 다른 장식 요소와 잘 어우러진다.

노무라가는 도코노마와 불단 옆에 동일한 형태의 광창들이 있으며, 다카하시가는 쇼지에 광창을 내거나, 쇼지 상부나 방과 방사이 벽에 적당한 크기의 격자형 창살을 한 광창을 설치해 기능과 장식의 조화를 이루었다. 쇼지 상부에 낸 작은 창들은 위치상 금방 눈에 띄지는 않지만 형태가 다양한 걸로 볼 때, 나름대로 장식적 조형미를 감안해 만든 듯하다.

실내 창의 장식은 아카리쇼지의 직선이나 기하학적 형태 외에는 부분이 동식물을 소재로 꾸몄다. 일본인은 본래 자연, 특히 식

세이손가쿠의 화두문
노무라가의 불단 옆 광창
시미즈엔의 장식 광창

물에 대한 선호도가 높다고 알려져 있다. 장편 연애소설이나 《겐지 모노가타리》에 등장하는 첩들의 이름도 한결같이 식물명이며, 황실 가문의 상징은 국화꽃, 정부 휘장도 오동나무 꽃이다. 《만요슈(萬葉集)》(일본 최고最古이자 최고最高의 문학으로 꼽히는 시가집)에 나오는 식물도 157여 종이나 되며 꽃, 꽃봉오리, 잎, 줄기, 새싹 등에 이르기까지 시가로 읊었다. 자연에의 이런 섬세한 접근이 바로 자연에 대한 객관적 개념을 넘어선 극도의 친밀감이 형성된 배경일 것이다.

2 가구의 유형과 특성

일본의 전통 가구는 한국이나 중국처럼 다양하게 발달하지 못했으며 의장도 단순하다. 아마도 무엇보다 잦은 지진이 원인일 것이다. 그래서 보다 안전한, 붙박이 수납장인 오시이레(押し入れ)가 발달했다.

일본도 한국처럼 좌식 생활을 했는데, 탁자류는 소형을 사용해서 상류층도 낮은 다리가 달린 쟁반류의 작은 개인용 용구를 식탁으로 사용했다. 서민층은 이로리에 둘러앉아 각자의 나무 상자에서 꺼낸 개인용 그릇에 음식을 담아 식사를 했다. 지금처럼 큰 좌탁은 근대 이후부터 사용했다.

이토가의 소형 자개 서랍함

일본 전통 가구 대부분은 원형의 경첩이나 고리만 부착한 단순한 형태의 수납용 궤와 장 들이다. 이토가의 경우, 전시관에 보관된 가구도 근대에 만들어진 듯한 작은 책상이나 좌탁을 제외하면 대부분 수납용 가구다.

나고야의 상류 저택인 다키타瀧田가의 전통 가구도 기능성 서랍장과 무겁고 나지막한 궤가 대부분이고, 키 큰 장은 붙박이 수납장과 연결되어 있다. 이런 가구는 단지 중요한 물품을 수납하는 용도로 쓰였을 뿐 장식 기능은 없기에, 드러나지 않는 공간에 두고 사용했다.

3 인테리어의 핵심, 도코노마와 장벽화

도코노마, 일본 주택의 상징

도코노마는 공간 구조 면에서는 장식 기능을 겸한 붙박이 수납 공간이다.

서원조가 형성된 배경에 무가 사회의 격식과 위엄을 드러내는 접객 의식이 자리 잡고 있음은 앞에서 언급했다. 그런 의식을 시행하는 접객 공간이 자시키였고 그 중심에는 도코노마가 있었다. 일본의 저명한 건축학자 오타 히로타로太田博太郎는 '도코노마는

일본 주택의 상징'이라고 규정하고 전통 주택은 손님을 위한 집이라고 했다.[22]

자시키를 통해 다도가 발전했고 스키야풍의 다실 건축물도 생겨났는데, 도코노마가 있는 자시키는 서원조의 주거 공간 중에서 위계가 가장 높았다. 도코노마의 위치를 기점으로 무사 계급의 좌석 서열이 정해졌기 때문이다. 접객을 할 때도 위계가 가장 높은 사람이 도코노마를 배경으로 등지고 앉고, 그 다음 앉는 위치와 차례는 위계순으로 지정되었다.

서원조의 히로마에서 도코노마가 있는 쪽이 가미자(上座), 그 반대쪽이 시모자(下座)이며, 에도시대 이전의 다이묘 저택이나 성곽의 어전에서는 조단(上段, 방바닥을 한 단 높인 곳)과 그 아래쪽의 게단(下段) 혹은 추단(中段)으로 구분해, 조단은 다이묘 같은 주인의 방으로 썼다. 이처럼 도코노마의 유무는 무가 사회 실室의 위계를 규정하는 지표였다.

도코노마는 에도 이후 메이지시대에 더욱 확산되어 일반 주택에도 많이 만들어졌다. 도코노마가 있는 자시키가 손님 접대를 위한 주요 공간이 되면서 귀한 손님일수록 도코노마 앞쪽 상석에 앉도록 예우했다. 이러한 의식은 여전히 지속되고 있다.

일본 근대미술사의 새 장을 연 미술사학자 오카쿠라 덴신岡倉天心은 일본 문화에 대해 '의장화儀狀化 지향적'이라고 지적하면서,

일례로 다도는 '속세의 일상 속에서 발견되는 아름다움을 숭상하는 일종의 의식'이라고 정의했다. 이상업(일본문화연구소 고문)도 《일본 문화를 키워 온 마음 33가지》에서 "하나의 행위에 다례나 꽃꽂이 구성 이론과 같은 허구가 개입되면서 일상 차원의 행위가 예술로 승화되는 것이다. 이뿐만이 아니라 생활 속에서 다양한 허구를 즐기는 것이 일본 문화의 특질이자 일본인의 변함없는 성향이다"라고 갈파했다. 특히 이처럼 엄격한 제도적 의장화의 생산자가 무사였다는 사실도 밝혔다.

이런 맥락에서, 도코노마는 무가의 주요 의식인 위계에 따른 접객의 구심점으로서 인테리어 의장화의 본보기로 꼽을 수 있을 것이다.

'도코(床)'는 '바닥'을 뜻하는데, '도코가 설치된 공간'이라는 의미의 도코노마는 사찰에서 유래했다. 즉 불화를 걸어 두는 공간의 신성함을 돋보이기 위해 방바닥보다 높여 만든 단(臺)인 오시이타(押板)를 설치한 공간이 도코노마의 시원始原이다.

이처럼 애초에는 사찰에서 종교적이고 신성한 마음으로 마련한 공간이었다. 하지만 무로마치시대에 접어들자 선종 문화의 영향으로 속가俗家의 접객 공간에도 그림 장식이 유행하면서 사찰의 오시이타까지 설치하게 되었고, 이 공간을 도코노마라 부르게 된 것이다.

도코와키의 엇갈린 선반인 치가이다나와 벽장
다카하시가의 도코노마

도코노마의 벽에는 그림을 걸고 바닥의 단인 도코가마치 위에는 외국에서 들여온 도자기 같은 장식물을 올려놓았다. 그러다가 도코노마 옆의 공간에도 선반을 설치해 귀중한 장식품과 골동품들을 진열해 감상하게 되었는데, 선반 상단이나 하단에는 작은 수납장을 만들어 물품을 보관했다. 이 공간을 도코와키(床脇)라 부르며, 장식 선반인 도코와키다나(床脇棚)와 작은 벽장인 대호붕(袋戸棚)으로 구성된다.

도코와키다나 중에서는 위계질서의 징표로 위아래를 엇갈리게 만든 선반인 치가이다나(違い棚, 어긋나기 선반)를 주로 썼으며, 기호에 따라 다른 종류의 선반도 사용했다. 선반 위에 도자기나 장식품 들을 진열하자 귀중한 장식품은 선반으로 옮겨지게 되어, 도코가마치 위에는 향로나 꽃꽂이 도자기만 올리게 되었다. 꽃꽂이[23]는 이전부터 있어 왔지만 도코노마의 장식 요소로 자리매김하면서 일본 고유의 장식 예술 중 하나로 발전하게 되었다.

서원조의 도코노마 측면(도코와키의 반대편)에는 햇빛이 잘 드는 복도 쪽으로 종이를 바른 아카리쇼지를 달고, 그 창 하단을 돌출시킨 단(책상 높이 정도에 길이 50센티미터가량)을 붙박이 서안으로 활용해 책을 읽게 만들었는데, 이 서재용 공간을 쓰케쇼인이라 한다. 그러나 점차 본래의 서재 기능은 쇠퇴하고 도코노마를 밝히는 채광용으로 바뀌었다.

세이손가쿠 1, 2층 내실 모습(위)
도코노마와 도코와키, 쓰케쇼인 등의 실제 모습을 엿볼 수 있다
2층은 독특한 채색을 한 방으로 '군청의 실'이라 하는데,
자색과 청색으로 칠하고 토벽으로 마감한 스키야풍 인테리어가 돋보인다(아래)

조다이카마에는 쓰케쇼인의 맞은편에 배치한 침실의 장지문으로, 네 면에 그림을 그렸고, 테두리의 굵은 목재는 칠이나 금구 장식으로 화려하게 꾸몄다. 보통 장지문은 바닥에 면해 손쉽게 여닫을 수 있지만 조다이카마에는 신변의 안전과 귀중품 수납을 위해 문턱을 올려 바닥에서 어느 정도 띄웠고, 윗미닫이틀을 내려 안쪽으로 자물쇠를 채우게 되어 있다. 원래 문턱은 침실 바닥에 깐 짚이 삐져나오는 걸 막는 장치였는데, 이후에는 이런 입구 형식을 히로마(廣間)의 장식으로 활용했다. 이상의 네 요소가 서원조의 의장으로서 정형화되었다.

도코노마가 무가 전체로 파급되면서 그 의장성까지 논하게 되자, 도코노마를 격格에 따라 진眞, 행行, 초草의 3등급으로 구분하게 되었다. 진은 대서원 등의 상단 서원이나 장식 선반을 갖춘 화려한 도코노마를, 행은 소서원같이 청려한 아치가 넘치는 도코노마를, 초는 단순하고 지극히 간소한 형태의 다실의 도코노마를 일컫게 된 것이다. 진·행·초는 다시 그 격식에 따라 진의 진·행·초, 행의 진·행·초, 초의 진·행·초로 세분화되었는데, 그중 가장 엄정한 격식을 지닌 도코노마인 '진의 진'으로는 주로 대서원이나 궁의 객전에 조성된 도코노마가 꼽혔다. 애초에는 신성한 공간이던 도코노마가 화려함을 우위로 치는 세속적 공간으로 변해 버린 것이다. 이 같은 도코노마의 의장화는 서원조에서 주요 공간 장식의 질서로 정착되었다.

중국계 미국 지리학자 이-푸 투안Yi-Fu Tuan은 "어떤 공간이 우리에게 완전하게 익숙해졌다고 느낄 때, 그 공간은 장소가 된다. …… 개방 공간에는 기존의 인간적 의미가 고착화되어 나타나는 패턴이 없다. 즉 개방 공간은 의미가 부여될 수 있는 백지와 같다. 개방 공간에서는 장소를 강렬하게 인식하게 된다"라고 했다.

도코노마 또한 독특한 장식용 개방 공간으로 근대는 물론 현대에도 이어져 옴으로써 일본인에게는 접객 장소이자 그 집안을 상징하는 주거 공간으로 자리 잡게 되었다.

장벽화, 칸막이 구조와 회화의 독특한 결합

장벽화는 일본의 성이나 사찰, 또는 상류층의 대규모 저택 내부를 칸막이하는 데 사용한 후스마쇼지나 붙박이 벽면에 그린 장식화다.

실내 공간을 필요에 따라 다양한 크기로 칸막이할 수 있는 일본 특유의 주거 구조와 회화의 결합이 낳은 독특한 산물로, 칸막이용 큰 화면에 그린 그림이므로 장식 효과가 확실하고 강렬하다. 규모에서는 유럽 궁전의 실내 벽화와 큰 차이가 있지만 배경 장식이라는 기능은 유사하다.

장벽화는 무사들이 화려한 성과 저택을 짓고 대면이라는 의례를 확립시키면서 최상위 공간인 조단노마나 자시키의 치장을 위해 그림을 그려 넣기 시작한 데서 유래했다. 도코노마의 벽면 전체에 그림을 그려 넣기도 했는데, 당대 화가들은 이 장벽화를 자신의 미술 세계를 표출하는 장으로 활용했다.

모모야마시대에는 쇼군의 영웅적 면모를 강조해 장대하고 호화로운 화풍을 추구했으며, 일반 서민의 생활을 중시하면서 풍속화와 화조화가 유행했다. 후스마에 작은 그림을 개별적으로 그린 '후스마에'와는 달리, 장벽화는 동일한 주제의 그림이 여러 장의 후스마에 계속 이어지는 것이 대부분이다.

당시에는 금은이 풍부하게 산출[24]된 데다, 실내를 밝게 만드는 효과도 있어, 금은박이니 금니 金泥(아교에 갠 금박 가루)·은니를 사용한 현란한 장벽화가 유행했다. 또 밝고 화려한 색채를 두껍게 칠하는 특수 장식 기법을 활용했으며 강한 필치에 금니를 섞은 선염 渲染의 수묵화 기법도 구사했다.

장벽화는 주로 16~17세기의 모모야마시대와 에도시대에 크게 성행했는데, 에도막부의 초대 쇼군인 도쿠가와 이에야스의 위용과 권위를 드러내는 그림이 많으며, 대표 화파로는 가노파가 꼽힌다.

서원조의 장벽화 양식을 만들어 낸 가노파는 15~19세기에 일본 화단을 풍미한 회화 유파로, 7대에 걸쳐 200여 년간 일본 미술계를 주도한 화가들을 배출했으며 그 뒤로도 몇 세기 동안 일본 화단을 이끌었다. 줄곧 쇼군들을 섬겨 온 가노파 특유의 전통인, 고상하고 도덕적인 상징주의는 당대의 정치적 이상이기도 했다. 가노파를 창시한 인물은 사무라이 출신의 아마추어 화가인 가노 가게노부狩野景信이지만 공인된 시조始祖는 그의 아들 가노 마사노부狩野正信다.

가노파가 등단한 당시에는 중국 문물이 활개치고 있었지만, 일본 고유의 수묵화도 오랜 역사를 이어 오고 있었다. 따라서 가노파의 화풍은 주제나 수묵 기법 면에서는 중국풍이었지만 표현 양식에서는 철저히 일본풍을 고수해, 일본 고유의 순수 회화 양식인 야마토에(大和繪)의 색채와 수묵화의 구성을 조합시킨 격조 있는 화풍을 이어 갔다. 대담한 붓놀림과 날카로운 테두리 선은 중국 송대 양식과는 확연히 다르며, 후스마나 병풍에 그린 그림에서는 외양의 중요성과 단조로운 장식 처리를 강조했다.

가노파 화가들은 도쿠가와가의 지원 아래 공방 조직을 중심으로 실내장식은 물론 가구 등 지배 계층의 주거 장식 전반을 담당했으며, 무사의 지위와 연금 세습을 부여받았다. 이들 외에도 지샤쿠인(智積院)의 장벽화를 그린 하세가와 도하쿠長谷川等伯, 건인사建仁寺(겐닌지)의 장벽화를 그린 가이호 유쇼海北友松도 유명 화가로 꼽힌다. 이후 등장한 가노 단유狩野探幽의 그림은 '교과서'처럼 모방되기도 했는데, 새로운 시대 분위기에 맞춰 서민의 생활상을 가미하거나 화초를 담채로 스케치하는 등의 변화를 시도한 그의 작품은 시대상의 반영이라 할 것이다.[25]

이 같은 장벽화의 발전은 병풍과 연관이 있다. 헤이안시대의 궁정 실내에 관한 자료[26]를 보면 상좌 공간에 병풍을 길게 둘러쳤는데, 이후에 등장한 장벽화와 무관치 않아 보인다. 현재 전하는 상류층 병풍에서도 동일한 주제의 그림을 그린 낱장 화폭이 이어져 하나의 긴 병풍을 이루는 '장병화障屛畵'가 다수를 차지하고 있는 점이, 이런 스타일의 장식을 선호해 왔음을 입증해 준다 하겠다.

장벽화의 색조는 금은칠을 제외하고는 전반적으로 담채의 은은함과 어우러진 중간 색조로 절제된 분위기를 풍긴다. 화려함을 추구하기보다는 공간을 사용하는 사람의 신분에 적합하게 맞춘 인테리어이기 때문이다.

쇼군이나 다이묘 성의 장벽화 소재로는 무사의 용맹스런 기상을 상징하는 호랑이나 소나무, 한겨울의 추위를 이겨 낸 강인함을 상징하는 매화 등이 주류를 이룬다. 당시에는 최상류층을 제외하고는 장벽화로 실내를 장식하는 경우가 극히 드물었다. 당대의 유명 화가와 그 일파의 작품으로 실내를 치장한다는 건 금전적으로나 신분상으로나 그리 쉬운 일이 아니었다. 그러므로 서원조의 장벽화는 당대 일부 계급에 국한된 장식 문화일 뿐, 보편적으로 통

장대한 소나무를 주제로 그린 인화사 침전의 장벽화
수목과 꽃이 아름답게 어우러진 교토 대각사의 장벽화
하얀 모란꽃들로 우아하게 장식한 노무라가의 장벽화

용되지는 못했다.

현재 남아 있는 장벽화도 성과 일부 다이묘 저택, 유명 사찰 등에 소속되어 있는데, 교토의 인화사에는 소나무를 아주 부드럽게 묘사한 후스마 장벽화가 보존되어 있다.

교토의 왕가와 연계된 유명 사찰인 대각사에는 아주 독특한 색감의 수목과 꽃 그림의 장벽화가 있으며, 후스마에 전면에는 도안화된 대나무가 그려져 있다.

나고야 성의 장벽화는 1634년 증축된 어전에 그린 것으로, 당시에는 후스마는 물론 천장까지 온통 장벽화로 장식했지만 화재로 대부분 소실되고 남은 일부라 한다. 현재 전시되고 있는 것은 아주 큰 네 폭의 장벽화로 당대의 풍경을 묘사했는데, 부드러운 색감에서 현대적 분위기를 느낄 수 있다.

특히 노무라가 객실에서는 후스마쇼지에 모란을 그린 독특한 장벽화를 볼 수 있는데, 모란에 흰색을 입혀 본래의 화려한 이미지와는 달리 매우 소박하고 단아해 보인다. 본래 모란은 부귀를 상징하며 중국의 국화이기도 한데, 뤄양洛陽에서 유래했다 한다. 모란은 한국이나 일본은 물론 전 세계인이 좋아하는 꽃으로, 오늘날에도 직물이나 벽지 등의 패턴으로 많이 애용한다. 흰색보다는 비단처럼 매끄럽고 광택이 나는 붉은 자주색이 많은데, 꽃송이가 크고 잎이 생생해 화려하고 풍성해 보인다.

이런 꽃에 굳이 하얀색을 입히고 바탕색은 다다미 색조와 연속된 통일감을 주는 베이지색으로 처리해 독특한 분위기를 자아낸다. 잎과 줄기에는 색이 좀 바래기는 했지만 연녹색을 입혔다. 모란의 흰빛은 옆에 설치한 밝은 빛을 받는 아카리쇼지 종이의 흰빛으로 이어져 절묘하게 어우러진다. 아마도 이 모란 장벽화의 제작 의도가 실내 공간에 두드러진 효과를 주기보다는 부드러운 배경으로서 공간과 일체를 이루려는 데 있은 듯싶다. 모란 특유의 화려한 색조를 거부함으로써 장벽화라기보다는 우아하고 기품 있는 후스마에로 묘사해 눈길을 끈다.

4 가리개

병풍, 상류층의 실내 가리개 겸 장식 도구

일본 주거 공간의 구획 체계는 헤이안시대까지도 제대로 정비되지 못했다. 단지 침전 공간만을 기초(幾帳)[27] 병풍, 쇼지 등의 여러 도구를 활용해 살짝 가려 주는 정도였다. 그 때문에 중국에서 전래된 병풍을 매우 유용하게 썼을 것이다.

이후 에도시대에도 병풍은 후스마쇼지와 더불어 실내 가리개 겸 장식 도구로, 당대 화가들이 그림의 주요 소재로 애용했다. 그러나 서민들도 병풍을 일상 용품으로 사용한 우리나라와는 달리, 일본 전통 사회에서 병풍은 일반 서민은 꿈도 꿀 수 없는 상류층만의 전유물이었다.

병풍은 본래 어떤 공간에서든 가능한, 시각적 차단과 장식을 위한 용도였는데, 일본 병풍에 그린 그림(혹은 자수)의 소재는 풍경이나 화조, 인물 등으로 다양했다. 상류층의 생활이나 유명 서예가의 글씨 등도 소재로 활용했다.

건축가 가쿠라이 아키요는 《일본의 실내 공간》에서, "어릴 때를 회상해 보면 가리개나 병풍, 쇼지 등이 방을 구획하고 가려 주었는데, 방풍이나 보온 역할도 하면서 장식이라곤 없는 일본 실내 공간에 때깔을 살려 주었다"라고 회고하기도 했다.

현재 남아 있는 일부 병풍(도쿄국립박물관)은 전반적으로 차분하고 정갈한 담묵이나 담채 기법을 썼다. 우리나라처럼 병풍을 기능에 따라 구분해 혼례 때는 밝고 화려한 꽃 자수 병풍을, 안방에는 화조도 병풍을 쓰는 등, 명확하게 구별해 사용한 것과는 차이가 크다. 일례로, 재치 있는 구도와 귀족풍 구성으로 유명한 에도시대의 화가 오가타 고린尾形光琳(1658~1716)의 〈연자화도〉도 녹색 잎이 조금 두드러질 뿐이며, 〈홍백매화도〉 역시 진홍색, 흰색 매화꽃은 조그맣게 살짝 드러냈을 뿐, 어두운 암녹색의 나무와 그 옆의 검은 유수(流水)가 주도하는 화폭이라 차분한 격조가 느껴진다.

고린의 〈연자화도〉(위)와 〈홍백매화도〉(아래) 병풍

일반적으로 일본 회화는 장식적·시각적인 특성을 지녀, 순수 미술이라기보다는 공예에 가까워 보인다.

일본 미술사학계의 대표 학자인 쓰지 노부오辻 惟雄는 《일본 미술 이해의 길잡이》에서 "일본 장식의 양식적 특징은 회화 쪽에서 보면 공예적이고, 공예 쪽에서 보면 회화적으로 보이는 양면성이다. 이는 자연의 소재로부터 주변 생활 용구에 이르기까지 대담하게 장식화를 시도하면서도 사실적 수법보다 훨씬 더 절실한 생명감을 표현해 내는 재능에서 비롯된 것이다"라고 갈파했다.[28]

또한 일본 민속학의 창시자인 야나기타 구니오柳田國男는 일본인의 색채관에 대해 "색이 빈곤했다기보다는 굳이 다양한 색을 사용하려 하지 않은 흔적을 확인할 수 있다. …… 일본인은 결코 애초부터 색채의 다양성에 무지한 것이 아니다. 오히려 이를 알게 되면 너무나 가슴에 사무쳤기 때문에 꺼리는 마음에서 선명한 색을 피한 시대가 있었다"라며, '자연에 존재하는 다채로운 색을 성역으로 금기시해 세속의 일상적 색으로 사용하지 않았다'는 좀 애매한 해석을 덧붙였다.[29]

일본인은 예로부터 흰색을 불길한 색으로 여겨 마쓰리나 상복에 써 왔는데, 흰색은 너무 눈에 띄고 깨끗하며 분명한 색이기 때문이라 한다. 역사적으로 이어 온 '게ケ(일상, 속俗의 세계)'와 '하레〔晴(れ), 비일상, 성聖의 세계〕'의 분명한 구분을 색채에도 적용시킨 셈이

다. 즉 신분의 위계질서에 대한 철저한 존중과 수용의 정서가 공간의 배치나 장식화의 색채 사용에도 이어진 것으로 보인다.

쓰이다테쇼지, 소형 파티션

쓰이다테(쓰이다테쇼지衝立障子의 준말)는 실내 공간 구획용으로 세워 두는, 판자로 만든 작고 낮은 가리개다. 원래는 후스마쇼지보다 먼저 나왔지만 쓰이다테로 인해 오히려 후스마쇼지가 개발되었는데, 중국에서 처음 전래된 병풍도 낱장으로 쓰이다테 같은 형태였다고 한다. 이 병풍이 진화해 헤이안시대 말기에 후스마쇼지와 아카리쇼지의 형태로 확산되었다.

이후 쓰이다테는 공간을 구획하거나 시각적 차단, 혹은 유도를 위한 파티션 기능이 더해져 병풍과는 차별성을 지니게 되었다. 병풍처럼 여러 면이 겹치게 만들거나 작게 축소된 하나의 판을 하단의 받침대로 지지하게 만들어 세워 두는 일종의 파티션인 셈인데, 주로 현관 입구나 자시키 등에 설치했다.

일본 실내 공간에 세워 놓은 쓰이다테는 하나의 인테리어라기보다는 진입 금지를 명하는 강력한 표식처럼 느껴지기도 한다. 그 공간에 들어서려는 이들에게 내부 규범과 주의를 당부하는 상징적 알림 역할을 하다보니 심리적 긴장을 유발시키기 때문인 듯싶다.

이토가의 쓰이다테
미쓰이 주택의 쓰이다테
인화사의 쓰이다테

서원조의 전통 인테리어로 본 일본인의 미의식

05

　서원조의 공간구성은 무가 봉건사회의 종적 구조와 밀접하게 연계되어 있다. 이러한 속성은 중국이나 한국과는 현저히 다른데, 특히 공간 장식에서 중국은 신분 과시나 가족 위주의 장식이 주류를 이룬 반면, 일본은 무가의 위계질서나 무사도 등이 절대적 영향을 미쳤다. 따라서 서원조 인테리어의 핵심인 도코노마도 실은 권력 구조에 따라 '타자他者의 공간'으로 쓰여 왔다는 점은 매우 흥미롭다.

　이런 제약에도 불구하고 서원조의 전통 인테리어 요소는 일본 특유의 복합적이고 모호한 공간개념과 절제되고 섬세한 미의식을 잘 보여 준다. 그 대표 요소로는 기둥과 다다미, 창호의 직선적 교차와 공간 분할이 연출하는 조형성, 도코노마의 엄격한 위계성과 의장화 그리고 도코노마가 있는 장식 공간의 확장과 강화強化의 의미를 지닌 후스마에와 장벽화 등을 들 수 있다. 그 외에 기능성과 장식성을 겸비한 보조 요소인 란마와 광창, 흰색 창호 등도 있다.

절제와 관조의 미의식

일본 문화의 특성인 '절제, 검약, 축약'은 인테리어에서도 그대로 드러난다. 즉 기능과 형태를 통합해 전체 크기를 축소시키고, 장식적 요소를 최소화하며, 단순 모듈을 반복하는 것이다.

이런 특성은 서원조의 전통 인테리어에서도 두드러지는데, 장식을 배제 내지는 절제해 자연 그대로의 재질과 색을 살리고, 색을 써도 무채색 계열을 취했다. 문과 창에도 정제된 기하학적 질서를 부여하고, 직선 형태의 지붕과 처마의 날카로운 모서리와 사각으로 각진 기둥 들도 설제되고 긴장되어 있다.

다다미나 목재 등도 모두 본래의 재질과 색을 살렸고, 마감 재료도 인공적 색을 입히지 않았다. 이처럼 채색이 가미되지 않은 자연 재료로 지은 일본 주택의 외관이나 기둥은 얼핏 한국과 유사해 보이지만 선과 면 등에서 차이가 있다. 일본 주택의 거대한 지붕을 떠받치고 있는 여러 개의 가느다란 기둥이나 밖으로 드러난 창백한 하얀 창호는 얼핏 차갑게 느껴지기까지 한다.

가는 기둥과 다다미의 기하학적 이어짐, 그 사이의 하얀 쇼지가 연출하는 3차원의 오묘한 공간은 뭐라 표현하기 어렵다. 게다가 잘 가꾼 정원 풍경까지 어우러진 아련한 정경 앞에서는 말을

절제와 관조의 긴장미, 서원조

잃게 되지만, 고요한 정적마저 감도는 그 관조의 분위기가 결코 편안하게만 느껴지진 않는다.

'독서의 신'으로 불리는 마쓰오카 세이고松岡正剛는 《만들어진 나라 일본》에서 일본인 특유의 감성 중 하나로 '우쓰로이'를 들었다. 우쓰로이는 변화, 변이를 의미하며 '우쓰'의 파생어인데, 내부가 텅 빈 공이나 무無의 상태로 음陰을 의미한다. 이와 상반되는 유有이자 양陽인 현실은 '우쓰쓰'라 한다. 이 우쓰에서 때가 되면 우쓰로이가 생성되며, 우쓰로이를 따라가다 보면 어느새 우쓰쓰가 된다. 요약하자면, 비현실의 우쓰는 우쓰로이를 거쳐 현실의 우쓰쓰로 변해 간다.

이처럼 우쓰로이는 아무것도 없다고 여겨지던 곳에서 무언가가 태어나는 것으로, 무상을 느낌으로써 오히려 무언가가 이행하기 시작하는 것이다. 무상에는 이처럼 창조적인 시각이 담겨 있기에 음은 양을 창출할 가능성을 지니며, 그런 과정이 우쓰로이라는 것이다.

이에 대해 일본미술원 창립자인 오카쿠라 덴신岡倉天心은 "굳이 마무리를 지어 완성하지 않고 상상력으로 보완한다"라고 언급하기도 했다. 일례로, 물을 느끼고 싶어 물을 뺀 돌과 모래의 정원인 '가레산스이' 방식을 들 수 있으며, 그처럼 우리는 우쓰와 우쓰쓰를 잇는 우쓰로이의 세계에 살고 있다는 것이다.

삼라만상은 변하기 마련이어서 무상하다는 우쓰로이의 감각은 철학이나 사상, 예술, 문학 등의 주제 및 표현 수법으로 자리 잡았다. 일본인들은 이 미묘하고 적막해 곧 사라져 버릴 듯한 우쓰로이의 감각에 가치를 두어, 《만요슈》와 같은 시가나 '노(能)',[30] 수묵화, 가레산스이 정원, 와비(간소하고 차분한 아취), 사비(아취가 있는 세련된 한적閑寂) 등의 광범위한 영역에 활용했고, 빛과 그림자의 미묘한 상호 변화를 즐기는 기질이나 그런 실내 공간을 낳았으며, '아와이(淡い, 아련함)'라는 표현도 만들어 냈다. 그래서 장지나 발·격자가 만들어 내는 은은한 빛의 변화는 일본의 대표적 미의식 중 하나가 되었다.

미의식 '이키'

일본 문화의 이런 오묘한 모호함을 여러 학자가 '중층성'이라 지칭했는데, 구로카와 기쇼는 이를 색에 빗대어 중간 색조인 '회색'이야말로 일본을 상징하는 색채라고 규정하기도 했다. 즉 검은색과 흰색 사이의 중간색이자 여러 원색들을 혼합한 복잡 미묘한 무채색으로, 애매모호한 특성을 지닌 회색이 일본인의 중층적 성향에 부합된다는 것이다. 구키 슈조도 '이키'의 색으로 회색, 갈색, 청색 계열의 색을 꼽았다.

이키는 일본 특유의 미의식 중 하나로 명확하게 번역하기는 어렵지만 멋이나 풍류로 해석할 수 있다. 이키는 근세 후기인 도쿠가와막부 말기의 에도에서 조닌(장인·상인층) 계급 사이에 발생한 미의식으로 유곽 문화를 중심으로 발달해 당대의 문화적 이념으로 자리 잡았다.

이키가 근대에 이르러 주목받게 된 계기는 하이데거를 사사한 구키 슈조가 《이키의 구조》에서 이키를 실마리로 일본 철학을 재구성하고자 한 시도에서 비롯한다. 그는 일본 미의식의 기본 구조를 이키에서 찾았는데, 이키의 정신적 구성 요소로 '미태美態, 체념, 기개'를 들었다. 미태는 성性에 대한 경외적 의미를 내포하고 있고, 체념은 도가나 묵가적 사상의 무無의 철학을 담고 있으며, 기개는 일본 정신을 상징하는 무사도 정신의 형질을 의미한다.

그는 이 세 가지를 논하면서, '긴장'이라는 매개적 정신요소를 강조한다. 즉 이키는 지극히 일본다움의 반영으로, 가장 높은 곳의 아름다움이 아니라 그 한 단계 아래로 떨어지려는 수직적 긴장감이 바로 '이키의 미학'이라는 주장이다. 이런 관점에서 일본인에게서 볼 수 있는 '긴장'은 그들이 지닌 미적 가치의 표출이라고 보았다.

이후, 이키는 서구나 아시아와 변별되는 일본 고유의 특성을 탐구하는 일본론의 핵심 개념으로 사용되었으며, 일본 문화나 일본인의 정신 구조를 이해하기 위한 필수 관문으로 간주되고 있다.³¹ 단순미에 대한 지향 등, 와비·사비 등의 전통적 미의식과 공통점도 있지만, 무상無常 등의 종교적 관념과 깊이 연관된 와비·사비가 난해하게 느껴지는 데 반해, 이키는 좀 더 친근한 이미지로 현재까지도 일상적으로 사용되고 있다.

격식과 완벽주의 긴장미

서원조 인테리어의 구조미는 기둥과 다다미, 쇼지 등의 직선과 면이 교차하며 연출하는 기하학적 구성에서 나타난다. 이 구성 방식은 기본단위인 다다미 한 장이 이어져 방 하나를 이루고 다시 연속적으로 확장되어 집이라는 공간을 형성하는 규칙에 따르는데, 전체 평면을 설정한 뒤에 공간을 구획하는 게 아니라 방을 연결하다 보면 저절로 확장된 평면이 형성된다.

그러나 결과적으로, 다다미 한 장에서부터 전체 다다미까지 이어지는 기하학적 조형, 아카리쇼지의 선과 선의 교차에 따른 창살의 면적 분할, 후스마쇼지의 입면 분할 등은 선과 면의 독특한 조형성을 창출해 낸다. 직선과 직선 사이의 질서는 완벽함을 추구하는 동질성을 지니기에, 다다미의 크기는 방의 크기와 한 치도 어긋나서는 안 된다.

이처럼 완벽을 추구하는 섬세한 미감과 엄격한 격식은 일본의 회화나 도자기, 전통 직물의 문양 등에서도 공통으로 나타난다.

일례로, 다도가 행해지는 다실은 매우 소박한 건물이지만 다회에서는 오늘날에도 반드시 전통 의상인 기모노를 입고 정중하게 치르는 격식을 지켜야 한다.

다음으로 두드러지는 특성은 위계성과 기능성으로, 대표적 사례가 바로 도코노마다. 도코노마가 있는 공간은 집안의 중심이자 가장 높은 위계를 상징한다. 기둥이나 인방재引枋材 등의 섬세한 선택, 장식품의 위치 등을 고려한 입체적 장식 공간으로, 적절한 공간 분리와 질서 정연한 의장 등은 다른 나라에선 볼 수 없는 독특한 복합 문화적 분위기를 풍긴다.

도코노마와 더불어 서원조 인테리어의 핵심을 이루는 장벽화는 상류 서원조에 국한되긴 하지만, 건축구조와 회화가 조화를 이룬 독특한 미감과 기능을 겸비한 서원조 최고의 인테리어다. 도코노마를 장식해 주는 족자 대신에 그 벽이나 측면의 쇼지 전면에 그림을 그려 넣어 배경 장식으로서의 의장 효과를 훨씬 강화시킨 것이다. 신분 과시나 위엄 유지를 위한 상징적 장식으로 쓰였으며, 당대 화가들의 표현의 장으로서 작품 활동을 고취시키기도 했다. 그러나 도코노마의 토벽이나 나무껍질이 그대로 붙어 있는 목재를 아름답게 평가하는 소박한 미의식과 장벽화의 고급스런 분위기는 상충되는 면이 있다.

일반적으로 일본 문화는 두 유형으로 양분된다고 한다. 쓰지 노부오는 이를 '꾸밈계' 문화와 '반反꾸밈계' 문화라 지칭했고,[32] 마쓰오카 세이고는 '더하기' 기능과 '덜어내기' 기능이라 지칭하면서,[33] '덜어내기'의 예로 외관에 검은 옻칠을 한 소박한 분위기의 은각사를, '더하기'의 예로는 외관 전체에 화려한 금칠을 입힌 금각사를 들었다.[34]

이 비유를 서원조 인테리어에 적용한다면, 장벽화와 도코노마는 최상의 꾸밈이자 '더하기', 연못에 세운 초정草亭의 흙벽과 작은 문, 장식 선반이 없는 조촐한 도코와키는 '덜어내기'에 해당한다.

이처럼 꾸밈·인위성과 대비되는 친자연적 성향은 문화권마다 차이가 있는데, 일본은 자연을 인위적으로 조성해 서원조 바로 앞에 근접 배치했다. 이런 일본인의 자연관에는 상징적 의장화의 진수를 보여 주는 가레산스이 정원처럼 심원한 철학적 사유도 내재되어 있지만, 한편으로는 자연의 무상함을 실감케 하는 벚꽃의 짧은 삶에서 오히려 아름다움을 발견하는 '이키의 미학' 특유의 페이소스의 감성도 공존한다.

이 같은 양면적·중층적 특성에 대해 이상업은 일본 문화의 '모순 동거성(ambi-valance)'을 지적하면서, 이와 관련된 미국 《타임》지에 실린 글, "…… (일본 문화의) 로고스와 페이소스의 자연스러운 공생, 무자비할 정도의 의장화 체질 ……"에 공감한 바 있다.[35]

서원조 인테리어의 미학적 특성은, 인간 본연의 감성이 내재되어 있으면서도 그것을 지극히 절제하고 축약해 드러내는 검약의 표현미로 요약할 수 있다. 물론 그 속에 내재된 힘은 대부분 자연과 연계되거나 동화된 것이지만, 조형적 관점에서 추출한 미적 요소로 볼 때, 그 단위별 요소 하나하나에는 비교적 엄밀한 규칙성이 존재함을 알 수 있다. 규칙에는 늘 의미와 상징이 첨가되어 지속되는데, 그런 요소와 이미지는 다른 요소가 생길 때마다 중첩된다. 이 역시 여러 학자가 지적하는 일본 문화 특유의 '중층성'에서 기인한다.

이처럼 일본 고유의 독특한 문화는 오랜 세월 일본을 통치한 무가의 문화와 밀접하게 연계되어 있는데, 일본인은 무가 계급사회의 인위적 위계질서 속에서 스스로를 억제하고 조절하면서도 그런 수용과 순종을 초연하고 섬세한 감성으로 승화시켜 왔다.

그 근저에는 자연과 공감하되 완전 동화되지는 않게 일정한 거리를 유지하는 심원한 선禪적 관조의 자세가 깔려 있음을 느낄 수 있다. 그런 초연한 정조情操에서 생성된 절제되고 섬세한 미의식은 서원조의 중층적 인테리어가 빚어내는 오묘한 3차원적 공간의 긴장미와 어우러져 미적 완벽주의를 구가하고 있다.

비움과 소통의 '휴먼스케일', 반가 한옥

4

반가 한옥은
다양한 평면적 개성을 지닌,
과하거나 부족하지 않은
대교약졸의 미가
담긴 집이다

반가 한옥의 구성 원리와 배경

01

반가班家란 조선시대 양반 사대부가를 일컬으며, 아울러 그들이 살던 한옥을 이르기도 한다. 한옥은 한국의 자연환경, 사상, 문화 등이 오랫동안 한데 어우러져 형성된 공통 주거 형식이 조선시대에 이르러 정형화된 주거 유형으로, 한국인의 삶의 방식이 녹아들어 완성된 집이다.

최초로 한국의 전통 주택을 체계적으로 연구하고 정리한 책, 《한국주택건축》을 펴낸 주남철을 비롯한 대부분의 학자는 한옥 유형을 상류 주택, 서민주택 등으로 표현해 왔다. 조선시대 상류 주택으로서 한옥은 일반 민가와 배치와 평면에 차이가 많았으며 그러한 구성의 흐름을 주도한 계층은 총체적으로 양반이었다.

양반이란 여러 사회 문화적 요소에 따라 인정되고 획득되는 복합적인 지위다.[1] 따라서 반가라는 지칭은 주택으로서의 집보다는 대부분 신분상의 집을 지칭하는 경우가 많다. 하지만 양반이면서 서민과 같은 수준의 집도 많았다. 따라서 본 장에서는 상류 주택의 규모를 지닌 한옥을 '반가 한옥'으로 통일해 지칭한다.

한옥이 형성된 배경으로는 사계절이 뚜렷한 다채로운 기후와 아담하면서도 변화무쌍한 자연환경, 유·불·도 사상과 음양오행·풍수 사상 그리고 획일적인 것을 싫어하는 한국인 특유의 상대주의적 혼성混成 기질 등을 들 수 있다.

한국은 지형적으로 보면 노년기 산악으로 둘러싸여 있다. 그러므로 택지를 선정할 때도 자연조건을 따라 뒤쪽은 산으로 둘러싸이고 앞쪽으로는 강을 끼는 배산임수 지형을 선호했다. 이런 지형에 대한 관심 탓에 환경적 요소와 유기체적 자연관의 영향을 받은 풍수 사상과 음양오행 사상이 뿌리내렸고, 택지가 길흉화복을 지배한다는 믿음이 생겨나기도 했다.

또한 자연환경은 주거 형태에도 영향을 미쳤다. 한옥의 지붕선과 처마는 산세의 완만한 모습을 따른 자연스러운 곡선 형태다. 주거 구조도 산세를 거스르지 않은 단층의 안락한 수평 구성을 이루게 되었다. 주거 규모나 배치 역시 자연을 지배하기보다는 지형에 순응하고 경관에 조화되도록 조성해 과하거나 부족하지 않은 생활 배경에도 잘 조화를 이루게 했다.

폐쇄적 온돌과 개방적 마루의 결합

전통 한옥은 세계에서 유일하게 동일한 주거 공간 내에 온돌 구조와 마루 구조를 결합한 독특한 집이다. 사계절이 뚜렷하며 추운 겨울과 무더운 여름에 지혜롭게 대처하기 위해, 구들을 덥혀 실내를 보온하는 온돌 난방을 만들었고, 통풍을 위해 지면에서 바닥이 떠 있도록 설치된 마루는 앞뒤로 트인 창호의 통풍으로 무더위를 덜어 주었다. 즉 한옥에는 마루의 개방성과 온돌방의 폐쇄성이 공존하는데, 이러한 상반된 구조의 개성과 공존은 매우 놀라운 일이다. 이는 오랜 세월에 걸쳐 결합된 북방 문화와 남방 문화의 연합이라는 점에서 각별한 의미가 있다.[2]

주거에 사용한 자재는 초석礎石과 기단基壇 등 석재를 쓰기도 했지만, 주자재로는 소나무를 썼다. 한국 특유의 맞춤과 이음 기법을 활용한 한옥은 못을 사용하지 않은 결구 기술의 빼어난 공예미술이었다.

유교 질서와 평면 배치

조선의 국시인 성리학은 양반 사대부들이 선도적으로 도입했고, 점차 가족제도와 생활에까지 파급되었다. 반가 한옥의 남녀별 공간 영역 분리 배치는 조선 중기 이후 확립되고 후기에 정착되었다. 이에 임석재는 조선시대의 한옥은 집단적 가치를 하나의 전형적 모범으로 굳힌 사회미가 구체적 예술 형식으로 드러낸 건축으로 각자의 계급과 속성과 기능과 형편 등에 맞는 공통된 건축 형식에 따라 작동했다고 지적했다.[3]

반가 한옥은 남성 영역인 사랑채, 여성 영역인 안채 그리고 조상의 위패를 모시는, 죽은 자의 공간인 사당채의 세 영역으로 구분되었다. 결과적으로 한옥 배치의 특성과 공간구성은 유교 사상의 질서 의식을 반영한 것이다.

이처럼 한옥은 유·불·도 사상의 영향권에 있는 세 나라의 주거 중 제일 변화무쌍하며, 서로 상반되는 유교와 도교 사상을 하나로 통섭한 유일한 예로서 한국인 특유의 혼성 기질이 여지없이 발휘된 대표적 사례다. 한국에서 정착된 생활문화의 원형은 조선 후기다. 조선 전기 주자 성리학을 강제로 도입하고 걸러 내는 과정을 거쳐 수용된 삶의 방식은 모든 면에서 한국인 고유의 문화로 자리매김했다. 방이나 마루, 창호와 가구 등의 크기나 형태는 가장 기능적이고 정서적인 인간공학적 휴먼스케일[4]로 정착되었다. 그중에서도 반가 한옥은 의도된 형식과 목표를 적극적으로 반영하고 계획해 가족의 생활을 가장 바람직한 방향으로 담아낸 한국인의 공간문화와 인테리어 예술을 표현한 것이다.

순환과 소통의 공간

한옥의 전체 구성 원리는 순환과 소통이다. 각 채의 연결은 자연스럽게 동선을 유도하면서 이어지고 각 채의 고유한 마당은 순환의 방향과 개별 공간의 존재를 인지하게 해 준다. 공간의 순환은 배치와 평면은 물론 창호가 지닌 수직적 구조에서도 잘 나타난다. 중국 사합원처럼 동선의 일률적 흐름도 없고 일본 서원조의 지시적 동선과도 다르다. 한옥 내부는 가족의 위계질서를 존중하면서도 기능적이고 자유롭다.

한옥은 방과 방으로, 마루와 방으로, 대청에서 방으로의 동선이 자유롭다. 사방으로 적당히 뚫려 있고 적당히 막혀 있으며, 막음도 언제든지 틀 수 있다.

안과 밖 상하 위계와 조형

한옥의 공간구성은 중국·일본과 마찬가지로 안과 밖의 경계가 분명하다. 안은 다시 공간의 당시 요구와 성격에 따라 행랑채로 구획되거나 별채의 동으로 구성되기도 한다. 하지만 중국이나 일본의 대저택처럼 정원이나 화원을 집 안에 조성하지 않았다. 식재도 철저히 구분해 양택의 생활에 해가 되는 것을 배격했다.

이러한 안과 밖, 상하 위계질서로 구성된 반가 한옥은 채의 꺾임과 연결이 중첩되고 사랑채에서는 누마루 지붕이, 안채에서는

실내와 실외의 유기적 연결을 보여 주는 영천 숭렬당(위)과 안동 임청각

대청이 가장 높은 지붕을 가지면서 전체 조형의 묘미와 다채로움을 연출했다. 채와 채 사이에는 크고 작은 여러 문과 담장을 만들어 공간이 연속되며, 공간의 정서적 변화와 깊이를 맛볼 수 있다.

다양한 배치와 평면적 개성

한옥은 자연 지세와의 조화를 꾀해 자연스런 비대칭적 구성을 이루어, 각 집채를 놓을 때는 좌우대칭이 아닌 비정형적 배치를 기본으로 삼았다. 같은 평면에서도 대칭적 구성을 하지 않으며, 방을 배치해도 대청을 사이에 두는 등 독립성을 가지도록 구성했다.

반가 한옥의 정형은 조선 후기에 이루어졌다. 조선 초기는 중국 고대의 예제를 본받아 궁실의 당침寢廟 제도를 이상적인 고제古制로 인식해 사합원과 같이 중앙의 축을 중심으로 공간을 배치하고자 했다. 그러므로 반가 한옥도 정침인 안채를 3간 대청을 중심으로 좌우대칭 배치를 하는 것을 기본으로 하며 남좌여우의 원칙에 따라 대청 동쪽에 남자 공간인 사랑이, 서쪽에 안방과 부엌을 배치하고자 했다.[5] 이러한 규범은 사라지고 조선 후기에 사회적 변동과 더불어 반가에서도 매우 다양한 평면이 나타났다.

결과적으로 반가 한옥은 규모나 지역에 따라 ㄴ자·ㄷ자·ㅁ자형의 다양한 구성을 취했다. 필요에 따라 일자형 평면에 잇대어 채를 연결시키며, 마당에 면하거나 감싸는 중정형을 취한 것이다.

반가 한옥의 구조와 공간 특성

02

한국의 반가 한옥 전체 평면은 기본적으로 안채와 사랑채, 사당채의 영역으로 형성되었지만 똑같은 것이 하나도 없다. 그만큼 주인의 개별적 가문과 집에 대한 요구 특성이 최대한 반영되었기 때문이다.

가족제도에 충실한 공간 구조

반가 한옥의 공간 구조는 가족의 생활 제도에 충실하다. 죽은 자의 공간인 사당은 산 자의 공간과 완전히 차단되어 있다. 양의 공간적 형식은 위계적 질서에 맞추되 내면적으로는 기능적 공간 구조에 최선을 다한 점이 놀랍다. 윤증 고택이나 정여창 고택, 예산 추사 고택 등에서도 이러한 충실함을 볼 수 있다.

방과 방은 문으로 연결되어, 열면 통하고 닫으면 개별 공간이 되므로, 완전한 개인 공간도, 완전한 공유 공간도 없는 셈이다. 그

때그때 필요에 따라 확장하고 차단하는 가변적 공간이다. 들어열개가 가능한 분합문과 다양한 창호는 몇몇 내부 공간을 쉽게 통하게 하거나 분리할 수도 있다. 모든 공간이 문을 통해 막힘없이 하나로 연결돼 있으며 내부와 외부 공간은 쉽게 하나가 된다.

또한 한옥 구조는 많은 채와 간의 분화라는 특성이 있는데, 채와 채가 마당을 매개로 연결되어 큰 틀을 이루며, 그 과정에서 내·외부 공간의 접속과 분절을 위한 다양한 장치를 개발했다. 마당 역시 채와의 관계 속에서 다양한 성격과 형식을 지닌다.

처마와 툇간의 공간, 다양한 창호의 형식과 개폐 방식이 건물이 담당하는 부분이라면, 담과 석물, 기단 등을 이용해 공간의 성격을 만드는 일은 마당의 몫이다.

깊은 처마는 여름철에 차양이 되어 뙤약볕을 가려 주며, 겨울철엔 낮게 뜬 햇볕이 방안 깊숙이 들게 해 집안이 따뜻해진다. 따뜻한 공기가 찬바람에 밀려 나가다 깊은 처마에 걸려 머물게 되며, 서까래까지 가로막아 더운 공기가 오래 머물게 된다.

중국에서 수입하던 단청 안료는 고가의 사치품으로 규제 대상이어서 궁궐이나 사찰 같은 특수 건물 외에는 단청을 금지했다. 따라서 반가의 외관도 일본의 서원조처럼 가공을 하지 않은 목재와 흰 한지를 바른 창호, 흰 벽이나 토벽 등으로 조성해 자연적인 소박함을 지니게 되었다.

목조 조립식 구조의 선과 면적 구성

한옥의 목구조는 기둥과 보가 주축이다. 못을 전혀 사용하지 않으며 부재와 부재를 서로 이음과 맞춤 기법으로 연결한다. 이렇게 만들어진 목부재는 모두 노출되어 공간 장식의 한 축을 형성한다. 목부재의 노출이란 구조를 지지하면서도 미적 조화를 이루어야 했으므로 집의 총설계가이자 감독인 대목은 한옥의 시작과 완성에 뛰어난 기술과 감각을 지닌 종합 예술가들이었다. 그러므로 그들의 자부심은 대단했으며 지금까지도 이어지고 있다.

반가 한옥에서 가장 중요한 공간은 높은 기단에 마련한 안채와 사랑채며 대부분 아름다운 팔작지붕으로 구성했다. 특히 높은 기둥을 세워 만든 날렵한 누마루 구조는 사랑채의 품격을 완성시키는 최고급 목조 공간이었다.

팔작지붕은 네 귀의 처마 끝이 솟아 있고, 용마루와 내림마루, 추녀마루를 모두 갖춘 가장 화려하고 장식적인 지붕으로 처마의 곡선이 부드러워 따뜻한 조형미가 느껴진다. 한 집안에서도 건물의 기능이나 크기에 따라 지붕 형태를 달리해 우진각지붕이나 맞배지붕을 사용하기도 했으며, 지붕은 회색 점토 기와로 덮었다. 한옥의 기와는 암키와(평기와)와 수키와(둥근 기와)의 간격이 넓어 골과 골 사이가 비교적 너른 편이다. 집채는 높낮이에 차이가 있어 지붕에도 위계가 형성됨으로써 리드미컬한 아름다움이 돋보인다.

이러한 채들의 구조적 특성은 유연한 선적 구성과 직결된다. 기단이 형성하는 수평선과 기둥이 형성하는 수직선 그리고 다시 유연한 처마선과 용마루선 등이 서로 대립하면서도 조화를 이루며, 거기에 세부적으로 형성되는 지붕기왓골의 숱한 선들과 창호의 살 짜임새가 이루는 선 그리고 목재의 섬세한 나뭇결 들이 어우러져 오묘한 통일성을 창출해 낸다.[6]

창호와 벽면이 주는 면적 아름다움

한옥의 창호는 창과 문이 기능적으로 완전히 구분되기도 하고 혼용되기도 했다. 문(戶)으로만 사용되는 것은 맹장자(가장 많이 사용되는, 광선을 막기 위해 두꺼운 맹장지를 바른 문), 판장문(나무 널로 짠 문으로 대청 뒤쪽 덧문이나 부엌, 창고의 문), 골판문骨板門(문짝의 틀에 널빤지를 끼워 만든 문), 도듬문(울거미에 가로세로 살을 짜 대고 종이를 바른, 다락 등의 문), 불발기문(중앙에만 창호지를 바른 분합문) 등이고, 창으로만 사용되는 것은 다양한 살창(살대를 나란히 세워 낸 창)을 만들어 집의 외관과 입면의 다양성을 살려 주었다. 가장 많이 사용한 것은 띠살문이었지만 아자창亞字窓, 만자창卍字窓, 정자창井字窓, 귀자창貴字窓처럼 좋은 일과 행복을 기원하는 의미를 담은 한자를 채용하거나 기하학적 창살을 나름대로 아름답게 만든 다양한 형태도 많았다. 한 집에서도 모두 동일한 창살을 사용하지 않았으며 공간의 기능이나 크기를 고려해 채택했다. 이처럼 다양한 창살 문양은 채색이 배제된 한옥의 입면을 화사하게 꾸며 준 중요한 장식 요소였다.

대문과 중문 치장

대문은 집주인의 신분과 부 그리고 문의 위치에 따라 다양한 형식이 있는데, 가장 격식을 갖춘 형식이 '솟을대문'이다. 양반의 위엄을 드러내는 솟을대문은 대문이 설치된 행랑채의 지붕보다 한층 높이 솟은 지붕을 얹은 대문으로, 가마를 타고 바로 들어가기 위해 지붕을 높였다 한다. 지붕 형태는 대부분 맞배지붕이다. 대문은 커다란 여닫이 판문으로, 잠금장치에는 복을 비는 거북이 장식을 하기도 했다.

중문은 집채들을 이어 주는 집안의 통로로 대문보다 소박하고 각 영역을 에워싸는 담장이나 부속 건물의 일부에 설치했다. 마당과 마당이 연결되는 지점에 위치해 남녀·내외의 구분과 계급의 상하를 담장이나 사잇문으로 경계 지었는데, 집의 공간 배치에 따라 다양한 형태를 지녀 평문, 일각문 등으로 분류한다.

현재 남아 있는 반가는 대부분 종가 한옥이고 이러한 종가는 동족 부락의 위계에 따라 좋은 위치에 세웠다. 특히 지형적으로 산을 낀 곳이 많아 담장은 대부분 경사를 갖게 되었다. 이때 경사면을 따라 만든 담장은 윗면이 경사지는 게 아니라 수평으로 단을

정여창 고택의 솟을대문

만들기에 독특한 율동미가 돋보인다.

온돌방과 대청, 누마루의 구조적 조화

반가 한옥의 공통된 공간 특성은 채와 방의 분화다. 여러 동의 채는 기능에 따라 다시 여러 공간으로 구획되었다. 실내 공간은 온돌방과 대청, 마루방, 툇마루, 누마루의 조합으로 구성되었다. 각 공간은 개별적으로 고유한 기능과 역할이 분명했다. 구조적 성격의 차이가 다른 공간들의 조화와 어울림은 한국의 계절적 기후에서 오는 상이한 자연 환경에 적용됨은 물론 일상과 비일상의 모든 예제적 규범을 수용하면서도 공간 구조와 규모는 지극히 인간적인 따뜻함과 편안함을 반영한 것이기도 하다. 좌식 생활에서 온돌이나 마루 구조는 모두 체감적 생활방식과 연결되어 한국인 특유의 공간적 쾌적감을 갖게 했다.

누마루는 반가의 권위를 상징하는 누각 형식의 마루로 대개 사랑방에 이어져 있는데, 한옥의 외관에 특색을 부여하는 조형미가 뛰어나다. 바닥을 지면보다 높이 띄워 지열과 습기를 피하고 통풍이 잘되는 고상식高床式 구조로, 3면이 시원하게 트여 있어 자연풍광을 음미하며 지적 교류와 풍류를 즐기는 공간으로 활용했다.

한옥은 기가 있는 유기적 공간

조선시대의 한옥은 단순한 물리적 공간이 아니라, 함께 살며 기가 통하는 유기적 공간이었다.

집을 지을 때는 반드시 상량문을 지어 대들보 안에 넣는 의식을 치렀다. 18세기 사대부가의 주거 문화에 대한 기록인 홍경모洪敬謨의 《사의당지四宜堂志》에는 안채와 '징회각'의 상량문이 실려 있는데, 집을 기쁘게 얻은 데 대한 여러 이야기와 집을 통해 더 많은 복을 염원하는 내용이다. 집을 소중히 여기는 경건한 자세가 고스란히 드러나 있는 것이다.

또한 중요한 채나 방에는 반드시 '편액'을 걸었는데 대표적인 것이 현판으로, 공간에 나름의 의미를 부여한 '집 이름'이었다. 편액은 중국 한나라 때부터 사용했다 한다. 누정을 지었을 때도 축하하는 시나 글을 담은 편액을 걸어 놓았는데, 대부분 자연과의 합일이나 예찬을 담았다.

편액의 한 유형인 '주련'은 집 전면에 세운 네모기둥에 붙였으며, 주로 유명한 한시의 좋은 글귀를 담았다. 이 같은 공간과의 독특한 교감 방식에서 조선 선비 문화의 품격을 엿볼 수 있다.

노안당의 현판(아래)과 주련

상류 반가 한옥의 사례와 특성

O3

궁궐 속의 반가, 연경당

연경당演慶堂은 창덕궁 내 궁궐 전각 중 유일하게 사대부 반가 형태를 한 120여 칸의 궁가宮家로, 1828년(순조 28) 왕세자 효명세자(1809~1830, 후에 익종으로 추존)가 아버지인 순조를 위해 진장각珍藏閣 옛터에 지었다 한다. 현재의 연경당 건물은 고종 때 새로 지은 것으로 추정되며, 본래의 모습과는 많이 다르다.

정면 여섯 칸, 측면 두 칸의 단층 팔작지붕 집으로, 정간正間(건물 중앙의 칸 또는 방)은 넓고, 앞에는 좁은 툇간退間(집채의 원 칸살 밖에 딴 기둥을 세워 붙여 지은 칸살)이 있다. 반가와의 차이점은 왕실의 특성상 안채에 부엌이 없고, 남향하여 동서로 나란히 배치된 안채와 사랑채를 한 채로 연결시킨 점이다. 단청을 생략하고 가묘(사당)가 없는 점도 다르다.

연경당 앞으로 흐르는 명당수를 건너면 제일 먼저 정문인 장락

연경당 안채

문長樂門이 보인다. 장락문은 달나라 신선의 궁전인 '장락궁'에서 따온 이름으로, 신선처럼 아무 근심 없는 세상에서 살고 싶다는 염원을 담았다고 한다.

사랑채 옆의 부속 건물인 선향재善香齋는 차양을 덧붙인 벽돌 구조로 서재 겸 응접실로 썼다. 한가운데에 넓은 대청을 두고 양쪽에 온돌방을 앉혔으며, 지붕 위로 햇볕을 막는 차양을 설치했다. 서향에 위치해 오후에는 햇볕이 집 안 깊숙이 비쳐 책들이 손상되는 걸 막기 위한 지혜가 엿보인다. 후면 언덕에는 마루방 한 칸 정도의 작은 정자인 노정당이 있다.

연경당은 매우 단출하고 아담해 조선 사대부 반가의 형태를 잘 보여 주며, 2012년에 보물로 지정되었다.

대원군의 위세가 서린 왕가, 운현궁

서울시 사적 257호로 종로구 운니동에 위치한 운현궁雲峴宮[7]은 조선 26대 임금, 고종의 부친인 흥선대원군의 사저로, 지금껏 잘 보존되어 조선 후기 반가의 모습을 잘 보여 준다. 고종이 출생해 열두 살까지 살던 잠저潛邸(임금이 되기 전 살던 집)이기도 한데, 당시 궁궐보다 더 큰 위세를 누렸다 한다. 운현궁 터는 고종이 등극한 후 대원군이 대폭 확장했다.

운현궁은 크게 세 채로 나뉘는데, 본래 안채였던 노락당, 사랑채인 노안당 그리고 후대에 지어진 이로당으로 구성된다. 입구로 들어서면 오른쪽에 집을 지키던 사람들이 머물던 수직사가 보이고, 그곳을 지나면 노안당老安堂에 이른다. 사랑채인 노안당은 대원군의 거처로 정면 여섯 칸, 측면 세 칸의 ㄱ자형인데, 정면에 세 칸 규모의 대청이 있으며 그 안쪽에 방들이 연이어져 있다. '노안'이란 《논어》의 '노자를 안치하며'라는 글귀에서 인용한 것으로, 대원군이 아들 고종이 왕이 되어 노년을 편히 살게 되어 흡족하다는 뜻과 노인들을 잘 모셔야 한다는 치국 이념을 담은 것이라 한다.

노안당 측면 대청 옆 툇마루는 삼면을 두른 난간을 둘러쳐 작은 누처럼 썼다. 바닥은 우물마루며 난간은 아주 섬세하고 아름다운 기하문으로 장식했다. 노안당 편액은 추사 김정희의 글씨를 집자해서 만들었다 하며, 처마를 이중으로 두른 보첨도 볼거리로 꼽힌다.

노안당 옆으로 이어지는 노락당은 운현궁에서 가장 크고 중심이 되는 건물로, 정면 열 칸, 측면 세 칸 규모며 전체적으로 ㅁ자 구조다. 명성황후의 왕비 수업이 행해졌고, 고종과 가례를 올린 곳이기도 하다. 노락당의 안 행랑채는 이로당과 경계를 이루면서 중문으로 연결된다.

안으로 더 들어가면 안채로 쓰던 이로당이 있는데, 대원군의 부인인 민씨가 살림을 하던 곳이다. 고종과 명성황후의 가례 후,

노안당 툇마루
노락당 전경

노락당을 안채로 사용하기 어려워지자 1869년 새 안채로 축조했다. 정면 여덟 칸, 측면 일곱 칸에 마당을 가운데 둔 ㅁ자 구조인데, 작은 마당이 마루로 둘러싸여 있어 안채 특유의 폐쇄성이 반영된 구조임을 알 수 있다. 뒤뜰에는 물맛이 아주 좋았다는 큰 우물이 남아 있다. 이로당 앞 작은 기념관에는 대원군의 쇄국정책을 알리는 척화비와 고종과 명성황후의 가례 모습 등의 모형을 전시하고 있다.

'백의정승'의 집, 윤증 고택

윤증尹拯(1629~1714)은 조선의 성리학자로 소론의 지도자였다. 본관은 파평, 호는 명재明齋로, 우의정 임명을 마다해 '백의정승白衣政丞'이라 불리기도 한 대학자다.

충남 논산시 노성면 교촌리에 위치한 윤증 고택은 구조가 간결하면서도 짜임새가 매우 건실해 조선 후기 향촌 사대부가의 멋을 잘 보여 준다. 크게 안채, 사랑채, 대문채, 곳간채, 사당으로 구성되어 있고, 주변에 황토방, 초연당, 정려비각, 연못 등을 배치했다. 이 고택에는 특이하게 집 전체를 둘러싸는 담이 없다. 이런 구조적 특징 때문에 대문도 없고 사랑채가 바깥에 노출되어 있는데, 집 앞의 진입로와 단이 대문 역할을 한다.

안채는 사랑채 왼쪽으로 비껴 난 중문을 통해 들어가는데 문에서 안채가 바로 보이지 않도록 맞은편에 '내외벽'이라는 널빤지 벽을 쳐서 돌아 들어가게 했다. 정면 여덟 칸, 측면 다섯 칸의 ㄷ자 형태 건물로 총면적 약 170제곱미터에 방, 마루, 부엌으로 이루어져 있다. 방은 안방, 건넌방, 작은 건넌방, 윗방, 고방(창고용 방), 마루방(바느질 방)으로 구분한다.

사랑채는 정면 네 칸, 좌측면 세 칸, 우측면 두 칸의 대문채와 연결되어 있는 ㄴ자 형태의 건물로 정면 네 칸, 측면 두 칸 규모에 1고주(외부 기둥 외에 내부에 기둥이 하나 더 있는 것) 5량(도리가 다섯 개인 것) 가구로 짠 납도리집이다. 중앙에 큰 사랑방, 그 왼쪽에 누마루방, 오른쪽에 대청마루가 있으며, 누마루방 뒤에 작은 사랑방이, 대문채에 연결된 안 사랑방과 누마루방의 하부에 부엌이, 큰 사랑방 뒤에 작은 고방이 있다. 건물 배면에는 작은 사랑방에서 대청까지 이어지는 쪽마루가 설치되어 있어 서로 직접 통할 수 있다. 대청마루는 세 면이 열려 있는 구조로, 앞쪽은 바깥쪽을, 오른쪽은 뜰을, 뒤쪽은 사당을 향해 열려 있어서 주변과 다양한 관계를 유지하는, 쓰임새 많은 공간이다.

그 외 큰 사랑방은 집안의 제일 웃어른이 이용하는 공간이었으며 작은 사랑방은 혼인한 아들이 주로 이용했다.

누마루는 이 고택의 독특한 공간으로 망루 같은 특성을 지니고 있다. 누마루방은 큰 사랑방보다 약 40센티미터 정도 높게 위치해

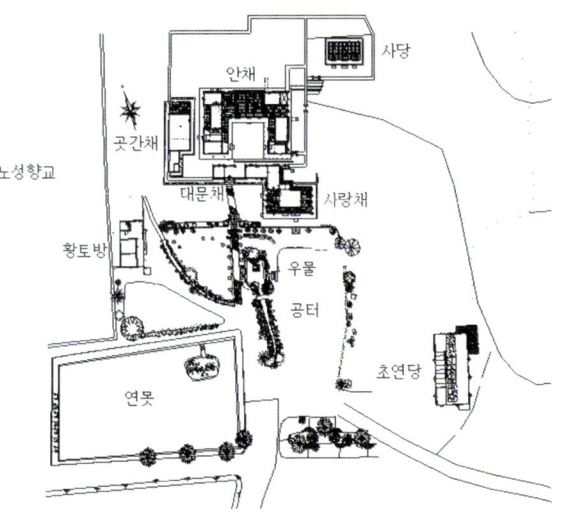

윤증 고택 배치도
사랑채

있는데, 가문의 큰 행사는 물론 손님 접대를 하거나 차를 마시며 사색을 즐기는 공간으로 썼다. 누마루와 툇마루 쪽 문 위의 퇴보退樑(툇간에 건 보)에는 편액이 걸려 있다.

누마루방의 바닥은 귀틀에 마루청 판을 꽂은 우물마루다. 널의 방향은 앞쪽 한 칸이 도리 방향이고, 안쪽 한 칸은 보 방향이다. 외벽에는 머름대를 만들고 여닫이 세살문과 4분합 들문을 달았다. 정면 분합문을 들어 처마에 걸면 정원과 연못 등 주변 풍광이 한 폭의 그림처럼 담긴다. 누마루의 높이는 정면 기단에서 약 1미터며, 아래 공간은 개방되어 있다. 안쪽의 한 칸은 아궁이가 있는 부엌이다.

남한의 3대 명당, 운조루

전남 구례군 토지면 오미리에 위치한 운조루雲鳥樓는 조선 영조 때 낙안 부사를 지낸 류이주柳爾冑가 지었다는 99칸 대저택이다. 규모나 구조가 당시 상류 반가의 모습을 잘 보여 주며, 1968년 중요민속자료 8호로 지정되었다.

운조루는 풍수지리상 남한의 3대 길지 중 하나로 꼽히는데, 그 명칭은 큰 사랑채 이름으로 '구름 속의 새처럼 숨어 산다'는 의미라 한다. 대지 약 4600제곱미터(1400평), 건평 약 900제곱미터(273평)으로, 동서 최장 길이 약 55미터, 남북 최장 길이 약 47미터인 방형의 터에 남향으로 자리 잡고 있다. 문중 문서에 따르면 한 때는 농토가 883마지기에 달했고, 대한제국 말까지도 한 해 농사에 투입된 인원이 200~400여 명에 이르렀다 한다. 그러나 지금은 70여 칸으로 줄어, 과거의 위세를 찾아볼 수 없으며 저택 관리도 제대로 안 되고 있다.

전체 형국은 산자락의 지형을 이용해 대문채에서 안채로 갈수록 약간씩 높아지는 구조다. 가옥 배치를 보면 중앙에 가옥의 중심인 사랑채와 안채가 자리하고, 그 앞에 대문채를 놓았으며, 사당은 두 칸으로 안채 동북쪽에 별도의 담장으로 분리시켰다. 안채와 사랑채는 1776년에 지었다. 전체 구성은 안채, 안채전행랑, 큰사랑채, 중간 사랑채, 바깥사랑채, 외행랑 그리고 사당과 마당으로 되어 있다.

ㅁ자형 안채는 36칸으로 높이 약 60센티미터의 활석을 쌓아올린 기단 위에 있으며, 초석으로 큰 괴석을 사용했다. 익랑翼廊(문의 좌우에 잇대어 지은 행랑)과 익랑 위 중층 층루의 모양이나 규모 등은 모두 초창기 모습을 그대로 유지하고 있다.

사랑채는 세 채가 있는데, 주인이 기거하던 16칸의 큰 사랑채는 대문을 들어서면 정면에 높이 약 1미터의 축대 위에 있으며, 중문 쪽이 온돌방, 가운데가 마루방, 서쪽 끝이 누마루 형식으로 되어 있다. 중간 사랑채인 귀래정歸來亭은 여섯 칸이며 주로 손님을

1800년 전후 운조루의 모습을 담은 〈전라구례오미동가도〉

접대했다.

원래 사랑채 기단 아래에는 화분과 괴석 들을 놓고 가산도 있었지만, 지금은 나무를 심어 놓았다. 담장으로 막혀 있는 사랑채 후원도 예전에는 화분과 괴석 들로 꾸몄다. 큰 사랑채 후원의 나무청(땔나무를 보관해 놓는 곳)에서 안채 후원으로 통하는 협문은 독립된 문으로 양쪽에 담장이 연결되어 사랑채 후원 담장과 외곽 담장을 남북으로 잇고 있다. 나머지 두 협문은 모두 행랑에 딸려 있는데, 하나는 안채 동익랑에서 사당 중문으로 통하는 문이고, 다른 하나는 중외사(중간 사랑채)와 하외사(하인들이 기거하는 바깥사랑채) 사이에 자리해 안채전행랑(안채와 마주한 행랑) 앞마당과 큰 사랑채 앞마당을 연결한다.

마당은 안채 안마당, 사랑채 앞마당, 안채전행랑 앞마당이 품品자형으로 배치되어 있다. 바깥행랑채 앞에는 마당이 없이 바로 긴 연못이 가로놓여 있는데, 연못 한가운데의 삼신산은 각종 연화를 비롯한 화초들로 꾸며져 있다. 연못은 앞산이 화산이어서 화기를 막기 위해 조성했다는데, 원래는 약 660제곱미터(200평)에 달했지만 지금은 일부만 남아 있다.

자유롭고 활달한 유기적 구조, 선교장

강원도 강릉시 운정동에 자리한 선교장船橋莊은 효령대군의

11대손으로 전주 출신 대지주 이내번李乃蕃(1703~1781)이 지어 후손들이 대를 이어 살고 있는 상류 반가로, 풍수지리상 길지로 전한다. 집터가 '뱃머리'를 연상시켜 '선교'장이라 명명했다 한다.

안채·사랑채·동별당·서별당·행랑채·사당·정자를 고루 갖춘 대저택인데, 사랑채인 열화당과 작은 사랑채는 1815년에, 정자인 활래정과 연못은 1816년에 만들었다 한다. 현재의 안채는 상량문 기록에 따르면 1853년에 지었는데, 소실 등의 이유로 중수한 걸로 추정된다. 건물은 모두 11동으로 주 영역인 본채는 안채와 사랑채, 행랑채로 구성된다. 총면적 약 550제곱미터(168평)에, 부속 동으로는 동·서 별당과 활래정, 사당 등 세 동이 있다. 그 밖에도 건물 사이에 자리한 마당 공간과 집 밖의 부속 동들이 있다.

건물 양식은 오량五樑 가구의 단순한 납도리집으로 팔작지붕에 홑처마며, 웅장한 외관은 상류 주택의 전형을 보여 준다. 안채와 사랑채가 명확히 구분되어 있으며, 너른 마당에 여유로운 공간 배치와 유기적 구조가 자유롭고 활달한 느낌을 준다.

안채는 중부의 한옥 양식인 ㄱ자형으로 안방·대청·건넌방·대청·부엌으로 구성되어 있고, 안뜰이 딸려 있다. 동쪽으로는 동별당, 서쪽으로는 서별당과 연결되는 매우 넓은 영역을 차지하고 있어, 당시 여성들의 거주와 활동 규모를 짐작케 한다.

선교장의 대표적 건물인 사랑채, '열화당'은 누마루 형식의 운

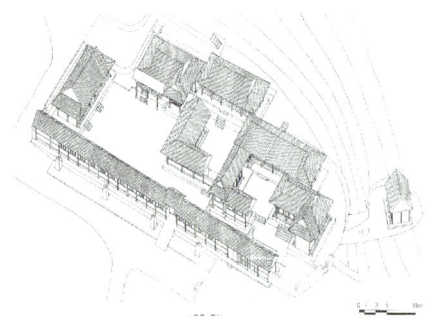

선교장 채 배치도
열화당 전경
선교장 전경

치 있는 구조로, 정면 네 칸, 측면 세 칸의 거의 일자형 평면을 이룬다. 대여섯 계단을 올라가도록 높직하게 위치하는데, 대청·사랑방·침방·누마루로 구성되며, 전면에는 너른 마당이 있다. 이내번의 후손으로 '안빈낙도'를 신봉한 오은繁隱처사 이후李厚가 순조 15년(1815)에 지었다 한다.

행랑채 앞 넓은 터에는 커다란 연못과 활래정이 있는데, 정자는 ㄱ자형으로 방과 누마루로 조성되어 있다. 연못 중앙에 쌓아 올린 삼신산에 심어진 한 그루 소나무가 사대부가 고유의 운치를 더한다.

'동방 4현'의 기품이 가득한 반가, 정여창 고택

경남 함양군 지곡면 개평리에 위치한 정여창 고택은 조선 전기, 성리학의 대가이자 '동방의 4현'으로 추앙받던 정여창鄭汝昌(1450~1504)의 저택으로, 그의 호인 일두一蠹를 빌려 '일두 고택'이라고도 한다. 그가 타계한 뒤, 1570년경에 후손이 건립했다고 알려지며, 양반 대가의 전형으로 꼽힌다.

고택에는 양반가의 정갈한 기품이 가득한데, 마당은 항상 햇살로 가득하고 사방으로 바람이 넘나들어 밝고 시원한 느낌이다.

약 1만 제곱미터(3000평)에 이르는 너른 대지 위에 사랑채, 안채, 별당(안사랑채), 사당, 곳간 등 크게 다섯 건물, 열여섯 동이 별도의 담장으로 구분되어 있다. 안채는 1690년에, 사랑채는 1843년에 건립되어 시기적으로 차이가 있다.

솟을대문이 있는 대문채는 둥글둥글한 냇돌로 쌓은 화방벽의 자연미가 돋보이며, 쪽마루를 두어 좌우 두 칸씩 네 칸의 방에, 왼쪽 끝에는 사랑 측간을 두었다.

대문채를 들어서면 사랑 마당을 앞에 두고 오른쪽에 사랑채, 왼쪽에 곳간채가 있다. 사랑채는 ㄱ자 팔작집으로, 전후퇴(집채의 앞뒤로 다른 기둥을 세워 만든 작은 칸살)를 갖춘 두 칸 사랑방을 중심으로 왼쪽에는 대청이, 오른쪽에는 두 개의 온돌방이 있고, 제일 오른쪽 끝에는 위풍당당하고 수려한 모습의 누마루가 이어져 있다. 높은 돌 축대는 안채와 아래채의 높이에 맞추려 쌓은 것이다. 사랑채의 편액에는 '흐트러진 마음을 맑게 하는 곳'이라는 뜻으로 '탁청재濯淸齋'라고 쓰여 있다.

사랑채 옆, 곳간채 중간의 일각문과 중문을 거쳐 들어가는 안채는 남향의 일자형 건물로, 오른쪽에는 안사랑채, 왼쪽에는 아래채가 있고, 뒤쪽에는 겹처마에 단청이 화려한 세 칸짜리 사당이 별도의 담장으로 구획되어 있다.

사당은 유일하게 단청을 사용한 공간으로, 녹색과 주칠로 화사하게 채색했으며, 그 옆에는 다섯 칸에 두 칸 크기의 큰 곳간채가 있다.

정여창 고택의 중행랑채, 아래채, 안채
(사진 왼쪽부터)

원형 그대로의 상류 반가, 김동수가

전북 정읍시 산외면 오공리에 있는 김동수金東洙 가옥은 전형적인 상류층 반가로, 당시 전라도 일대를 풍미하던 풍수 도참사상에 입각해 지었다 한다. 6대조 김명관金命寬이 1773년부터 짓기 시작해 11년째인 1784년(정조 8)에 완공했는데, 그는 이 집터가 명당이어서 기운이 적어도 12대까지는 이어지리라 믿었다고 전한다.

마을 앞에는 동진강 상류가 서남으로 흐르고 뒤로는 창하산蒼霞山이 둘러져 있어 전형적인 배산임수 지형이며, 대문 앞쪽에는 약 100제곱미터(30여 평) 넓이의 연못이 있다. 대지는 동서 65미터, 남북 73미터의 장방형 담으로 둘러싸여 있고, 대문채, 사랑채, 중문채, 안채, 안사랑채, 사당, 외양간, 호지護持집(노비의 거처)으로 구성된 ㅁ자형 대규모 저택이다. 집채는 모두 남동쪽에 자리했다.

솟을대문으로 들어서서 좁은 마당을 지나 중문을 거치면 바깥행랑채가 나오며, 이어서 아담한 사랑채가 보인다.

이 집에서 가장 화려한 일자형 사랑채는 부엌이 독립된 점이 독특한데, 정면 다섯 칸, 측면 세 칸에 고주를 세우고 안쪽으로 방을 설치했으며, 그 앞뒤에 툇간을 두었다. 방 두 칸에 뒷방 한 칸이며, 부엌과 안광(內庫)을 제외하고는 전부 마루를 깔았다. 남동쪽에 대문채가 있다.

안행랑채의 안대문을 들어서면 안채에 이르는데, 여섯 칸 대청

김동수가 사랑채

을 중심으로 좌우대칭의 방이 하나씩 있고, 좌우 앞쪽으로 돌출된 부분에 두 칸 크기의 부엌이 날개처럼 배치되어 있다.

안채의 왼쪽에 자리한 별채인 안사랑채는 일자형 평면으로 정면 다섯 칸, 측면 한 칸 반의 규모다. 역시 중앙에 대청이 있고, 좌우에 방이 있으며 왼쪽 단부의 한 칸은 부엌으로 쓴다. 본채를 지을 때 김명관이 목수들과 임시로 거처하기 위해 지었다고 한다. 원래는 안사랑채 앞에 부속 건물이 한 채 더 있었다지만 현재는 남아 있지 않으며, 기록으로 보아 고직사庫直숨(건물을 수호하는 '고지기'의 거처)로 판단된다.

안채 북쪽에 위치한 작은 사당은 정면 한 칸, 측면 한 칸 구조다. 저택 인근에 배치했던 여덟 채의 호지집은 현재 두 채만 남아 있다.

고택은 전반적으로 소박한 구조지만 대문채에서 안채까지의 공간이 다양하게 구성되어 있으며, 특히 돋보이는 점은 마당의 크기와 위치, 대문간에서 안채에 이르는 동선의 관계다. 안마당은 ㄷ자 형태의 안채 내부 마당과 안행랑채 사이의 긴 가로 마당이 만나서 아늑하다.

건축 부재는 비교적 섬약한 부재를 사용했는데 조선 후기 중류층 이상의 가옥이 지닌 특징 중 하나다. 후세에 보수나 개조를 하지 않아 거의 원형대로 보존되어 있으며, 잘 정비된 주위 환경과도 조화롭게 어우러진다.

반가 한옥의 전통 인테리어

04

 한옥의 특성을 이루는 것은 여유로운 기와골이 형성하는 다양한 지붕의 조화, 방과 대청, 툇마루의 닫힘과 열림 공간의 조화, 판문과 창살문의 다양한 조화다.

 반가 한옥에는 크기도 다양한 마루 공간이 의외의 위치에 있어서 깜짝 놀라기도 한다. 경북을 비롯한 많은 반가 한옥에서 대청이 아닌 마루방을 채의 한쪽에 마련하거나 수장 기능이 있는 마루 공간을 부엌이나 광의 상부에 만들었다. 그 외 전북 지역에서는 공루空樓라고 해 안채에 여성들이 여름에 쉴 수 있는 다락 공간도 심심치 않게 나타난다. 이처럼 한옥은 외견상의 규모에 비해 기능적이고 은밀한 공간이 많다.

 반가 한옥의 개별성은 각 채가 지닌 마당의 전경에서 그 미적 특성이 드러난다.

 한옥의 실내외에 많이 사용한 주목재는 한반도 전역에 가장 많이 퍼져 있는 소나무다. 소나무는 형태와 나무결에 따라 다양하게 선택했다. 금강송을 가장 으뜸으로 쳤으며 일반적으로 육송을 많이 사용했다.

반가 한옥의 대문을 들어서면 사랑채가 나오고 행랑채로 둘러싼 위치의 중문을 거치면 안채가 나온다. 공간의 위계를 의식하면서 채의 꺾임에 따라 자연스럽게 유도되는 동선의 흐름은 그리 녹녹치만은 않다. 공간의 중첩과 영역에 대한 사적 방어가 구성되는 것은 형태적 차이가 있을 뿐 중국이나 일본과 심리적 맥은 큰 차이가 없기도 하다.

바로 드러난 사랑채에 비해 중문을 거쳐 등장하는 안채의 전경은 매우 신비롭기까지 하다. ㅁ자형이 많은 반가 한옥의 안채는 마당을 둘러싼 각 방의 공간 거리에 따라 외관 이미지가 크게 다르다.

한옥의 외관에서 빼놓을 수 없는 것은 툇마루나 누마루에 만든 난간 장식이다. 다양한 문양으로 투각한 낮은 높이의 난간은 개방된 대청이나 툇마루 공간의 영역적 경계와 안전한 출입에 대한 신호이자 창살 창호와 연계되는 섬세한 장식미를 보여 준다.

무엇보다 역동적인 실내외 설비는 창호다. 특히 안채나 사랑채, 대청에 딸린 분합문은 여름철이면 들어 올려 사방으로 공간을 개방해 소통의 시원함을 얻는다.

I 공간 구조와 장식

안방, 한국 여성문화의 상징

안채 안방은 여성들만의 공간이다. 안방에 치장한 모든 인테리어 요소는 여성적이면서 가족의 행복과 안녕을 위한 상징적 문양과 채색을 사용했다. 부귀를 나타내는 모란꽃이나 한자의 복福, 오래 살라는 장수, 아들을 포함한 다산을 상징하는 석류나 포도, 박쥐 등의 문양을 곳곳에 사용했다. 등잔이나 놋쇠 화로 등에 많이 새긴 나비 문양 장식은 행복한 부부 금슬을 표현하며 침구는 음양오행에 따라 녹색과 홍색의 조화로 만들었다. 이러한 상징적 표현과 장식은 그림을 비롯해 가구의 금구 장식에 가상 많이 사용했으며 병풍이나 직물로 만든 용품에 자수로 치장했다.

사랑방, 한국 남성문화의 상징

안방에 비해 사랑채 사랑방은 남성들만의 공간이었으므로 가급적 장식을 배제한 절제 있는 인테리어가 특색이다. 유교적 선비의 품격을 내외적으로 표상하려고 한 만큼 병풍이나 서화의 그림도 가급적 서예나 산수화처럼 고졸한 내용이 많았다. 가구 역시 대부분 장식이 절제된 형태를 사용했다. 등잔이나 화로는 물론 직물로 만든 보료나 방석, 자리 등도 별 문양 없이 단순하고 기하학적인 형태의 장식을 사용했다.

대청, 반가 권위의 표상

대청大廳은 안채의 안방과 건넌방, 사랑채의 큰사랑방 앞 넓은 마루로, 조선시대 상류층의 권위를 상징하는 공간이다. 집채의 중앙에 위치해 공간면에서도 다른 방들을 지배하는 중심적 생활 기능을 했고, 오늘날의 거실처럼 각 방을 연결하는 기능도 했다. 안채의 대청은 '안대청', 사랑채의 대청은 '사랑대청'으로 불렸다.

대청의 바닥재와 구조는 바닥을 지면보다 높게 띄워 밑으로 통풍이 되게 했고, 외벽의 일부는 개방하거나 개폐를 쉽게 했다. 대청의 크기는 두 칸에서 여덟 칸까지 다양하며, 대개 마당에서 대청으로 오르는 기단과 그 위의 댓돌, 대청 앞쪽의 앞툇마루로 구성되었다. 대청의 크기에 따라 기둥 수도 다르다. 온돌방이 있어도 대청과 같은 마루방은 한옥에서 중요하게 쓰였다.

대청의 바닥은 계층을 가릴 것 없이 모두 우물마루로 마감했다. 우물마루는 짧은 널을 가로로, 긴 널을 세로로 놓아 우물 정井자 모양으로 짠 한국 특유의 마루 형태로, 사계절이 뚜렷해 온도와 습도 변화가 심한 기후에 알맞다. 한옥의 목자재로 많이 쓴 소나무는 대부분 휘어지며 자라는 특성이 있어 반듯한 형태의 판재를 얻기가 수월치 않다. 우물마루는 그런 단점을 보완하기 위해

강릉 해운정의 대청

착안된 형태로, 일반 바닥재처럼 단조롭지 않고 따뜻한 느낌을 주는 장식 패턴이다. 창덕궁의 대조전 대청은 여느 궁들처럼 우물마루가 아닌 기하학적 패턴의 마루인데, 아마도 조선 후기 외국 문물의 영향을 받은 것으로 보인다.

대청은 대부분 방과 방 사이에 위치하므로 양쪽 방으로 연결되는 분합문이 있고 전면은 대부분 개방한다. 전면에 분합문을 달아 겨울에는 닫아서 방한을 하고, 여름에는 들어 올려 통풍이 되도록 했다. 북측에 면한 곳은 대개 골판문을 달았다. 상류 반가에는 정침 대청 외에도 여러 개의 소규모 마루방이 있다.

대청 천장은 지붕의 서까래 구조를 그대로 노출시킨 연등천장으로, 한옥 목구조의 형상이 그대로 드러나 오히려 자연스런 장식미가 돋보인다.

대청은 조상께 제사를 지내거나 가신(城主)을 모시는 장소로 썼으며, 하인이나 몸종의 출입은 통제해 측근만 출입할 수 있었다. 대청 위에는 집의 내력이나 중수 시기 등을 기록한 기문記文을 두거나, 오언칠구나 좋은 시구, 또는 집안의 평안을 기원하는 주련을 기둥에 달기도 했다.

이처럼 우리 선조들은 집을 짓더라도 당호나 집을 지을 때의 상황이나 마음가짐, 또는 삶에 보탬이 될 문구 등을 새겨 눈에 잘 띄는 곳에 걸어 둠으로써 삶의 교훈으로 삼았다.

누마루, 상류층 교류의 장이자 현실 속 이상향

누마루는 다락처럼 한 층 높게 만든 누각 형식의 마루로, 한옥에서 가장 권위 있는 공간이라 할 수 있다. 건물 바닥을 지면에서 높이 띄워 지면의 습기를 피하고 통풍이 잘되도록 만들었다.

일반적으로 사랑방에 이어져 있으며 난간으로 둘러싸여 있는데, 3면이 탁 트여 시원하고 멋스러운 장소여서 자연 풍광을 음미하며 지적 교류와 친교를 나누는 공간으로 애용했다.

누마루는 경관 좋은 곳에 지은 정자와 밀접한 연관이 있다. 누마루는 집 안에서, 정자는 집 밖에서 자연을 관조하며 지적 교류를 나누고 풍류를 즐기던 공간이다. 사대부 반가에서는 이들 공간에서 시회詩會나 고회高會를 열어 시를 짓고 그림을 그리며 고품격 교류를 했다.

이처럼 우리 선조들은 자연을 만물을 생성하는 절대자로서 순수하게 동경해, 전망 좋은 부지에 누마루를 짓거나 야외의 풍광이 수려한 곳에 자연과 조화를 이룬 정자를 만들어 현실 속의 이상향으로 삼았다. 물질적 풍요보다는 정신적 가치를 우위에 두어, 현실적 만족보다는 자연과의 합일과 더 나아가 신선 사상에 입각한 도인이나 선인을 지향한 것이다. 누각이나 정자는 이런 사유를 구현하기 위한 이상적 공간이었다.

누마루는 형태상으로는 하부에 별도 기초를 두어 다른 실내보

정여창 고택의 누마루가 있는 사랑채
연경당의 누마루

다 높게 조성한 '고상식' 건물이고, 기능적으로는 여름 습기와 열기를 피하면서 조망과 휴식을 위한 공간이다. 대청마루는 대부분 한두 면만 개방하지만 누마루는 세 면을 개방해 외부의 수려한 풍광을 집안으로 끌어들인다. 따라서 안에서 밖을 바라보는 경관이자, 밖에서 보면 전체 집 모양의 수평성에 수직적 요소를 제공하는 상승 공간이 되어, 한옥의 조형미에서 큰 몫을 차지한다.

누마루의 난간은 추락 사고를 방지하기 위한 장치지만 그 자체만으로도 충분히 아름답다. 대개 머무르는 곳에는 계자난간을 두고 통행을 위한 곳에는 평난간을 두었다. 바닥은 역시 우물마루로 마감했으며, 사방의 벽에는 모두 창호를 냈는데, 분합문으로 조성해 여름에는 들어 올려 개방하고, 겨울에는 낮아서 한기를 막았다. 천장 역시 목구조를 그대로 드러낸 연등천장이다.

누마루에는 집주인의 이상이나 주변 풍광, 가문의 교훈이나 사상을 널빤지에 새긴 편액을 걸기도 했는데, 이 편액을 통해 집주인의 사고나 가풍을 엿볼 수 있다.

누마루가 있는 반가의 외관은 전반적으로 매우 산뜻하고 경쾌하면서도 우아하며, 궁궐 누마루의 축조 방식도 반가와 동일하다.

창호, 헛치레를 배제한 '불규칙성'의 미학

창살

한옥에서 창호는 매우 중요한 내·외부 장식 요소다. 외부로 드러난 창살 문양은 대부분 엇비슷해 보이는 한옥의 외관에 개성을 부여해 주는 주요한 외관 장식이다.

한옥의 창호는 장식을 안 한 듯 장식하고 전체 비례를 중시하며 공간 변화에 따른 율동감을 최우선으로 삼는다. 과장과 헛치레의 배제를 최상으로 여기는 한옥의 미적 기준이 여실히 반영되어 있는 것이다.

특히 한옥 창호의 독특한 특징으로는 '불규칙성'을 꼽을 수 있다. 행랑채처럼 기능을 중시하는 경우를 제외하고는 동일한 형태의 창이 거의 없다. 즉 한옥 창호의 구성에는 기능과 사용자의 위계·방위와의 관계, 사용 방식의 독창성 등이 가미된 치밀한 조형적 의도가 담겨 있다.

한옥 창호는 일본과는 반대로 한지를 창호의 안쪽 면에 붙이므로 창살의 문양 장식이 그대로 외부로 노출되어 장식 효과가 크다. 실내에서 보면 한지로 가려져 잘 보이지 않지만, 햇빛이나 달빛이 창호에 스며들 때 살대의 그림자가 그려 내는 은은한 조형미는 한옥이 지닌 아름다움 중 압권으로 꼽히기도 한다. 이처럼 창살 문양은 한옥의 실내외 모두에 특색을 살려 주는 주요 장식 요소로, 반가에서는 주거 공간마다 창살 문양을 달리해 다채로운 장식미를 꾀하기도 했다.

창호를 거론할 때 빼놓을 수 없는 것이 바로 한지다. 한지는 닥나무를 재료로 숱한 과정을 거쳐 만드는데, 특히 채광과 환기에 탁월하며 습도 조절 기능도 뛰어나 비올 때는 후줄근해졌다가 햇볕이 들면 다시 짱짱해진다. 그뿐만 아니라 바르는 한지의 겹 수에 따라 채광 조절도 가능하다.

창호지를 바를 때는 평활한 면이 문살에 붙게 되는데, 한옥은 온기 보호에, 일본 주택은 습기 방지에 주안점을 둔다.

조선시대 창호를 만드는 기술자인 '소목장'들은 매우 다종다양하면서 아름다운 창살 문양을 개발해 냈다. 중국의 창살 문양과 비슷한 기하학적 형태도 있지만 채색을 가미한 중국 창호의 전체 형태나 조형적 측면에서 볼 때 차이가 크다.

일본의 창호에는 잠금장치가 없지만 한국의 창호는 모두 잠금장치가 있다. 한옥의 사랑채와 안채 온돌방의 여닫이·미닫이문은 이중문으로, 안쪽 미닫이문에는 잠금장치가 없지만 바깥쪽 여닫이문은 안쪽 면에 잠금장치가 있다. 바깥문은 주로 열려 있는 반면 안쪽 미닫이문은 대개 닫혀 있어 실질적인 문 역할을 하는 경우가 많다.

창호는 크기, 개폐 방식과 구조, 기능, 용도 등에 따라 분류하는데, 개폐 방식은 여닫이가 대부분이다.

조선시대에는 궁궐과 사찰에만 단청이 허용되어, 반가는 사당 외에는 일체 채색을 하지 못했다. 회색 기와지붕, 하얀 벽, 갈색 나무 기둥이 하얀 창호지와 다채로운 창살 문양과 어우러져 빚어내는 소박하고 따스한 아름다움은 한옥만의 독특한 조형미를 형성한다.

분합문과 불발기문

한옥 창호에서 다른 나라에서는 보기 드문 특이한 장치가 바로 분합문分閤門이다. 분합문은 마루나 방 앞에 설치해 접어 열 수 있게 만든 큰 창살문으로, 분리가 가능해 상부에 매달린 긴 갈고리(들쇠)에 걸어 들어 올릴 수도 있다. 여름철에 공간을 개방해 시각적 시원함과 원활한 통풍을 도모한 한국 특유의 창호다. 이 들어올리는 분합문을 줄여서 '들어열개'라고도 부른다.

대청이나 누마루에는 대부분 4짝으로 구성된 4분합문을 설치했으며, 문짝 수는 집에 따라 차이가 있다. 김동수 가옥은 대부분 3분합문인데, 사랑채의 창호는 대청을 중심으로 가장 큰 창호가 4짝이나, 그 외 대청과 방, 방과 방을 잇는 들어열개 분합문은 3짝이어서 기능과 조형에 따른 의도적 구성임을 알 수 있다. 또한 창호의 크기도 거의 모두 달라서, 같은 종류·벽면·방향의 창호라도

대청마루의 들어 올린 분합문

동일한 치수의 창호는 거의 없고, 창호의 위치나 기능 등에 맞춰 저마다 고유 규격이 있다.

불발기문(연창문連窓門)은 문짝의 가운데 부분만 한지 살창으로 만든 4분합문으로 주로 대청과 방 사이에 설치한다. 한옥의 대청은 일반적으로 앞뒤가 확 트여 있어서 대청과 방을 연결하는 문을 한지로 발라서는 너무 약할 뿐 아니라 넓은 대청과 어울리지도 않는다. 그 때문에 문 안팎으로 두터운 맹장지를 발라 빛이나 찬 공기를 차단했는데, 채광을 위해 가운데만 한지를 바른 것이다.

보통 때는 4짝문 중 2짝만 '당길문' 용도로 열어서 쓰지만, 사람들이 많이 드나들 때나 한여름에는 문 전체를 들어 올려 보꾹에 매달린 들쇠에 달아매어 고정시켰다.

또한 문의 장식을 위해 중간 부분에 울거미를 집어넣고, 4각·6각·8각형 등의 틀 안에 격자·빗살·거북 문양의 창살을 넣어 문을 짰다. 일반적으로 불발기문은 8각 형태가 많지만 아亞자 살창으로 장식해 조화를 꾀하기도 했다.

2 가구의 유형과 특성

반가에서는 많은 가구를 사용했는데, 특히 안채와 사랑채에서 사용한 가구의 유형은 매우 다양했다. 대부분이 좌식 생활과 조화를 이루는 높이가 낮은 가구로, 대표적 유형으로는 서안과 문갑, 궤, 농과 장 그리고 사방탁자를 들 수 있다. 이와 더불어 좌식 식탁용 소반들도 다양하게 애용했다.

한국 전통 가구의 두드러진 특성 중 하나는 치수나 구성의 비례, 나무의 쓰임새, 장식이나 새김질 등의 모든 조형 요소가 가구마다 다른, 독창적 다양성이다.

조선 반가의 안방 가구와 사랑방 가구는 형태와 색조, 금구 장식의 문양 등에서 뚜렷한 차이가 있다. 여성들이 거처하는 안방은 엄격한 유교적 규율에 따른 외부와의 단절 속에서도 자신을 가꾸고 자연을 음미할 수 있도록 꾸몄으며, 자녀를 기르고 가정생활의 중심을 이루는 곳이므로 화목한 분위기 조성에 적합한 가구를 선호했다. 따라서 여성들의 정서에 맞는 다양한 기능과 형태의 화사한 가구를 주로 사용했다. 이에 반해, 사랑방은 가장의 거처여서 유교적 덕목에 걸맞게 꾸미고자 했다. 따라서 담백하고 격조 있는 디자인에, 책장이나 의걸이장처럼 면 분할이 크고 나뭇결이 섬세한 재질의 가구를 선호했다. 특히 풍류를 즐긴 반가의 선비들은 사랑방도 문갑이나 사방탁자, 서안과 책장 등으로 문향文香이 풍기도록 꾸며, 오늘날의 서재처럼 품격 있는 공간으로 조성했다.

반가에서 사용한 가구들의 조형미는 대략 세 가지로 요약할 수 있다.

첫째, 독창적 면 분할과 질서미다. 농과 장, 사방탁자의 정교한 면 분할에서는 매우 정연한 질서미가 돋보인다.

둘째, 목재가 지닌 특성을 최대한 살린 의장적 표현과 조형성이다. 대표적 예로 반닫이를 들 수 있는데, 목재의 재질과 나뭇결에 맞춰 장석裝錫(목가구나 건조물에 장식·개폐용으로 부착하는 금속) 문양을 부착했으며, 먹감나무같이 나무 본래의 무늬가 강한 경우는 이 무늬를 가구에 대칭으로 배열해 중심 의장으로 삼았다. 즉 최대한 살렸으며, 나뭇결이 없을 때는 평안도 '숭숭이반닫이'처럼 장석이 차지하는 비중을 키워 구조적 보강보다는 금구 장식으로 가구의 조형적 특성을 돋보이게 했다.

금구 장식인 경첩이나 앞바탕, 감잡이, 귀잡이, 자물쇠, 광두정의 문양과 형태는 물론, 재료인 거멍쇠·놋쇠·백통(白銅)을 선택할 때도 세심한 주의를 기울여 가구의 장식적 미감을 더욱 배가시켰다. 이 장석들의 문양은 대부분 길상 문양으로 가족의 건강과 행복을 비는 염원을 담았다.

셋째, 매우 기능적인 디자인이다. 가구의 기능과 용도, 배치 위치에 알맞게 조형도 변화시켰는데, 궤의 경우, 가벼운 물품은 '앞닫이' 방식으로, 무거운 물품은 '윗닫이' 방식을 적용했다. 반닫이도 '통자' 형태 외에, 고창반닫이같이 좀 큰 반닫이는 내부에 다양한 선반이나 작은 서랍을 만들어 수납의 다양성을 고려했다. 농과 장은 여닫는 문을 크지 않고 가볍게 만들어 열고 닫을 때 힘이 거의 들지 않도록 배려했으며, 내부에는 또 다른 미닫이문을 설치해 수납물 보호에도 공을 들였다.

서안書案은 평좌식平坐式 작은 책상으로, 상판의 길이가 짧은 것과 긴 것이 있다. 장소와 용도에 맞춰 독서용으로는 길이가 짧은 것을, 글을 쓸 때는 긴 것을 사용한다. 경상經床과 책상冊床의 두 종류가 있는데, 경상은 판의 양끝이 위로 말려 올라간 형태로 사찰에서 사용했고, 책상은 판이 일자로 뻗은 형태로 민가에서 사용했으나, 이후로는 둘 다 민가에서 사용했다.

문갑文匣은 문서방이나 책상 높이에 맞춘 단층의 낮은 수장구收藏具로, 특히 사랑방이나 안방에 필수적인 장식 겸용 가구다. 일반적으로 미닫이 창문의 아래쪽 벽면에 붙여 배치하는데, 소중한 문서나 문구 등을 보관하거나 완상품玩賞品들을 위에 진열했다. 안방용 문갑은 여성 취향에 맞게 화사한 재질로 만들고, 사랑방용은 선비들의 문방 생활과 어울리는 검소하고 안정감 있는 형태다.

궤櫃는 물건을 보관하는 장방형 상자로, 대부분 윗면을 여닫게 해 엽전과 같은 돈, 책, 곡식과 같은 무거운 물품을 수장하기 위한 가구를 지칭한다.

크기는 일정치 않으며 지역마다 독특한 조형미가 있는데, 큰

나전 칠 문갑
서안
반닫이
돈궤

것은 궤, 작은 것은 갑, 아주 작은 것은 독櫝으로 분류하며, 세부 구조에 따라 궤와 함函으로 분류하기도 한다. 주로 책이나 문서, 돈, 옷, 제기, 곡물 등을 보관했으며, 대표적인 궤로는 각종 물품을 보관하는 반닫이, 엽전을 보관하는 돈궤, 곡물을 담아 두는 뒤주가 있다.

반닫이는 '앞닫이궤'로 의류나 귀중품을 수장하는 기본적인 단층 수장구다. '반닫이'는 앞면의 한쪽 면만 여닫도록 되어 있어 붙은 이름이다. 전후·좌우·상하의 여섯 면을 막고, 앞면 상반부에 경첩을 단 문짝으로 상하로 여닫게 되어 있다. 크기는 대부분 높이 80센티미터 내외이고 앞면에는 커다란 금구 장식을 달았으며, 위에는 이불 등을 얹을 수 있도록 튼튼하게 짰다. 지역적 특색이 가미된 반닫이 장식들은 조형미가 매우 돋보인다.

우리나라는 사계절이 뚜렷하고 한서 차가 심해, 다양한 의복을 수납해 편리하게 사용할 수 있는 반닫이를 애용했는데, 계층에 구애받지 않아 오히려 장이나 농보다 더 필수적인 혼수 용품으로 썼다.

농籠과 장欌은 외형적으로는 유사하나 구조가 다르며, 개판蓋板(맨 위에 지붕처럼 댄 나무판)의 유무에 따라 구별한다. 장에는 몸체보다 좌우로 약 3~4센티미터 더 큰 개판이 있고, 몸체는 층별로 분리되지 않고 통으로 쓴다. 중앙에는 두 짝의 문판을 달고, 2층, 3층 등으로 칸을 지어 붙박이로 만든다. 그런 반면 농은 개판이 없이 몸체와 천판天板이 같은 상자 형태로, 중앙에 문판을 달고 한 층씩 따로 만들어 2, 3층으로 포개 얹었으며, 이마받이나 네 귀의 기둥도 없어 단순한 것이 특징이다.

농은 상하 층별로 분리해 분리 수납이나 이동이 가능한데, 이는 방문 크기나 사용 공간 등을 다각도로 고려한 것으로, 가구 사용에 대한 깊은 배려를 엿볼 수 있다. 장과 농의 여닫이문 안에 또 하나의 미닫이문을 만들어 보관 용품이 밖으로 쏟아지지 않도록 한 것도 그런 배려의 일환이라 할 것이다.

농은 나무 외에 다른 자재로도 만드는데, 나무로 만든 몸체에 종이를 두세 겹 발라 꾸미는 목골지장법이나 종이로만 겹겹으로 부付해서 만드는 지농紙籠, 갈대를 엮어 만든 갈대농, 자개를 박아 꾸미고 옻칠을 한 자개농, 쇠뿔을 얇게 펴서 채색 그림을 그린 후 이를 목기물 위에 붙여 장식한 화각농華角籠, 수놓은 천을 가구 전면에 붙인 수농繡籠 등이 있다. 자개농, 화각농, 수농은 주로 상류층에서 썼다.

농의 종류는 또 용도에 따라 의농衣籠, 버선농, 실농으로 나뉘고, 개판이 있는 것은 개판농, 발이 없는 함을 포개 놓은 것은 함농函籠이라 한다. 주재료에 따라 오동롱, 먹감나무롱, 자개농, 죽장롱, 지농, 주칠롱, 수농, 삿자리롱 등으로도 불린다.

장은 조선시대 상류 가정에서 가장 많이 사용한 대표 가구로, 그릇이나 의류, 침구 등을 넣어 두는 수장구다. 옷장을 비롯해 머릿장, 이불장, 의걸이장, 서장書欌, 탁장卓欌, 찬장 등으로 분류하며, 단층장부터 5층장까지 있다.

  여닫이문이 층마다 달려 있으며, 상하로 칸을 지어 마치 서랍 같은 묘미를 지녔는데 실제 서랍이 달린 장도 있다. 주재료에 따라 지장, 비단장, 화각장, 삿자리장(대삿자리로 만든 장), 죽장, 용목장(느티나무로 만든 장), 자개장, 화류장(모과나무로 만든 장), 먹감나무장 등으로 분류하며, 장의 층수와 금구 장식에 따라 나비 이층장, 원앙 삼층장, 난초장 등으로도 불린다. 최상류층은 임금이 하사한 내사장內賜欌 같은 고급 장을 사용했고, 중류층 이상은 먹감나무장, 용목장, 오동장 등을 썼다.

  사방탁자는 서책이나 완상품을 진열할 수 있도록 네 기둥에 정방형의 층널만 너덧 개 얹은 선반 가구다. 층마다 널빤지로 판을 짜서 사방이 터지게 만들어 사방탁자라 부른다. 제일 아래층을 수납장으로 만들거나 수납장 위에 두 개의 서랍을 곁들이기도 하며, 2, 3층의 층널 양면, 또는 뒷면을 막기도 하는 등, 다양하게 조형미를 꾀할 수 있고 시각적으로도 시원한 아름다운 가구다. 사랑방에서는 문방 가구로, 안방에서는 완상품 등을 진열하는 장식 가구로 이용했으며, 대개 쌍으로 배치했다.

나전 칠 2층장
머릿장
사방탁자

조선시대의 검소한 문방 생활에 운치를 보태 주는 대표 가구답게 문판에는 자연의 나뭇결을 살린 부재를 썼고, 기능상으로도 꼭 필요한 경첩·앞바탕·들쇠(반달 모양의 쇠손잡이) 외에는 금구 장식을 삼갔다. 재료도 거멀쇠(목재를 붙일 때 단단히 맺기 위해 쓰이는 쇠)나 주석을 사용했다. 가느다란 기둥들과 가로지른 쇠목의 비례가 돋보이며 결구 기법도 뛰어나, 조선의 공예미를 대표하는 가구로 꼽힌다.

사방탁자와 구조는 동일하나 높이가 낮은 장방형 탁자를 '장탁자長卓子'라 하는데, 대부분 전면 폭이 넓고 깊이가 얕으며, 주로 안방용으로 썼다. 밑 부분에 수납장이 있고, 용도에 따라 책탁자와 다탁자茶卓子로 분류한다.

조선시대 반가의 가구들은 기능은 물론 의장적 표현에서도 부족함이 없었다. 자개장이나 화류장같이 화려한 가구도 있지만 대부분은 소박하고 단순하면서도 목재의 성질과 미감을 잘 살린 특성이 있다. 특히 견고하고 깊이 있는 의장이 한옥 공간과 조화롭게 어우러져 독특한 아름다움을 증폭시킨다.

3 안방·사랑방 인테리어의 핵심, 보료 일습

한옥 온돌방과 마루의 바닥은 좌식 생활에는 너무 딱딱하다는 단점이 있다. 그 때문에 계절에 맞는 다양한 깔개를 만들었는데, 그 대표 유형이 '보료'다.

조선시대 반가의 안방과 사랑방에는 정형화된 인테리어 양식이 존재했다. 따라서 안방이나 사랑방의 가구는 부엌에 면한 아랫목을 중심으로 배치했는데, 아랫목은 방의 중심 자리로 방 주인이나 서열이 높은 어른이 앉는 상석이었으며, 그런 권위를 상징하는 인테리어가 바로 보료였다.

상석에는 '보료 일습一襲'을 갖춰야 했는데, 보료 일습이란 보료와 사방침四方枕, 장침長枕, 안석案席이 한 틀을 이룬 전통 응접 용구를 이른다. 궁궐에서도 보료 일습을 사용했다.

보료는 솜이나 짐승의 털로 두툼하게 속을 채운 다음, 헝겊으로 싸서 선을 두르고 상침을 놓아 만든 요로, 방치레로 항상 깔아두었다. 사방침은 팔꿈치를 괴고 비스듬히 기대어 앉거나 누워 쉴 수 있게 만든 네모진 베개로, 한 자 정도의 널조각을 사면으로 짜서 그 위에 비단을 입히며, 속에는 푹신하게 솜을 채운다. 사방침과 형태는 동일하되 가로가 더 긴 베개가 장침이다. 안석은 앉았을 때 벽에 세워 몸을 뒤로 기댈 수 있는 등받이 방석으로, 윗부분은 대개 산 모양이며, 색은 보통 홍색 바탕에 남색 선을 두르고 속은 소털이나 돼지털로 채운다. 한가운데에는 수壽 자나 거북·학·봉황 등의 문양을 수놓기도 한다.

보료 일습을 배치하고 그 뒤에 병풍을 두르는 것이 반가 응접 용구의 정형이었으며, 보료 앞에는 서안을 두고 맞은편에 손님용 방석을 네 개 정도 놓았다.

작은 깔개인 방석은 계절에 맞춰 피륙이나 왕골 등 다양한 재질로 만들었다. 피륙 방석에는 두툼한 솜을 넣기도 했고, 왕골 방석은 투박하지 않은 가는 올을 사용해 사이사이에 물감을 들이고 문양을 넣어 장식하기도 했는데, 문양은 늘 길상문을 썼다. 고급 방석은 고가의 비단을 사용해 자수로 장식하기도 했다.

보료 일습은 안방과 사랑방에만 두었는데, 이를 중심으로 양옆 벽면에 가구들을 배치했다. 창호의 아래쪽에는 낮은 문갑을 쌍으로 두었고, 머릿장이나 농, 장 들은 공간과 조화를 이루도록 배치했다. 가장 키가 큰 사방탁자는 인접한 방과의 경계에 세웠다.

보료 일습은 1980년대까지도 필수 혼수품일 정도로 오랜 세월 지속적으로 애용했지만, 생활양식이 서구화하면서 소파와 탁자 등에 밀려 거의 사라지게 되었다.

4 차폐용 인테리어

병풍, 예술을 일상에 끌어들인 다용도 인테리어

　조선시대의 병풍은 바람을 막거나 공간을 가리는 실용 기능뿐만 아니라 실내 공간을 꾸미는 장식 기능도 했고, 염원을 이루기 위한 주술적 방편으로도 썼다. 특히 유교 교리를 전파하기 위한 매체로도 활용했는데, 무지한 백성들에게 유학 사상을 전파하기가 어려워, 생활 용구를 통해 자연스레 습득되도록 병풍을 끌어들인 것이다. 이에 대해 《한국의 병풍》을 쓴 이블린 맥퀸은 '유교를 신봉하게 하는 데 효과적인 방법으로, 예술을 일반인들의 생활 속에 끌어들일 수 있는 병풍을 활용한 것'이라고 지적하기도 했다.[8]

　병풍 외에도 그림이나 족자, 도자기 등에 유교 사상 중 좋은 내용을 담은 시가나 교화적인 글귀를 넣어 널리 전파했다.

　병풍은 본래 중국 주나라의 천자가 높이 8척의 판에 자루가 없는 여러 개의 도끼를 도안화한 그림을 담아 뒷벽을 장식한 데서 비롯했다고 하는데, 우리나라는 이미 삼국시대부터 병풍을 사용한 기록이 있다. 당시의 병풍은 일상 용구가 아닌 제례와 관련된 제단화였다.[9] 조선시대에도 나라의 중요 행사를 묘사한 병풍을 계병契屛이라 했는데, '계契'는 본래 '계禊로서 몸을 깨끗이 하고 하늘에 제를 지낸다'는 글귀에서 따온 것이나, 이후 의미가 바뀌었다

한다.'°

《삼국사기》의 신라시대 신분제도를 기록한 항목에는 '진골과 육두품은 병풍에 수繡를 금한다'는 조항이 있으며, 《고려도경》에도 '관청의 사면에 꽃을 수놓은 병풍을 쳐 놓았다'거나, '묵화 병풍을 하인에게 선물했다'는 기록이 있다. 조선 후기의 병풍은 지금도 많이 남아 있다.

우리 병풍은 중국이나 일본에 비해 유형과 기능이 다양했다. 중국은 실내 공간을 구획하고 가리거나 배경을 장식하는 용도로 병풍을 사용했고, 일본은 특수 계층에서만 사용했지만, 한국에서는 조선시대 이래로 제사를 비롯한 모든 중요한 의례에 필수로 사용했고, 일상에서도 안방과 사랑방 보료 일습의 배경을 꾸미기 위한 요긴한 장식 용구로 애용했다.

따라서 병풍의 소재도 사용 목적에 따라 명확히 구분했는데, 흰 종이만 바른 하얀 소병素屛은 상중의 제사 때만 사용했고, 제례에는 서예 병풍이나 채색이 없는 고졸한 산수화 병풍 등을 썼다. 사랑방에는 서예, 문인화, 산수, 책궤도 등을 담은 병풍이, 안방에는 화조 병풍을 선호했다. 혼례처럼 아주 경사스러운 때는 부귀를 상징하는 모란처럼 좋은 꽃말을 지닌 꽃 그림 병풍을 애용했다.

병풍은 1980년대까지도 보수적 기풍이 남아 있는 지방에서는 신부가 지참해야 할 필수 혼수품이었으며, 오늘날에도 제사나 폐

백, 전통 축하연 등에는 필수로 쓰는 전통 생활 용구이자 인테리어 장식 요소로서 오랜 맥을 이어가고 있다.

병풍은 장방형으로 짠 나무틀에 종이를 바른 뒤, 종이나 비단·삼베에 그린 그림이나 글씨·자수 등을 붙이고, 각각의 폭은 돌쩌귀로 접합시켜 접고 펴기에 편리하도록 만든다. 우리나라에서는 중국식 목판 구조 가리개 병풍은 거의 사용하지 않았다.

병풍은 접힘을 고려해 짝수로 구성하며, 2폭에서 12폭까지 있다. 12폭은 다루기 편하도록 둘로 나누어 6폭씩 만들기도 한다. 크기는 대개 폭 36~45센티미터에 높이 60~180센티미터 정도며, 장식과 용도에 따라 높낮이가 다르다. 병풍 그림의 내용과 방식도 사용 목적에 따라 다양했다.

병풍의 종류로는 2폭짜리 가리개(곡병曲屛), 머리맡에 치는 얕은 병풍인 머리 병풍(침병枕屛), 동일한 주제의 그림이 이어진 일본식 병풍인 왜장병倭粧屛, 다양한 주제의 작은 그림이나 글씨·탁본·도장 등을 전면에 붙여 꾸민 백납병百衲屛, 수를 놓은 수병繡屛, 온판(全板)으로 꾸민 삽병揷屛 등이 있다. 병풍의 주제에 따른 구분은 다음과 같다.

일월병日月屛은 해·달과 불로장생을 상징하는 십장생을 당채唐彩로 그린 병풍으로 궁중에서 어좌御座인 용상 뒤에 두르는데, 임금이 해·달과 동격임을 상징한다. 해와 달을 놋쇠로 만들어 붙이는 경우도 있다.

고정동수병古鼎董繡屛은 청동으로 만든 고대의 솥이나 종을 검정 비단에 금사·은사·황금색 꼰사 등으로 수놓은 병풍으로, 주로 도서관이나 황제의 침실에 사용했다.

장생병長生屛은 십장생인 사슴·학·거북·해·산·물·구름·소나무·대나무·불로초를 그린 병풍으로, 궁중에서는 선왕들의 어진을 모시고 가례를 치르는 선원전에 사용했고, 민간에서는 부모의 장수를 기원해 그 방에 두었다.

백동자百童子 병풍은 아이들의 물놀이·수탉 싸움·북치는 모습·전쟁놀이 등을 그린 병풍으로, 아이를 못 낳는 부인에게 효험이 있다 해서, 일종의 주술로서 잠자리에 펴고 잤다 한다.

신선도 병풍은 도교의 이상인 신선을 주제로 삼아 신선·천도天桃·사슴을 그린 병풍으로, 천도는 신선을 상징하며 신선은 불로장생을 의미한다. 사슴 중에서도 흰 사슴은 천년에 한 마리밖에 안 나온다는 설화에 따라 길상이라 믿어 병풍 소재로 많이 채용했다. 궁중에서는 왕자가 태어났을 때나 돌 때 이 병풍을 사용했다.

글씨 병풍은 명언이나 시구, 명필가의 글씨 등을 담은 병풍으로, 중국 당나라 때 정치가인 방현령房玄齡이 집안에는 법도가 있어야 하고 권세가 있으면 사치하고 교만해진다 하여, 예로부터 내려오는 가훈이나 계서戒書를 적은 병풍을 한 구석 비치해 좌우명으로 삼게 한 데서 비롯했다. 우리나라에서는 백수백복百壽百幅이라 해서 수壽·복福 자를 다양한 형태로 변화시켜 병풍에 담기도 했다. 이 밖에도 유교의 예의범절을 담은 주자경제잠도朱子敬齊箴圖 병풍, 삼강오륜을 일깨우는 효제도孝悌圖 병풍, 문자도 병풍 등이 있다.

화조 병풍은 가장 즐겨 사용한 병풍 중 하나로, 꽃만 그리기도 하고 새와 물고기 등을 같이 다루기도 한다. 짐승은 꼭 쌍으로 그려 부부상화夫婦相和를 상징했는데 주로 침실에 두었다. 송학松鶴을 그린 병풍은 왕비의 내전에서 썼고, 봉황은 천하지평을 알리는 신비의 새라고 믿어 병풍 소재로 많이 채용했다. 닭도 관冠을 지녀

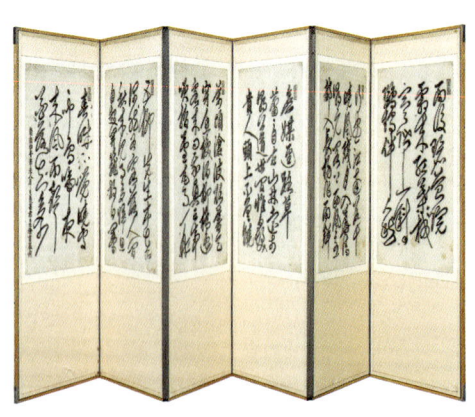

선조가 직접 글씨를 쓴 병풍

궁모란도 병풍

오덕(文·武·勇·仁·信)을 구비한 새로, 시각을 알려줄 뿐 아니라 새벽에 마魔를 쫓아내 주는 대길한 짐승으로 여겨 즐겨 다뤘다. 원앙은 부부 금슬의 상징답게 항상 서로 마주보게 하여 물과 더불어 병풍 하단에 그렸다. 꽃 중에서 모란은 부귀의 상징이어서 공적인 잔치 때는 모란을 그린 큰 병풍을 둘렀다. 연꽃은 불교의 성화聖花로 길상의 의미를, 매화는 용기와 고결을, 대나무는 지조를, 국화는 장수를 상징한다.

도장圖章 병풍은 역대 국왕의 옥새 혹은 사인私印을 보기 좋게 구성해 담은 병풍이다. 이외에도 책 더미를 중심으로 문방사우와 서구書具를 그린 서권도書卷圖 병풍, 아름다운 자연을 표현한 산수

일월오봉도 병풍

도 병풍 등이 있다.

특히 일월병 중에서도 일월오봉도 혹은 일월오악도 병풍은 조선시대 임금의 어좌 뒷면을 장식한 필수 용구로, 왕권의 상징으로서 중시되었다. 중국이나 일본에는 없는 한국 고유의 병풍으로 장식성이 강하며, 태평성대를 비는 염원이 담겨 있다.

일월오봉도는 조선시대 궁중행사도[11]에도 등장하는데, 1706년 숙종 즉위 30주년을 기념해 인정전에서 거행된 진연을 묘사한 화축畵軸(두루마리 그림)인 〈진연도첩進宴圖帖〉에 일월오봉도 병풍이 드리워져 있다. 이후 18세기에 제작된 궁중행사도 병풍에는 모두 일월오봉도가 그려져 있으며, 자경전에서 거행된 행사를 묘사한 〈자경전진찬도慈慶殿進饌圖〉에도 등장한다. 궁중행사도는 병풍이나 족자에 그렸는데 일정 계급 이상의 상류층에게만 분배해 소장하게 했다. 병풍은 18세기 이후부터는 상류 계층에서도 널리 애용했다.

방장, 채광 조절·보온·장식용 휘장

방장房帳은 외기外氣를 막기 위해 방안에 치는 휘장으로 오늘날의 커튼인 셈이다.

삼국시대부터 사용해 왔다고 알려지며, 특히 전통 사회에서는 공간을 임시 구획하는 데 요긴하게 썼다. 벽체에 의지해 천장에 가까운 부분부터 늘여지도록 설치하는데, 가방假房이나 침상의 네 벽에도 설치했다.

중국에서 병풍과 유장, 염막이 발달했듯이, 한국에서도 일찍부터 다양한 막과 휘장은 궁궐을 중심으로 활용했다. 〈무신년진찬도〉를 보면 공간을 구획하는 여러 겹의 막과 휘장을 단계적으로 설치한 것을 볼 수 있는데, 민간에서는 어떤 형태로 변해 사용했는지 자세히 알 수 없다. 다만 일부 풍속도나 옛 그림에 간간이 나타난 걸 보면 오늘날의 커튼과 유사해 보이지만, 대부분 중국 고사의 생활상을 묘사한 그림이라 명확치는 않다. 오늘날 유구로 남아 있는 방장의 형태는 주름이 없는 편편한 장방형이다.

방장은 채광 조절과 보온이라는 실용 기능에 장식 기능도 겸비했으며, 여름용과 겨울용으로 나눈다. 겨울용은 방풍 위주여서 천과 천 사이에 솜을 넣고 누벼 보온성을 높였고, 여름용은 비단 중 가장 얇은 사紗와 초로 만드는데, 구슬을 꿴 주름이나 가는 대로 엮은 발과 더불어 사용했다.[12] 자수가 놓인 방장은 수장繡帳 혹은 수막繡幕이라 하며, 침상 둘레에 친 방장은 침장이라 했다.

방장의 형태는 장방형과 정방형의 두 가지로 대개 상·하 두 쪽 형태가 많으며, 문양으로는 박쥐·용·목단·십장생 및 길상어문吉祥語紋인 수·복, 수복강녕 등의 문자를 사용했다. 문양은 방장에서 중요한 의미를 지니는데, 장수와 복을 상징하면서 가문이나 왕가의 권위를 높이는 역할도 한다. 방장의 크기나 문양이 다양한 것

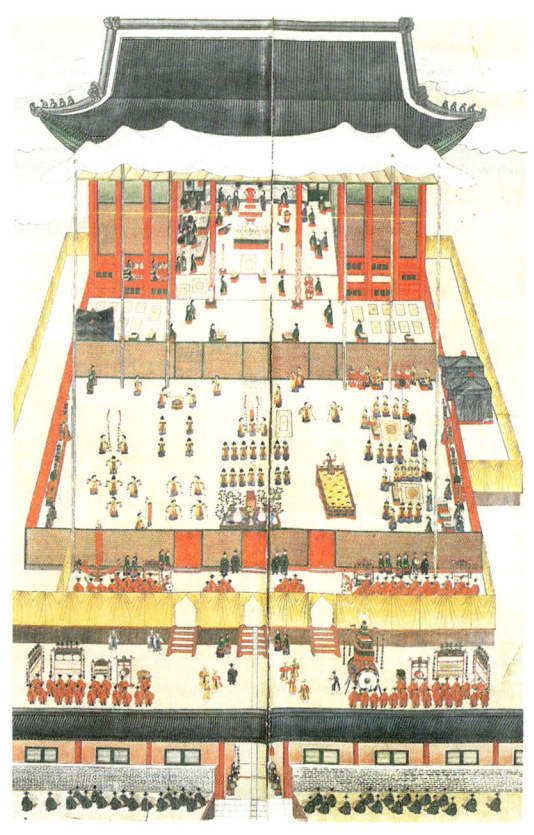

다양한 막과 휘장을 볼 수 있는 〈무신년진찬도〉

은 집마다 나름의 격에 맞춘 개성의 표출로 봐야 할 것이다.

실용성과 장식성에 상징성까지 곁들인 조선시대 방장은 상류층 위주의 공예품으로서, 왕가와 반가의 혼수품으로 선호했다.

방장의 재료도 시대에 따라 변했는데, 면직물이나 견직물로 만든 방장은 조선 초기의 방장에서 흔히 볼 수 있지만 모직물이나 융으로 만든 방장은 조선 중기 이후의 방장에서나 발견된다. 특히 융은 직물 중 가장 늦게 수입되어, 주로 조선 말기의 방장에서 볼 수 있다.

방장에 쓴 색채는 적·청·황·백·흑의 오색을 기본으로 삼아, 오색에서 파생된 색들을 활용했다. 바탕과 테두리 및 시문된 문양에는 두 가지 정도의 색채를 사용했는데, 바탕색은 주로 황·적·청·백색 순으로 많이 썼다. 테두리와 문양 색으로는 청색을 제일 선호했으며, 그 다음으로는 황·적·흑색 순으로 썼는데, 음양의 조화를 위해 바탕색에 반대되는 보색을 많이 썼다.

첩장

방장의 문양은 보료 일습의 문

양과 비슷해서 동물·식물·자연 풍경 문양 및 기하학문을 두루 썼는데, 현존하는 방장 가운데 동일한 것이 하나도 없을 정도로 아주 다채롭다. 이처럼 만드는 이의 예술성이 그대로 반영된 빼어난 독창성이야말로 방장의 특장特長으로 꼽을 수 있을 것이다.

병풍이나 방장은 엄격한 유교 전통에 매인 반가의 실내 공간에 독특한 개성과 생기를 불어넣어 준 '포인트 인테리어'이자, 생활에 편리한 기능성까지 겸비한 요긴한 살림살이다. 특히 병풍은 당대 유·무명 화가들의 작품을 담아 예술을 일상에 끌어들임으로써 미적 감성을 고양시킨 '다용도' 인테리어다.

5 바닥용 깔개 장식

돗자리, 좌식 생활에 필수적인 다용도 왕골 깔개

돗자리는 한국 특유의 깔개 용구로, 왕골이나 골풀의 줄기를 잘게 쪼개어 친 자리다. 왕골(莞草) 공예 중의 하나로 발달해, 주로 여름철에 더위를 조절하는 기능적 깔개이자 바닥 장식 용구로 써 왔다.

왕골은 재배가 쉽고 매는 일도 까다롭지 않아 거의 누구나 짤 수 있으며, 겉이 매끄럽고 기름져서 물이 잘 스미지 않고 매우 부드러워 깔개 재료로 선호했다. 《삼국사기》에 수레를 대발과 왕골로 꾸몄다는 기록이 있는 걸로 미루어, 왕골은 삼국시대부터 이미 쓰인 걸로 짐작된다.

돗자리는 실내뿐만 아니라 실외에서도 다양한 크기와 형태로 사용했는데, 예전 농경 사회에선 없어서는 안 될 필수품으로서 다양하게 활용했다. 왕골로 성글게 만든 자리는 곡식을 타작하거나 채소나 열매를 말릴 때 요긴하게 썼으며, 혼례나 상례 등의 집안 행사에서는 마당에 깔아 손님용 좌석으로도 사용했다.

또한 궁중에서도 다양하게 사용해, 행사가 있을 때는 좌석으로 썼고, 중앙 공간에도 깔아서 장식 기능을 겸했다. 무더운 여름철에는 보료 일습을 시원한 돗자리로 대체했다. 돗자리는 대개 농가의 부업으로 생산했으며 영·호남 지방이 주산지다. 특히 용 문양을 새긴 용문석은 전남 보성의 것이 유명해 궁중에까지 납품되었다 한다. 그 밖에도 별문석別紋席·호문석虎紋席·난초석蘭草席 등 다양한 종류가 있다.

또한 같은 왕골로 만들었어도 제조 방법에 따라 돗자리와 자리로 구분하기도 한다. 즉 돗자리는 가마니틀과 비슷한 돗틀에 미리 날을 걸어 두고

왕골방석

골을 바늘대에 걸어 지르고 바디질을 해 짜는 반면, 자리는 날을 고드랫돌에 감아 장목에 늘어놓고 골을 대어 엮어 나간다. 돗자리는 날이 속으로 감춰지고, 자리는 날이 밖으로 노출되는 것이 특징이다.

민속학자인 이능화李能和는 《조선여속고朝鮮女俗考》에서 "부가富家에서는 틈 '자리'를 깔고, 시비들이 곁에 나란히 서서 물수건 따위의 잔시중을 들므로 한창 더울 때라도 고통을 모르더라"는 고려시대의 기록에 '자리'가 등장함을 지적했고, 호암미술관장을 역임한 이종석도 '자리'는 11세기 고려시대의 기록에서 처음 발견되는데, 당시 중국에도 수출했고 재료는 매우 다종다양했다고 밝혔다.

화문석, 왕골을 물들여 고운 문양을 넣은 고급형 '꽃돗자리'

자리 중에서도 가장 고급스럽고 유명한 것이 바로 강화도가 주산지인 화문석花紋席이다. 화문석은 물들인 왕골을 손으로 겹쳐 가며 엮은 다음, 꽃무늬나 아름다운 다양한 문양을 넣어 짠 '꽃돗자리'로, 고급스런 실내장식에 활용했다.

여름철에 화문석을 깔고 눕거나 앉으면 더위를 한결 덜 수 있고, 무늬 또한 아름다워 장식용으로도 빼어나, 좌식 생활에서 빠뜨릴 수 없는 살림살이로 널리 애용해 왔다.

신라시대에 이미 화문석 생산을 담당하는 관청이 있었다는 기록이 있어, 생산을 국가기관에서 담당해야 할 만큼 그 수요가 많 았음을 알 수 있다. 고려시대에는 외국에까지 널리 알려져 인삼과 더불어 주요 수출품 내지 선사품이었는데, 송나라 사람들도 고려 의 화문석을 매우 탐냈다 한다.

북송北宋의 서긍徐兢은 《고려도경》에서 화문석에 대해 "정교한 것은 침상과 평상에 깔고 거친 것은 땅에 까는데, 매우 부드러워 접거나 굽혀도 상하지 않는다. 검고 흰색이 서로 섞여서 무늬를 이루고 청자색 테를 둘렀다. 더구나 침상에 까는 자리는 매우 우 수해 놀랍기만 하다"라고 극찬하기도 했다.

조선시대에 이르러서는 화문석 수요가 급증하고 외국인의 애호도도 높아져 《통문관지通文館志》에 따르면 한 차례의 동지사행冬至使行 때 중국에 선사한 화문석이 124장에 달했다고 한다.

화문석은 다양한 명칭이 있다. 만화석·황하석·잡채화석·용문렴석 등으로 불리기도 하는데, 강화도의 왕골 화문석을 제일 상품으로 꼽는다. 형태는 정사각형이나 직사각형으로 거의

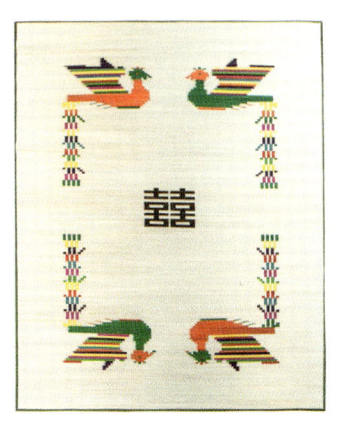

화문석

일정하기에 다양한 무늬를 적용해 개성을 부여하며, 크기는 산지와 장인에 따라 차이가 있지만 보통 15 × 21센티미터, 18 × 27센티미터에서 24 × 34센티미터까지 홀수 자(尺) 기준으로 만든다. 더불어 다양한 문양과 형태의 왕골 꽃방석도 만든다.

화문석은 주로 안방·사랑방에 사용했고, 대청이나 다른 방에는 대나무나 초석草石 자리를 깔았다. 특히 제사를 지낼 때나 상례 등에는 반드시 제사상이나 빈청 앞에 돗자리를 깔고 의식을 치를 정도로 화문석은 시대를 초월해 소중한 살림살이로 사랑받았다.

반가 한옥의 전통 인테리어로 본 한국인의 미의식

05

한국의 미적 특징은 중국이나 일본과 마찬가지로 오랜 세월 걸러 내면서 녹아 든 고유한 미의식의 총합적 표현이라고 할 수 있다. 전통 인테리어를 장식한 많은 요소가 부분의 미학보다는 전체에 대한 조화미와 순순한 기능미를 배려한 속성을 지니고 있다.

조선시대 생활환경과 사상 등의 영향을 받으며 형성된 한국인의 생활 의식이나 감성으로는 자연 존중, 조화와 평화를 선호하는 인도주의적 인정(仁情), 일체감과 포괄 정신, 수용과 변용에 유연한 생명력과 다양성, 여유와 깊이 등이 회자된다.

공간의 조형적 가치 인식

한옥의 목조 기법은 중국에서 전래했지만 한국 특유의 방식으로 정착되었으며, 자연 지형을 적절히 수용한 한옥의 구조는 동일한 구조의 집이 없을 정도로 건축주의 요구와 가족의 특성에 맞게 조성되었다. 또한 각 방의 크기와 전체 평면 구성이 자아내는 외관의 조형미 등은 같은 목조건물인 사합원이나 서원조와는 판이하게 다르고, 인테리어 표현 요소의 유형과 성격에도 차이가 있다. 공간에 대한 조형 규범도 사합원처럼 정형화된 원형에 근거한 일률적 질서에 따르지 않고, 서원조처럼 의례와 접대에 치중해 가족들이 비좁은 공간에서 불편을 겪게 하지도 않는다.

인테리어 요소도 결코 실용성을 벗어나지 않는다. 실용적이고 견실한 가치의 효과적 구현에 초점을 맞춰, 조형 도구로서의 유용성에 충실하기 위해 기능성, 실질성, 견실성, 건강성을 전제로 삼는다. 따라서 외적으로는 단순 대범하고 유하고 친밀해 보이나, 내부 구조에는 견고하고 강인한 외유내강의 기질이 내재되어 있다. 일례로 창호에 바르는 한지는 부드럽고 연하지만 수명은 500년에 이를 정도로 견실성이 뛰어나다.

그렇다고 실용적 측면에만 치우치지 않고 정서상의 형이상학적 가치도 못지않게 중시했다. 실용적 가치와 더불어 인간과 교감할 수 있는 정신적 의미나 생활과 연관된 상징적 가치를 내포할 때 더 함축적이고 긴 생명력을 지닐 수 있기 때문이다. 즉 사물에 생명감을 부여해 인간과 동질적 관계를 형성함으로써 자연스럽게 조화시키고자 한 것이다. 미술사학자 고유섭이 한국 전통 조형의 특징으로 상징주의와 정신미를 강조한 것도 이런 개념과 일맥상

통한다.

　다만 유교 사상이 국치 이념이 되면서 많은 윤리와 도덕이 요구된 만큼 나라에서는 국민들이 사치스럽지 않은 장식미를 갖도록 규제했다. 그러한 과정에서 표출된 한옥의 미는 눈에 금방 드러나는 사합원과 같은 화려함은 없지만 공간 구조에서 지속적으로 드러나는 미적 감각과 표현은 매우 훌륭하다.

　반가 한옥에서 채의 분화와 배치는 영역별 공간 구조의 기능을 가장 잘 구현한 것이다. 온돌과 대청, 마루, 누마루 등의 이질적 공간이 각각의 기능을 살리면서 절묘한 연관성의 조화를 이루고 있다. 온돌방의 청결감과 대청의 목구조 노출이 주는 자연미의 반영, 누마루의 격조 높은 공간구성과 외관미 등이 저마다의 최대 기능을 채우면서도 자연스러운 공간의 연속적 결합과 조화를 이루면서 감성적 조화미를 전체적으로 표현한다.

　특히 가장 큰 안채 마당은 여성들의 집안에 한한 활동 범주의 구속을 트여 주는 중요한 숨통 공간이자 공동체의 영역을 유지할 만한 중요한 공간적 가치를 지닌다.

선적 면 분할의 독창성과 의장

　한옥의 공간 조화에는 '선적 면 분할'이라는 공통된 디자인 원리가 자리 잡고 있다. 특히 창호나 가구 등에서 이 면 분할에 따른 선적 조형의 창의성이 돋보인다.

한옥을 구성하는 방들의 3차원적 면 구성은 다시 내부의 창호로 나뉘는 면 분할로 이어지고, 실내 가구와 보료에서 다시 각각의 면 분할로 아름다운 선적 조형을 이루는데, 이 단계에서는 이미 선은 한 요소일 뿐 조형적인 면 구성이 전체 장식미의 핵으로 부각된다. 여기에 전체 구도가 넘치거나 모자라지 않게 '중용'의 시각에서 적절한 조화를 이루고, 이 조화를 다시 따뜻한 감성으로 이끌어 낸 점은 한국 전통 인테리어의 독특한 특성으로 꼽을 만하다.

같은 맥락에서 한옥 인테리어의 면 분할을 통한 선적 조형에도 따뜻하고 깊은 감성이 내재되어 있는데, 이는 고도의 기술에서 산출된 미적 우수성과는 전혀 다르다. 한옥 팔작지붕의 유려한 선과 창호의 창살 문양, 다양한 목가구나 실내 용품 들의 미적 요소는 단순히 생활 속의 장식적인 조형미를 넘어서 예술적으로 승화된 아름다움을 구현하고 있기 때문이다.

이와 같은 선적 구성에서 이미 직선은 한 요소일 뿐 조형적으로 구성된 면적 미감이 하나의 중요한 장식미로 다가온다. 임석재는 한옥의 예술적 통일성을 잘 보여 주는 영역으로 한옥의 입면을 들었다. 예술적 통일성이란 하나의 공통 모티브를 건물의 이곳 저곳 형편에 맞춰 적절하게 변형, 적용시켜 전체적으로 비슷하면서도 각자의 개성은 지켜 주는 종합적 어울림을 만들어 내는 조형

기법으로, 한옥의 전경이 3차원적 덩어리들이 모여 어울린 결과라면, 입면은 회벽, 기둥과 보, 창호 등 2차원적 요소들이 모여 '어울림의 미학'을 만들어 낸다고 지적했다.

또한 분합문과 불발기 등의 창호는 공간의 계절적 사용이나 기능을 고려하면서도 조형적으로 뛰어난 장식성을 보여 준다. 분합문은 여름철 통풍을 위한 설비이지만 공간을 관통하는 방식은 매우 감성적인 혜안이자 크게는 공간 구조의 개방이라는 장식적 해결이기도 하다.

젠더별 인테리어 양식미

무엇보다도 우리가 한국의 장식미에서 새롭게 인식하고 눈여겨봐야 할 것은 안방과 사랑방 양식의 차이다. 한옥의 안방과 사랑방에는 정형화된 인테리어 양식이 표현되었다. 가구의 의장을 성별로 달리하는 등, 남녀 각 성의 이상적 가치를 구분해 미적 표현도 달리한 점은 한국만의 독특한 조형 양식이다. 유교 규범에 따라 여성과 남성 영역을 구분한 공간 분리 개념이 가구에까지 적용되어 '젠더gender 문화'의 이원적 발달과 그 예술적 효과를 창출한 것이다.

보료는 안방과 사랑방 인테리어의 장식적 구심성이다. 방의 가장 어른이 앉는 자리 표시인 보료 일습의 배치는 방의 아랫목이고 이를 기본으로 해서 맞은편에 방석과 방의 측면에 적합한 가구 들을 배치한다.

창호가 있는 아래쪽에는 낮은 문갑을 쌍으로 배치하고 머릿장이나 농, 장 들은 크기나 규모에 따라 공간과의 조화를 꾀해 배치한다. 사방탁자는 인접한 방과의 경계 부분에 세워서 인테리어의 정점을 나타내는 장식 가구다. 이처럼 안방에는 가구를 비롯해 여성의 삶과 가족의 행복을 기원하는 다양한 장식성이 표현되었다. 사랑방은 유교적 이념에 맞도록 선비들의 학문적 이상을 위한 검허하고 소박한 가구와 인테리어로 장식한다. 병풍 역시 중요한 배경 장식이었다. 안방에는 여성들에게 적합한 화조도나 채색용 그림이, 사랑방 병풍에는 사군자나 서예, 화려하지 않은 산수화 등의 그림을 이용했다.

이러한 행위는 단순히 성별 가구의 장식적 표현만이 아니다. 음양오행 사상에 대한 충실한 수용과 실천 의지도 있겠지만 남녀, 각 성에 대한 바람직하고 이상적 가치의 의미를 부여하는 데 더 중점을 둔 미의식이다. 개인 의상이나 물품이 아닌 공간 인테리어에서 이러한 성별 미적 표현의 구현과 차이는 다른 어느 나라에서도 볼 수 없는 한국적 독자성의 미적 조형 사상인 셈이다.

가구 의장의 뛰어난 조형미

한국의 가구는 유형이 대단히 많다. 특히 기능적 수납은 물론 식사와 공부를 위한 일상 가구, 제사와 의례를 위한 비일상 가구, 실내 장식 기능을 겸한 인테리어 가구처럼 다양한 목적을 가진 수많은 가구가 있고 상황에 맞게 사용했다.

우선 가구는 한옥의 좌식 생활에 적합하다. 가구의 규모와 사용 방식, 의장적 특징은 모두 온돌방과 창호의 크기를 고려한다. 고정적 배치를 둔 가구와 달리 일상적 식사를 위한 소반은 사용자의 수와 관계에 따라 매우 다양하다. 또한 1인용 소반의 크기는 이동이 쉬운 날렵한 구조와 크기로, 가장 대표적인 식탁이다. 반가에서 서민에 이르기까지 가장 보편적인 수납 가구는 반닫이다. 좌식 생활에서 의류 등의 물품을 수월하게 보관하고 꺼낼 수 있는 반닫이의 구조적 의장미는 현대에까지도 칭송받는다.

이처럼 모든 가구는 수납의 내용물에 따라 문의 개폐 방식과 서랍과의 조화 등을 고려해 다양하게 디자인되었다. 반가 한옥에서 많이 사용한 장과 농, 사방탁자 등은 자개나 화류장과 같이 화려한 외관도 있지만 대부분은 소박하고 단순하면서도 한옥 공간에 적합한 기능성과 조화를 이루도록 해 매우 견고하고 깊이 있는 아름다움을 만들어 낸다.

더욱이 남성용 가구와 여성용 가구를 구분해 성별 속성에 맞는 의미와 상징 표현을 조형적으로 잘 승화시켰다.

병풍 장식의 지혜

병풍은 한국인의 삶에서 떼어 놓을 수 없는 배경 장식물이다. 공간 구획과 차단의 기능성을 기본으로 하되, 그보다 우선 행위 목적에 따라 병풍 그림의 다양한 유형을 구분해 사용했다. 혼례나 회갑 등의 경사에는 꽃이나 화조도 등이, 제사에는 서예나 수묵 산수화 등 채색이 배제된 것을 사용했고 안방에는 화조도나 사군자 등, 사랑방에는 서예나 산수화를 많이 활용했다.

병풍을 사용자와 기능에 따라 공간을 가변적이고 미적으로 활용한 점 그리고 어느 나라보다 더 적극적으로 사용하고 발달시킨 점은 매우 놀랍다. 또 병풍을 치워서 언제든지 공간의 여백을 되살릴 수 있도록 하고 또 병풍을 펼쳐서 언제든지 공간을 화려하게 장식한 점은 공간에 대한 매우 적극적이고 조화적 태도다. 아울러 행위 목적에 따라 병풍의 그림을 다양하게 선택해 사용한 점 역시 일상의 삶과 미적 표현에 대한 자연스런 선호 행위였다. 그런 면에서 중국에서는 병풍이 공간 구획에 더 목적을 둔 판재형으로, 일본에서는 최상층만 사용한 특별한 물품이었는데 비해 한국에서는 매우 대중적인 인테리어 장식 용구였다는 점은 특기할 만하다.

이처럼 한옥 인테리어의 미적 표현은 매우 다채롭다. 특히 한옥의 백미인 유려한 지붕선, 집 안팎의 장식미를 주도하는 창살의 다양한 문양, 다양한 기능성과 뛰어난 공간 감각을 보여 주는 들어열개문과 불발기문 같은 분합문, 휴먼스케일의 아기자기한 석물과 담장, 독창적 면 분할과 질서미가 돋보이는 가구, 기능성과 장식성을 겸비한 보료 일습과 자리류, 예술을 집안으로 끌어들인 병풍과 방장 등은 인테리어의 주요 요소다.

공간을 구획하면서 화사하게 장식하는 병풍을 치우면 언제든지 간편하게 원래 공간을 되살릴 수 있는데, 이처럼 본래의 여백에 대한 존중은 바로 자연 그대로의 모습을 존중하는 한국인의 특성에서 기인한다고 볼 수 있다. 그런 점에서 한국인은 병풍의 기능보다는 그림이나 글이 지닌 교화적이고 예술적인 면을 선호한 걸로 보인다.

전반적으로 나타난 인테리어의 미적 요소는 단순히 생활 속의 장식적 조형미를 넘어서서 제각각 예술적 아름다움으로 승화되었다. 전통 인테리어 요소는 개별적 조형미를 지니면서도 전체적 조화미의 연결과 기능적 통합을 이룬다.

선적 조형의 감성은 장식에 대한 과도한 인위적 꾸밈도 아니고 미적 표현에 대한 방치도 아닌 아주 깊은 따뜻함을 내재한다. 이러한 따뜻함은 사물의 전체 구도를 넘치게 하거나 모자라지 않은

'중용'의 시각에서 적절한 조화를 이룬다. 그런 의미에서 그동안 한국 미술의 개별적 예술성에 대해 소박함과 자연미라는 소극적 해석이 많았지만 전통 인테리어의 통합적 시각에서는 오히려 매우 적극적이고 수준이 높은 미적 감수성을 느낄 수 있다.

한옥은 일본이나 중국과 차이가 크다. 사합원이 똑같은 원형적 규범과 일률적 장식 요소를 지닌 데 비해 한옥은 합리적 개성과 기능적 표현을 우선했으며, 서원조처럼 손님을 위한 격식적 공간 장식과 사용에 치중하지 않고 가족의 개별 삶을 존중하는 데 더 큰 가치를 두었다.

그러므로 한옥 전통 인테리어에 가장 많이 나타난 공통 미의식은 실용성을 기본으로 하고 남녀에 대한 예제적 존중과 함께 따뜻한 인간애 감성이 표현된 조화성을 구현하고자 하는 예술적 태도의 산물이다. 이러한 의식과 그 수준은 공간과 생활에 대한 깊은 이해를 기반으로 하지 않으면 나올 수 없으며, 그러한 성찰이야말로 더 적극적인 의식으로 출발했다고 판단한다.

삼국의 전통 인테리어 장식 특성과 비교

5

집을 터전으로 하는
일상생활이 인간 본연의 삶이고,
인간이 우주의 중심이라는 생각은
동아시아 모두 공통이었다

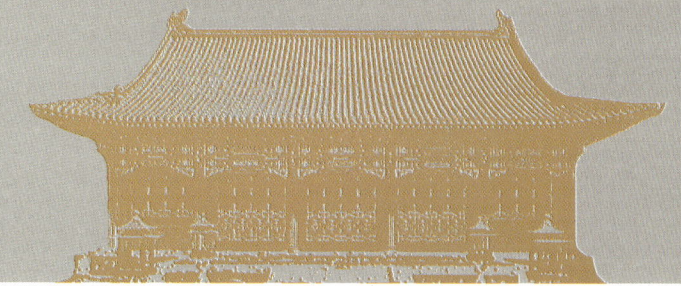

한중일 전통 인테리어 특성

01

한중일의 대표적 전통 주거와 인테리어를, 중국의 사합원, 일본의 서원조, 한국의 반가 한옥을 중심으로 살펴보았다.

이들 주거 유형과 전통 인테리어는 당대의 상류 계층에 해당한다. 경제라는 변수에 크게 구애받지 않는다는 전제 조건이 가능할 때 각 문화권에서 어떻게 장식적인 미를 표현했는지에 대한 비교가 가능하기 때문이다. 이는 어떻게 보면 물질이라는 것에 대한 인적, 물리적 표현의 한계와 소유의 조절이기도 하다. 그 이유는 예나 지금이나 사람이 살아가는 모든 행위가 의식주를 기본으로 하고 사회경제적으로 모든 생활이 가장 최상위로 가능할 때 가장 먼저 표출되는 것이 다시 의식주, 여기에 귀결되는 속성이 있기 때문이다. 그중에서 '식'과 '의'는 개인적 속성이 우세하지만 '주'는 당대의 공학 기술이 지닌 제한과 보편성 속에서 가족이라는 집단이 가져야 할 사회적 규범 안에서 움직여야 했고, 그 행태적 반경은 문화권의 동질성을 가질 수밖에 없다.

이-푸 투안은 "모든 사람은 자기 세계의 중심에 있으며 주위 공간은 신체 구도에 따라 분화된다. 사람이 움직이거나 방향을 바꿈에 따라 주변 지역의 전방-후방과 좌측-우측도 움직이고 바뀐다. 그러나 객관적 공간 또한 이러한 신체적 가치를 지닌다. 규모가 작은 방에서 규모가 큰 도시에 이르기까지 종종 전방과 후방이 나타난다. 대규모의 계층화된 사회에서는, 계획, 설계 그리고 장식 유형과 같은 수단을 가지고 공간적 위계를 생생하게 표현할 수 있다"라고 했다.

집은 가족 집단-가문의 표현인 동시에 신분 계층 사회에서 나타난 실내의 모든 표현물, 장식은 당대 상류 계층이 할 수 있는 최대한의 개인적 위계였고 선망과 추구의 대상 중 하나였다. 그러나 그들이 속한 물질적 유형에 대한 총체적 미의식이나 미적 표현은 역시 집단의 동질성 안에서의 발로였다.

우리가 지금 보는 대부분의 건축물과 집은 근대 산업혁명의 산물이다. 이러한 산업 기술이 도입되기 이전의 집은 모두 자연 재료와 장인에 의한 기술적 토대로 이루어진 문화적 산물이었다.

중국의 목조 기술은 2000, 3000년이라는 오랜 세월 동안 발전해 주변국에도 많은 영향을 끼쳐 왔다. 이웃한 한국과 일본은 자연스레 기술을 도입하고 자국의 환경과 조건에 맞게 변화 발전시켜 왔다. 이와 같이 동아시아 삼국이 공통된 목구조임에도 불구하고 주택의 외관이나 배치는 물론 내부 공간의 구성이나 공간을 사용하는 방식 등에는 모두 큰 차이가 있다. 공간 구조의 차이는 지리적 자연환경과 생활양식의 영향이 크며 공간 사용 방식에는 정치사상의 영향이 컸다.

사합원은 배치 규범의 질서가 중요했고 반가는 성리학에 의한 남녀의 예제적 규범이 중요했다. 서원조는 무가 사회의 수직적 인간관계가 중요했다. 이러한 규범은 일상의 공간 장식에 대한 접근과 태도에도 영향을 미쳤다. 그리고 인테리어의 장식적 꾸밈과 미적 표현에 대한 태도도 다르게 나타나게 되었다.

1 한중일 인테리어 요소

중국

중국에서는 정방을 중심으로 한 상방의 좌우대칭 배치, 원자의 식재 대칭 수법, 주택 외관의 창호 배열, 정방 내 가구의 대칭적 배치, 벽면 그림의 대칭 장식, 탁자 위 장식물의 대칭적 위치, 가구 자체의 대칭적 디자인 등 축과 대칭적 질서가 중요한 디자인 원리였다. 전통 인테리어의 장식미를 보여 줄 수 있는 주요 요소는 다음과 같다.

- 창호와 창살 문양의 유사적 형태
- 의자와 탁자류의 발달과 형태
- 붉은색을 중점으로 한 실내외 채색
- 공간 구획 파티션인 격선과 짜오의 발달과 형태
- 목재에 적용된 조각 기술과 표현

이러한 요소로 사합원에 표현한 미적 특성은 다음과 같다.

- 규범이 되는 기본 유형 추출과 반복적 패턴 표현
- 3차원의 입체적 조각 기법의 면적 구성과 채움의 표현
- 공간의 축을 형성하고 이에 대한 대칭적 배치를 통한 균형적 의장화 표현
- 공간에 대한 질서와 규범적 표현
- 이상적 사상과 표현에 대한 즉물적이고 적극적 적용과 표현
- 문양과 채색의 길상 표현

일본

일본에서는 상류 가옥의 공간 구성이 무가 사회의 종적 구조라는 사회제도 안에서 강하게 연결되었다. 그러므로 중국이나 한국과 다른 속성을 보이게 되었는데 주택 내 인테리어의 핵심이 가족을 위한 것이 아니라 큰 사회 권력, 즉 타자의 공간으로 자리를 잡고 발달했다는 점이다. 그런 환경 속에서 발달한 전통 인테리어 요소는 다음과 같다.

- 다다미 바닥과 창호의 직선 교차와 면적 분할
- 도코노마의 발달
- 후스마에와 장벽화의 발달
- 란마와 광창의 형태
- 흰색 창호와 외관
- 복도와 마루

이러한 요소로 서원조 인테리어에 나타난 미적 특성은 다음과 같다.

- 직선적이고 규격화된 패턴의 반복적 표현
- 의도된 장식적 의장화의 표현

- 공간의 중층적 구성과 표현
- 절제된 채색 표현

한국

세 나라 중에서 가장 가족 중심적이며 전통 인테리어 요소가 많은 곳이 한국이다. 한옥은 공간구성이나 배치도 자유로웠으며 남성과 여성의 공간 분리라는 예학적 기반의 성별 거주 방식은 오히려 공간과 가구에 대한 이원적 창조 유형을 만들었다. 반가 한옥에서 추출한 전통 인테리어 요소는 다음과 같다.

- 온돌과 우물마루 바닥
- 창호의 다양한 창살 문양
- 분합문과 불발기
- 다양한 가구
- 보료 일습과 방석, 화문석
- 병풍과 방장

이러한 요소를 이용해 반가 한옥에 표현한 미적 특성은 다음과 같다.

- 면의 선적 분할에 대한 다양한 조형미의 표현

- 기능과 결부된 감성적 조화미의 표현

- 안방과 사랑방의 의장적 양식화 표현

- 공간의 중심성과 사용적 질서의 표현

- 공간의 가변적 사용과 요소들의 채색과 장식성 표현

- 문양의 길상 표현

2 전통 인테리어에 표현된 미의 주요 속성

세 나라의 전통 인테리어 요소에는 공통점도 있지만 대체로 아주 다른 속성을 나타내고 있다.

사합원 조각 장식과 채색

중국 사합원 주택에는 선현들의 오랜 사상을 배경으로 형성된 삶에 대한 솔직함과 자연과 우주에 대한 공존의식이 많은 영향을 주어 왔다. 즉 인간의 삶에 대한 애정이 자연을 숭상해야 하는 음양 사상에서 기본적으로 발원되어 행복을 염원하는 것조차 집단의 동질적 질서 의식 안에 있었으며 이는 다시 대칭이라는 균형적 미학에까지 이르고 있음을 볼 수 있다. 역으로 이러한 염원이 나

개인만의 것이 아니므로 누구나 당당하게 표현할 수도 있다.

특히 목재를 다루는 뛰어난 기술로 건축이나 창호에서부터 가구나 짜오 등에 이르기까지 일상생활 속에서 최대한 아름답게 치장하려고 노력했다. 무엇보다 오방색 채색을 솔직하고 아낌없이 표현한 것은 가족이 함께 살아가고 있음에 대한 표표한 존재감을 늘 북돋아 줄 수 있는 중국인의 공통적이고 강한 정서적 유대 환경이라고 할 수 있다.

서원조의 의장미

일본 서원조는 비록 타자를 위해 발달한 공간이기는 하지만 아름다운 의장적 정형화를 만들어 내는 창조적 표현을 지속적으로 했다. 그렇기 때문에 도코노마를 통해 일본인의 섬세한 의장적 조형미가 완결될 수 있었다.

공간의 기능성보다는 종교 내지 사회적 특성 속에 내재된 상징과 의미론적 접근이 우세한 역사 속에서 우쓰로이와 같은 감성이 보이지 않는 물리적 공간의 미를 더 만들었을 것이다. 그런 점에서 일본 전통 인테리어에서 전반적으로 흐르는 장식 요소들의 미를 한마디로 표현하자면 '감성적 질서미'라 할 수 있다. 인위적인 위계와 질서 속에 스스로를 억제하고 조절하면서도 그 질서 안에 내재된 여성적 특징과 생명에 대한 존중감 그리고 자연을 통한 인간애적인 미들이 혼재되어 나열되고 이어지는 섬세한 감성미가 실내 공간에 표출되었음을 알 수 있기 때문이다.

반가 한옥의 인간미

마지막으로 한국의 반가 한옥에서는 안방과 사랑방의 인테리어 장식 양식이 분명히 정착되어 있다. 이는 남녀, 각 성별에 따른 바람직한 이상적 가치의 의미 부여에 중점을 두고 가구나 사용기물 들이 모두 다른 미적 표현을 구현하고 발달했다는 점에서 매우 독자적인 미적 조형 사상이다. 특히 목재가구에서 나타난 면 분할의 선적 조형 의식은 조형적 완성도가 높으면서도 깊은 따뜻함을 내재하고 있다. 한옥 공간의 실용성 의식은 분합문과 불발기를 포함한 다양한 창호는 물론 다종다양한 가구, 보료 일습과 화문석 등에 이르기까지 망라되어 있으며, 그 장식적 조형미가 일관성과 통합적 조화를 이룬다. 아울러 개별 요소는 장식미를 넘어서 각 부류를 대표하는 예술적 아름다움으로 승화되었다.

결국 한옥 전통 인테리어의 중요한 요소는 기능과 조형에 대한 적극적인 태도를 기반으로 남녀에 대한 예제적 존중과 함께 따뜻한 인간애적 감성이 표현된 조화성을 구현하고자 하는 예술가들의 산물이었다.

한중일 미의식 비교

02

우주관과 미의식

리종궤이는 중국 전통문화의 핵심은 중국철학이라고 할 수 있으며 특히 고대 철학에 있다고 했다. 또 이로부터 비롯한 문화유형은 다시 중국 민족의 가치와 사유, 정신 등의 사상 문화적 특징을 내포하는 것으로 보았다.[2]

서양인들이 문학과 예술을 일찍부터 분화하고 자체적인 발전을 추구한 데 비해 중국인은 항상 배경과의 조화미를 중시하면서 미분화를 추구했다. 이는 농경 사회라는 사회 배경과 밀접한 관계가 있다. 왜냐하면 농경 사회의 속성은 노동 집약적이므로 여러 사람이 주변과의 관계를 중시하지 않으면 안 되기 때문이다. 여기서 나타난 것이 곧 중국의 예禮 문화다. '예'는 제사에서 일상생활까지 모든 것에 대한 총칭이자 행위규범이고 '악'과 더불어 미학과 관련된다.

중국의 사회적 배경에서 나타나는 미에 대한 의식은 현대처럼 아름다움이라는 최종의 목적과 목표를 추구하는 것이 아니라 질서와 조화에 부합한 아름다움이었다. 박석은 이를 배경과의 조화미를 더 중시한 아름다움의 추구로 표현했다.[3]

중국인은 건축물이나 조형물에서도 자연환경과의 조화를 중시했다. 건축물이나 조형물 자체의 규모나 인공적 아름다움을 중시해 주변 자연환경과의 조화를 깨트리기보다는 전체 어울림을 중시한 것이다.

이러한 의식은 지금의 관점에서는 이해하기 어려울 뿐만 아니라, 미의식은 물론 미에 대한 개념과 기준 자체를 혼돈할 수 있을 정도다. 다시 말하자면 동아시아의 전통 사회에서 나타난 '미'에 대한 개념과 기준이 지금과는 아주 달랐음을 이해해야 한다.

중국의 고대 철학과 사상은 한국, 일본 등 이웃 나라에게 오랫동안 크게 영향을 주어 왔다. 그러므로 전통 사회에서의 미의식의 근간을 유추할 때 동질성이 있음을 부인할 수 없다. 그런데도 그 속성들은 세 나라의 오랜 역사 속에서 각자의 문화를 찬란하게 꽃피워 왔다.

더욱이 이처럼 깊은 사상적 견지에서 본다면 주택의 안팎에 인위적, 물질적으로 표현되는 장식 요소와 같은 미의 일부는 어쩌면 매우 하찮을 수도 있다. 그러나 집을 터전으로 하는 일상생활이 인간 본연의 삶이고, 인간이 우주의 중심이라는 생각은 동아시아 모두 공통이었다.

중국과 한국, 미의 차이

중국의 전통 정원은 둘러싸고 있는 주체들 사이에 공통된 미적 경험을 기반으로 한다. 이러한 미적 공통분모는 중국 예술 전반을 관류하는 미의식으로서 '의경意境'을 중시한다. 이는 예술가와 감상자의 미적 경계며, 건물의 미적 가치도 건축물 자체에 있기보다는 감상자들이 머물거나 움직이면서 관조하는 것에 따라, 또는 회랑과 복도가 공간과 공간을 연결시켜 주지만 끊임없는 곡절을 이루어 감상자의 움직임에 따라 다양한 경관을 연출하게끔 했다.[4] 이는 박석이 미술에서 지적한 바 서양의 회화가 주로 초점 투시를 중시한 데 비해 중국 회화는 산점 투시(초점이 한곳이 아니라 여러 곳에 있음)라는 점과 일치한다.

한편 중국인은 인간사에서 일어나는 일을 하늘에 비유하기를 좋아한다. '예'는 천지의 질서이고 '악'은 천지의 조화로움이라고 강조한다. 천지간에 차별과 조화가 있듯이 인간 세상 속에서도 차별과 조화가 있음을 말한다. 그래서 예와 악을 제대로 흥성시키려면 하늘과 땅의 조화와 질서를 알아야 한다고 말한다.[5]

한국도 중국의 고대 사상을 지속적으로 받아들인 만큼 우주 질서와 자연 섭리를 중시했으며, 공자도 《주자가례》를 국가 본보기로 세운 것이다. 규모의 차이는 있을지언정 궁궐의 배치 방식이나 건축 구조 기술은 물론 채색이나 문양도 영향을 받았으므로 한국과 중국 건축물의 외부적 표현에는 많은 공통점이 있다. 다만 사상적 근저는 같다고 해도 오랜 세월 생활방식의 차이에 따라 미의식에 대한 깊은 용해와 드러난 차이가 달라졌을 것이다.

중국의 주택이 우주관에 입각해 그 질서에 충실하다면 한국의 주택은 적절한 자연관을 도입하되 중심은 가족의 생활 기능에 두었다. 그런 점에서 한국은 세 나라 중 가장 가족주의적 실용을 선택한 나라며 가족의 삶을 우선으로 했다. 남녀의 거처 구분이 평등하지 않은 것처럼 보일 수 있으나 당시의 사회구조에서는 오히려 내밀한 여성들의 삶을 보호하기에 최적일 수 있었다. 오히려 물리적 공간보다는 사회제도의 억압이 문제였을 뿐이다. 온돌방의 위생 기능이나 안대청의 중요한 역할, 누마루와 같은 뛰어난 공간 구조는 가장 중요한 일상의 구현이었고 진정한 공간미였다.

박석은 저서 《대교약졸》에서 중국의 사상적 미의 근저로 노자의 '대교약졸大巧若拙'을 들었다. 송나라 때 비로소 꽃을 피운 것으로 보이는 '대교약졸'이란 매우 깊고 심오한 미학 사상으로 큰 기교와 졸박미의 관계지만 이 안에 순환과 복귀의 개념이 들어 있다고 강조했다. 즉 송대의 건축처럼 웅장하기보다는 자그마한 규모 속에서 아기자기한 아름다움을 더 중시했으며 엄격하고 방정한 건축보다는 꾸불꾸불하고 통일미가 없는 것 같으면서도 깊은 통일미를 추구하고 대자연의 깊은 정취를 집 안에 끌어들인 원림 건축이 본격적으로 유행한 것도 대교약졸의 미학 정신이라고 했다.

또한 자연과의 조화미는 대교약졸의 졸과 관련되는데 쑤저우의 '졸정원'과 같은 원림도 인간이 자연을 바라보는 시각, 조화미를 중시한다고 보았다. 그런데 대교약졸을 가장 잘 이해한 곳은 중국보다 오히려 한국이었음을 강조했다. 한국의 미와 중국의 미를 비교해 보면 전반적으로 규모나 화려함에서는 중국이 앞서지만 깊고 그윽한 맛에서는 한국이 월등하다고 했다. 즉 한국은 중국이 만들어 낸 여러 문화 가운데서 하나의 정수를 받아들여 심화시키고 발전시키는 역할을 했고 특히 대교약졸의 미학이 깊이의 미학이라는 점을 고려할 때 한국이 중국보다 대교약졸의 본질을 더 깊게 이해했다고 주장했다.

도자기에 나타난 한중일 세 나라의 미적 감성을 보면 그 차이가 여실히 드러난다. 중국 도자기는 화려하고 현란한 문양이 가득 차 있으며 일본 도자기는 매우 조심스럽게 접근한 섬세한 문양으로 표현되어 있다. 이에 비해 한국의 도자기는 여백이 많다. 청화백자의 전체 선과 고아한 자태는 '미'의 품격을 보여 준다. 더욱이 아무 무늬가 없는 달항아리는 대범하면서도 질박한 미의 완성을

화려한 채색의 문양이 가득한 중국 도자기
섬세한 문양의 일본 도자기
문양이 없는 한국의 달항아리

이룬다. 이런 점에서 박석이 지적한 '대교약졸'의 표현과 깊은 뜻을 이해할 수 있다.

일본미는 중층성의 표현

일본은 중국이나 한국과 달리 지형적으로 섬이라는 점과 '문'이 아닌 '무'의 나라였다는 점에서 차이가 크다. '문'의 복잡한 사회 배경과 미의식에 비해 '무'는 어찌 보면 복잡하지 않고 일목요연하며 시각적으로 금방 드러나는 문화일 수 있다.

강우에 대비한 주택의 가파른 지붕물매나 통풍을 중시한 개방적이고 가변적인 창호 설치 방식은 모두 실용을 우선한 것이다. 이에 비해 다다미의 테두리 선이 상징하는 지위의 계층 구분이나 집 내부의 보이지 않는 이동 축의 정해진 방향, 신분이 높은 접빈객을 위한 귀한 방의 장식과 그 전면의 정원 조성 등은 모두 무가사회가 만들어 낸 시각적이고 물리적인 위계적 미학이다. 부모로부터 받은 생명 존중 사상을 중요시한 한국이나 중국과 달리 일본은 생명을 존엄이 아닌 미학 사상으로 바꾸어 버렸다. 유교를 받아들였으면서도 토속신앙인 신도와 불교가 더 융성한 일본은 내세에 대한 확신보다는 '무사도'에 따라 주군에 대한 충성의 표현이던 할복마저 미학 사상으로 승화시키기도 했다.

이상업은 일본 문화 특징의 속성으로 다종교적인 '중층 신앙'

을 들고, 이것이 시각적 감성 문화와 일상의 미의식에 침투해 있음을 지적했다.[6] 자기들 스스로 일본은 사상적 문화가 아니라 감각적 문화, 고상한 용어로는 감각적 지성이라고 했다. 또한 그는 일본인이 흔히 사용하는 말로 '48차茶 100네즈미(쥐)'라는 말은 그만큼 시각적으로 보는 정교함을 의미하고, 동일 계통의 색채에 대한 미분학적 변별 의욕이 일본인의 미의식과 시각적 감성에 연관이 되는 원점이라고 지적했다. 그리고 시대별로 나타나는 상징적 문학 용어로 무로마치에는 '와비', '사비'를 에도기에는 이키(粹)로서 표현했다. 이를 색깔로는 주로 '쥐색', '남색', '갈색'에서 찾았으며, '와비', '사비' 색감에서는 '감색에 가까운 것', '모란꽃 색', '히와(방울새 색)'을, '보통 선명한 녹황색', '도마뱀색', 즉 '광택이 나는 어두운 청색'을 보기로 드는 경우도 많다고 한다. 이러한 색은 대체로 중간 저채도의 색으로 우울하고 대체로 밝은 색채는 아니다. 일본인들은 이러한 색을 좋아하는데 이것들을 '시부이(떫은)' 색채들이라고 한다. 이를 이상업은 억제된 색채 선호의 결과로 보았다.

위와 같은 관점에서 본다면 일본의 미의식은 과한 기교를 줄인 고아함을 위한 절제미라고 보기보다 오히려 억제된 아름다움이라고 봐야 한다.

이러한 사례는 지금도 나타나는데 대도시라도 도심의 상업 빌

딩 지역을 제외한 일본의 주거 지역은 대부분 회색이다. 그러한 회색 지대에서 방문객의 눈을 의심할 정도로 번쩍 뜨이는 곳은 신사나 신궁의 빨간 색채들이거나 가장 높게 지어진 하얀 벽의 성들이다.

일본과 한국, 미의 차이

자연에 몰입하는 것을 목표로 해, 풍류를 자연 그대로 한 점은 한국과 일본이 공통된다. 하지만 표현 방식에서는 다르다. 한국인은 스스로 있는 자연을 사랑한 반면 일본인은 사람을 위한 인위적인 자연을 만들 때 그것을 사랑한다고 한다.

한국의 자연관은 자연을 향해 나아가는 확대 지향적이고, 일본은 자연을 자기 곁으로 끌어들이는 축소 지향적이다. 일본의 미에 대해서 요시무라는 일본미의 여백의 본질을 이해하기 위해서는 예술의 축소화를 이야기해야만 하는데 최소로 필요한 것만 남기고 나머지는 공백으로 둔다. 이것이 응축성의 궁극이다. 그리고 응축된 미를 더욱 응축시키며 정진할 때 각고의 노력을 하는데 그것은 최상의 미를 찾으려는 싸움이며, 쓸데없는 것을 제거하고 응축한 결과로 알몸의 본질이 될수록 존재의 움직임은 강하게 된다고 했다. 즉 축소 지향이란 이미 만들어진 문화가 아니라 문화를 만들어 가는 상상력의 작업을 의미한다.

그리고 일본의 미학을 말할 때 수묵화, 다도, 문인화 등에 깃든 인상성, 상징성을 주요 요소로 이야기하는데, 그러한 순수 기하학적 추상 형태는 가레산스이 정원 조성 방식과 맥락을 같이한다. 그러나 한국의 산지 사찰들은 지형지세에 따라 조성된 건축물로 향하는 기대감과 함께 자연스러운 이동을 유도한다. 본래 일본 미의식에서는 예로부터 영원한 집권자의 가족 번영과 정복의 기원에서 영원이 유래한다고 본다. 그리고 이 영원은 불멸, 변화의 두 시각이 있는데 결국 영원의 존재에 대한 의혹과 불안, 절대적인 물상의 부정이 일본인의 자연관이고 미학인 셈이다. 그렇기 때문에 일본인은 건축을 변화하는 것으로 보고 변화 자체를 건축이나 공간에서 찾으려고 했다. 완선하고 안정되며 균제되고 정적이고 영원한 것에 비해 불완전하고 동적이고 일시적인 공간을 구한 것이다. 계절과 사물에 대응하는, 시간적으로 변화하는 공간을 창출하려 했다.

그러나 한국인은 이와는 대조적으로 자연을 단지 관조하는 관념을 가졌다. 바꾸어 말하면 일본인은 미묘한 자연의 변화가 만들어 낸 무상감과 그것에 근거한 자연에 감각을 갖고 있다면, 한국인은 단조로운 자연이 만들어 낸 무위성과 그것에 근거한, 있는 그대로의 자연관을 갖고 있다.

한중일 인테리어 장식 비교

03

1 장식 문양

　문양은 인간 특유의 상징적 사고의 산물로, 장식의 속성을 가장 잘 보여 준다.

　중국 장식 문양의 특징은 일관된 패턴의 반복으로 '중화 민족'의 동질성을 추구하는 미의식의 반영이다. 기하문과 식물문, 길상문 등 다양한 유형의 문양을 사용했는데, 특히 '용문龍紋'을 선호했다. 용은 복을 내리고 온갖 재앙을 물리쳐 주는 신령한 동물이라 믿는 중국인이 자신들을 '용의 후손'이라 여겨 용을 경배했고, 예술 창작의 주요 대상으로 삼아 온 것이다.

　용문은 한국에도 전해져 왕의 상징으로 사용했고, 궁궐 지붕이나 천장 그리고 왕의 복식에도 사용했다. 민가에서는 신랑 신부의 혼례 복식에만 허용되었다. 한국인 대부분도 용문을 선호했다.

그러나 일본에서는 중국이나 한국과 달리 용문을 찾아보기 어렵다. 천황과 황실의 표지인 문장紋章은 열여섯 꽃잎의 국화 문양이며, 다이묘들도 자기 가문을 상징하는 별도의 문장을 만들어 표식에 이용했다.

용문 다음으로는 길상문을 많이 사용했다. 길상문은 복福·녹祿·수壽의 염원과 연관된 이미지들을 도안화한 문양으로, 글자나 동식물의 형상·이미지 등을 차용했다. 한자 문화권 안에서 인간의 행복을 위하는 좋은 글자 역시 장식 문양으로 이용했다.

글자 중에는 수壽, 희囍, 복福, 만卍 자 등을 주로 사용했는데, 사합원에서는 이 글자들을 집안 곳곳에 새기거나 써 붙였다. 한옥에서는 집안에 노골적으로 드러내시는 않았고 정초에 대문에 '입춘대길'이라고 써 붙이는 정도였다. 그러나 침구에는 이런 글자 문양을 많이 사용해 보료나 베개 등에 수를 놓았고, 침장이나 화문석에도 차용했다. '희' 자는 주로 창살이나 생활용품의 장식 문양으로 활용했다.

자연 문양인 식물문도 많이 사용했는데, 특히 부귀를 상징하는 '모란꽃' 문양은 병풍이나 그림, 부채 등 여러 곳에 사용했다. 새끼를 많이 낳는 길한 동물이라는 '박쥐' 문양은 건물이나 가구에 많이 사용했으며, 한국에서는 주로 여성 가구의 금구 장식에 나비와 함께 많이 썼다. 또한 한국에서는 해와 달, 거북이, 사슴, 영지버섯

중국 궁왕푸 기와 용문

등의 십장생문을 선호했고, 병풍에는 각종 새와 초목, 구름 같은 자연 풍광의 문양을 활용했다.

길상문은 중국에서 가장 많이 썼고, 일본에서는 그다지 많이 사용하지 않았다.

2 건축 구조와 특성

세 나라는 공통적으로 목조가구식 건축물이 큰 비중을 차지해 왔고, 또 서로 영향을 주고받음으로써 유사점도 많지만, 구성 양식 등 많은 요소의 성격이 달라 목소선축의 공간으로부터 형성되는 공간 정서에는 차이가 있다.

중국 건축은 척도가 장대해 웅장한 분위기가 강하고, 일본 건축이 너무 기계적이고 날카롭다면, 한국 건축은 중용을 취해 단아하면서도 소박하다.

목구조에서 중요한 것은 무엇보다 지붕이다. 지붕은 목재로 지은 집의 외관을 보호하는 데 절대적이다. 일본에서는 지붕을 '집의 뿌리(屋根)'라고 칭한다. 비가 많이 오는 지역일수록 나무가 만들어 낸 몸체를 보호해야 할 것이다. 그러므로 일본의 지붕은 가장 경사가 가파르다. 그러면서 곡선은 별로 없다.

중국에서도 지붕 설계는 건축물의 규모를 강조하고 증대시킬 수 있는 수단이기 때문에 매우 중요하다. 중국의 지붕 형상은 여러 유형이 있지만 쑤저우와 같은 강남 지역의 끝이 뾰족하게 치켜든 누각 지붕은 일본이나 한국에서는 볼 수 없는 것으로 매우 날카롭기까지 하다.

한국은 한옥의 팔작지붕이 대표적인데, 팔작지붕의 전체 형상은 처마의 완만한 곡선으로 인해 우아하고 아름답다. 지붕이 집의 몸을 보호해야 하는 중요한 기능 때문에 지붕의 처마는 모두 입면 밖으로 뻗쳐 나와 있다. 이 점은 목조주택이라면 모두 공통된 점이다. 일본은 고온다습한 해양성기후로 지붕의 규모는 크지만 단순한 직선과 가파른 물매, 차양 등의 활용이 특색이다.

사합원의 실용 구조와 장식 외관

중국인의 공간개념은 중국 고대 철학의 원리들과 매우 밀접한 관련이 있다. 고대 중국의 공간개념은 공간 요소나 물체 간의 간격 또는 비어 있는 어떤 것이라는 실제적이고 가시적인 의미보다는 좀 더 고차원적 개념을 내포해, 우주, 세계, 자연, 인간 그리고 인간과 자연과의 관계라는 추상적인 개념과 밀접하게 맞닿아 있다. 따라서 공간개념이 매우 다양한데, 공간구성의 내향성과 폐쇄성, 공간의 축적·위계적 구성, 여백과 공허부를 강조한 공간구성,

실체부와 공허부의 병립 등으로 정리할 수 있다.

중국도 대부분의 주택 지붕에 한국이나 일본과 같은 회색 기와를 사용했다. 그러나 자금성과 같은 황제의 거처이자 중화사상의 중심이던 궁궐은 가장 화려했다. 지붕은 황색의 유리기와, 담장에는 녹색이나 푸른색과 붉은색 등 여러 채색의 유리 타일을 부착했다. 중국의 지붕 형상은 시대에 따라 간결하거나 번잡하기도 했는데 이 유리기와를 개발해 사용하면서 채색이나 반사로 인한 시각적 효과가 커지자 상대적으로 간결한 지붕을 채택했다고 한다.

그리고 건축에 목구조가 발달하면서 목재와 흙을 보호하기 위해 주택의 벽체 하단에 벽돌을 사용했으며 나무에는 칠을 하게 되었다. 난청이라는 안료가 만들어지면서 궁궐이 아닌 상류 주택의 외관과 회랑의 목재에도 화려한 채색을 하게 되었다. 집의 전면에 형성된 붉은 주칠이 만들어 내는 강한 색채적 외관이 사합원의 특징이라고 하겠다.

세계적으로 중국 건축을 연구하는 연구자들은 중국 건축의 결구와 구조상의 역학 그리고 미학이 상호 결합되어 나타나는 원칙을 매우 칭찬한다. 리위찬은 이 점이 '실용이 곧 미'인 개념과 일치한다고 지적했다. 즉 목조가 만들어 내는 구조적 결합은 역학은 물론 목재에 이상적인 통풍의 자연적 조건에 두면서 미학적 목적도 이루었기 때문이라고 했다.

한옥 공간의 선과 면

한국은 지질학적으로 완만한 곡선으로 된 산 정봉이 많고 작은 구릉이 기복한 준평원이어서, 건축물의 높이가 높거나 볼륨이 장대하면 주위환경과 조화될 수 없다. 그 때문에 배경으로서의 산과 작은 구릉에 입지한 건축의 관계는 중용적이고 인간적인 척도의 건축을 이루게 했으며, 이에 음양오행론이 한몫을 했다.[7] 따라서 한국 전통 가옥은 자연을 거스르지 않고 자연과 인간이 공존하는 삶에 중심을 둔 개방된 공간 구조다.

한국 전통 건축의 대표 특징은 유연한 선적 구성이다. 기단의 수평선과 기둥의 수직선 그리고 유연한 처마선과 용마루선 등이 서로 조화를 이루고, 나아가 지붕 기왓골과 창살의 선까지 어우러져 아름다운 통일성을 창출해 낸다.

물론 중국과 일본의 목조건축도 선적 구성이다. 그러나 중국의 기둥은 대부분 목재면을 마포직으로 싸고 그 위에 회반죽으로 발라, 한국 목조 기둥의 분위기와 다르며, 또한 중국과 일본의 창호는 창호지를 바깥 면에 바르는 구성이어서 한국 창살의 선적 구성과는 다르다.

이외에도 한국 건축의 특징으로는 채의 분화와 증식의 가변성, 마당과 문과 담의 연속성과 통일성, 위계성과 비대칭 균형, 적극적 공간과 소극적 공간의 교차 반복, 개방성과 폐쇄성, 상호 침투

성 등을 들 수 있다.

서원조 공간 구성은 보이지 않는 경계

일본 전통 건축은 고대부터 근세 말에 이르기까지 계속 목구조를 사용했으며, 목구조의 세부 기법이 가장 세련되게 발전했다. 주택의 외관이나 내부는 단순하고 직선적이며, 외관은 수직선을 강조하지 않아 주로 수평적이다. 특히 지붕 처마 돌출이 많아 깊숙하게 음영이 생기는 처마 수평선을 강조했고, 목재 그대로의 자연스러운 마감으로 채색은 거의 없다.

평면 구성의 기준은 기둥과 기둥 사이의 간격인 간(間)이며, 주거의 전면은 의식 공간, 후면은 일상 생활공간으로 구성된다. 각각의 공간은 쇼지(맹장지)로 구분한다. 기둥은 창호를 설치하기 쉽게 원주보다 각주를 주로 사용했고, 실에는 주택 구성의 기준 척도가 되는 다다미를 깔았다.

공간 구조는 상하위와 내외부의 위계성이 강해서 남북, 동서의 두 축을 이용해 공간을 공과 사, 신분의 상하에 따라 구획했다.

건물의 입구는 용마루와 동일 방향에 설치해 공간의 깊이는 더 깊어지는데, 이러한 일본의 내부 공간에 대해 이어령은 좁기 때문에 오히려 마음이 안정되고 토끼장처럼 좁은 공간이기에 오히려 정신을 집중해 넓은 우주를 볼 수 있는 선의 깨우침을 체험할 수 있다고 평하기도 했다. 시간이 지나면서 그러한 좁은 유니트의 일본의 내부 공간은 점차 수적으로 증축되어 규모가 커졌고, 내부 공간과 내부 공간 사이의 외부 공간과 내부 공간의 가장자리 등의 외부 공간은 점차 내부 공간으로 진화했다. 그리하여 자연히 지붕도 커지고 공간의 깊이도 깊어지는 것이다. 이러한 내부 공간에로의 진화는 공간 미학의 근거가 된다.

일본의 창은 차양과 축경을 위해 주로 가까운 곳을 내려다볼 수 있게 되어 있는데, '유키미쇼지'라는 일본 특유의 창호 형식을 통해 바깥의 자연을 내부로 끌어들이는 특성이 있다.

일본은 오랜 무가 통치하에서 형성된 사회 분위기로 인해, 자연현상을 변화의 찰나로 파악하고 현실적인 것에 치중해 전체보다는 부분을 묘사하고 자연을 축소하고 응축시켜 인간 곁으로 끌어들이는 경향을 보인다. 따라서 일본 전통 건축에서 공간은 외부 공간의 내부 공간화가 점점 증대했고, 미로처럼 연결된 거대화된 내부 공간에서도 신분에 따른 공간의 구분, 즉 경계의 설정이 이루어지게 되었다.

장식의 허용과 금지

중국은 당대부터 귀족들의 건축 경쟁이 심해졌다고 한다. 그래서 조정에서 건축물의 등급과 규격을 명문화해 "왕공 이하의 옥사

(주택)는 이중 처마와 마름 우물을 만들지 못하고, 3품 이상의 당사 (주택)는 5간 7가(서까래)를 넘지 못한다. …… 서민이 짓는 당사는 3간 4당을 넘지 못하고 문옥은 1간 2가를 넘지 못하며, 또한 장식을 할 수 없다. ……선비와 서민의 공사 제택(건물)은 모두 누각을 올려 이웃집을 넘겨다 볼 수 없다"[8]라고 했다. 당대 이후의 법적 제한은 계층별로 더 구체적이고 자세했을 것이다.

한국에는 조선시대 《경국대전》을 통해 반포된 집의 규제가 있었다. 집의 크기는 물론 장식 규제까지 구체적으로 제시되었다. 유교 사상을 근저로 한 근검절약의 덕목이 강조되었고 더욱이 단청 등의 안료는 중국에서 비싸게 수입해야 했기 때문에 물력을 낭비하지 않도록 궁궐을 제외한 모든 개인 집에는 채색과 원주, 고급 목재 사용 등이 금지되었다. 그러므로 주택의 외관은 지극히 자연적이고 소박한 모습일 수밖에 없었다. 일반 주택은 물론 사대부가를 모방한 궁궐 내 세자의 주택이던 연경당, 왕실 여성들이 살던 낙선재 등도 일체의 채색이 없다.

일본 역시 철저한 계급사회였으므로 집에 대한 장식 제한이 철저했다. 대문의 형태나 크기를 비롯한 계급적 차이는 물론 하급 무사가 상류 무가의 격식적 공간인 자시키와 도코노마를 모방하지 못하도록 했다. 특히 1657년 발생한 대화재를 계기로 막부는 국민들에게 검약령을 내려 일체의 주거 장식을 제한했다. 그러므

로 800년 이래 회화의 주류였던 장벽화는 종지부를 찍고 막을 내렸으며 주택의 무장식화가 촉진되었다.[9]

이와 같이 한국이나 일본의 일반 주택 외관은 상류 계층이라 하더라도 채색이 법으로 금지되어 두 나라 모두 자연 재료 그대로의 외관을 갖게 되었다. 이에 비해 중국은 지배 계층은 물론 소수 민족도 장식과 채색을 많이 사용하고 선호하기도 했다. 일본 건축에서 채색은 신궁이나 신사에만 빨간 칠을 했다. 한국은 궁궐과 사찰에 화려한 단청을 입혔으며 궁궐에는 여러 문양과 채색의 조화로 매우 아름답게 치장했다.

3 주거 공간의 꾸밈[10]과 생활양식

한중일 주거 공간의 공통점은 유교적 위계질서

한중일 주거 공간 구조의 공통점으로는 유교적 위계질서를 엄수해 남녀노소, 사회적 신분 등에 따라 공간을 구분하는 점을 들 수 있다.

사합원 같은 중국 주택은 구성원의 위계와 성별에 따라 주거 공간을 분할하며, 한옥은 사랑채, 안채, 행랑채 등에서 위계와 성

한국 덕수궁 단청
일본 시모노세키의 아카마 신궁
화려한 장식으로 집 전면을 꾸민 중국의 구채구(오른쪽)와 장족 마을(왼쪽)

별의 차이가 드러나는데, 같은 방에서도 아랫목 공간의 위계가 더 높았다. 일본의 서원조도 가장의 공간을 중시해 자시키(접객 공간)를 별도로 분리했는데, 주거 공간의 장식성은 3국 중 가장 뛰어나다.

공간의 구성이나 성향에서는 차이가 있는데, 중국 주거 공간의 구성 원리는 '중정 중심의 내향성, 좌우대칭의 축적 구성, 위계적 질서'로 외부와 단절된 폐쇄적 공간 구조다. 그런 반면 한국은 외부로 열린 '불규칙한 비대칭' 구성으로 자연 공간과 실내 공간이 대칭을 통해 서로 관입해 안팎의 경계가 모호하며, 자연을 인위적으로 가두거나 조작하지 않고 있는 그대로 주거 공간의 일부가 되게 한다.

또한 중국은 중앙 공간이 측면 공간보다 항상 우위에 있으며, 중정을 향해 좌측에 있는 공간이 우측 공간보다 우위에 있다.

한옥의 특성은 채와 방의 분화에 있는데, 주거공간은 채로 분화되고 이들 채들은 다시 방들로 분화된다. 채는 분리되거나 이어지는 등 일정한 배치 규범이 없어서, 일정한 배치 규범을 따르는 사합원이나 집약적 평면 내의 간의 분화를 근간으로 삼는 서원조와는 차이가 크다.

서원조는 한옥처럼 목조가구식, 개방형 구조와 좌식 문화, 가부장적 위계질서 등의 공통점이 있지만, 사합원이나 한옥 같이 마당을 중심으로 구성한 '중정형' 구조가 아니라 외부에 정원을 두고 내부에서 바라보는 구조로, 공간 구조나 자연을 접하는 태도 등에서 축소 지향적, 인공적 성향이 강하다.

생활양식의 차이는 바닥재, 벽체와 연관

주거 공간의 생활양식은 거주자들의 행태를 나타내며 시각적인 모든 생활 의장과 연관이 깊다. '꾸밈'은 바로 이 의장을 말한다. 장식을 포함한 공간 전체의 조형미에 대한 계획이며 미적 관념의 표출인 셈이다. 한중일 세 나라는 지리적 인접성과는 달리 생활양식에서는 차이가 크다.

차이는 무엇보다 지형적 기후 조건에 따른 실내 바닥 재료와 관련이 있을 것이다. 중국인은 의자에 앉고 탁자를 사용하며 침대에서 취침하는 입식 생활을 이어 왔다. 입식 생활은 현대의 보편적 주거 방식으로 좌식 생활에 비해 훨씬 기민하게 활동할 수 있다. 그러므로 진회색의 석재 바닥은 물을 흘려도 곧 흡수가 되고 때가 타도 크게 두드러지지 않아 생활에 별 부담이 되지 않았다.

중국이 한국이나 일본에 비해 서열이나 신분에 따른 격식이 상대적으로 느슨했던 점도 입식 생활의 영향을 받은 것으로 보인다. 이는 사합원 공간 구조를 봐도 알 수 있다.

사합원의 실내 공간은 입식 생활에 맞는 큰 여닫이 출입구가 바로 마당에 면해 있어 출입이 자유로우며, 마당과 실내의 경계는 분명하지만 공간적 거리는 가깝다. 게다가 내부도 개방적 구조다. 물론 신분 간의 규범의식[11]은 중요했을 것이다. 사합원 실내의 개방적 구조에 다양한 파티션이 발달한 것도 공간 연결의 흐름은 원활하게 하되 상하계층 간의 시각적 사생활 보호나 제어는 필요했기 때문이다.

바닥재 다음으로 생활양식에 영향을 미친 요소로는 공간을 구획하는 벽체를 들 수 있다. 한국은 신석기시대 이래 사용해 온 구들이 겨울철 주요 난방 시설로 정착되면서 이를 통해 얻은 복사열이 외부로 빠져나가지 않도록 벽체를 최대한 두껍게 조성했다. 그래서 꼭 필요한 창호를 낼 자리를 제외하고는 두터우면서 폐쇄적인 벽으로 사방을 막았다. 그 대신 여름에는 단열을 위해 2중으로 된 창호를 열거나 들어 올려 더위를 피했다.

일본은 겨울 추위보다 여름철 극심한 무더위가 더 문제여서, 이를 완화하기 위해 공기의 흐름과 유통을 중시했다. 따라서 얇은 목구조에 종이를 바른 가벼운 쇼지가 벽을 대신했고 상부는 공기가 통하도록 막지 않았다.

한국은 여름을 위한 마루 공간을 온돌과 더불어 유지했고, 일본은 보온을 위해 마루방에 '이로리'를 설치했다. 중국은 실내 한쪽에 온돌 형태의 '캉'을 설치해 겨울 보온용으로 사용했다.

이 밖에도, 창호는 세 나라 모두 집의 실내를 밝게 유지하기 위해 목구조를 기반으로 했기 때문에 최대한 크게 낼 수 있었다. 서원조는 안쪽 방이나 부엌 등을 제외하고는 전면이 창호인데, 정원 경관을 감상하거나 여름철 통풍을 위해서 모두 개방했다. 한옥 분합문을 한꺼번에 들어 올릴 수 있는 특성이 있지만 방에서는 머름칸 높이로 차단해 안정적인 공간 구조를 꾀했다. 문은 2중 구조인데 바깥쪽 문은 여닫이이고 안쪽문은 미닫이다.

중국은 상하이 같은 강남 지역은 전면에 문을 설치했지만 베이징의 사합원은 집 중앙에만 문을 내고 나머지 벽면에는 창문을 냈다. 문은 모두 여닫이다.

공간 구조와 문화적 차이

이러한 실내 구조의 차이는 문화 차이도 가져와, 한국과 일본은 바닥에 앉는 자세에 따른 예절과 행동방식을, 중국은 서서 인사하는 예법을 중시했다. 일본은 앉는 위치가 위계에 따라 엄격하게 정해졌으며, 한국 역시 상하 구분이 온돌 아랫목을 중심으로 정해졌다. 중국은 신분의 위계에 따라 의자에 앉을 수 있는 자격이 정해졌다.

또한 한국은 '젠더 문화'가 확고히 뿌리내려 채를 분리해 남녀 간 영역을 구분하고, 색채는 물론 가구에서 생활 소품에 이르기까지 성별에 따라 엄격하게 차이를 두었지만, 중국은 세대 간의 위계

외에 여성의 신체를 제약하는 전족 같은 풍습이 있긴 했어도 수화문 안에서의 공간 사용에서 성별의 차이는 크지 않았던 것[12]같다.

이에 비해 일본은 접대용 공간과 가족 공간을 분리시켜 접대용 공간은 항상 제일 좋은 위치와 넓은 공간을 선점한 반면, 가족 공간은 어둡고 은밀한 위치로 밀려났다. 즉 일본 주거 구조의 중심은 가족 공간이 아니라 손님을 위한 공간이었던 셈이다.

한옥의 온돌방이 마당보다 한층 위에 위치한 것은 하인과 구별되는 양반 신분의 위계와 존엄을 표시하기 위해서였다.

이 같은 공간 구조와 문화의 차이에 따른 생활양식은 주거 공간을 꾸며 주는 장식 요소와 더불어 발전해 나갔다.

4 주거 공간의 인테리어 요소

창호 장식

창호는 집의 조형미를 이끄는 중요한 구성 요소로, 집이 위치한 지역의 기후 조건과도 긴밀하게 연관된다.

일반적으로 중국의 창호는 화려하고 장식적인 면이 강하고, 일본의 창호는 섬세한 조밀함이 돋보인다. 한국의 창호는 작위성을 배제해 장식을 안 한 듯 장식하고 전체 비례감을 중시하며 변화무쌍한 율동감을 강조한다.

창호의 최우선 기능은 채광의 실내 반입이다. 현대건축의 발달에는 무엇보다 판유리라는 창의 재료가 큰 역할을 했지만, 전통 사회에서는 창호에도 자연 재료를 써야 했고 동시에 방범상의 위험도 막아야 했기에 사람이 침입하지 못하도록 촘촘한 창살을 만들었을 것이다.

창살에는 한중일 모두 종이를 발랐는데, 얇고 고급스런 직물을 부착하기도 했다. 창호는 벽면 대부분을 차지하므로 창살의 조형미가 중요할 수밖에 없었고, 따라서 매우 다양하고 아름다운 창살 문양을 만들었다.

일본의 창살은 직선과 직선의 교차로 이루어지는데, 한국과 달리 창호 바깥 면에 종이를 부착해 밖으로는 창살이 거의 드러나지 않는다. 단지 창호지의 하얀 면과 하단의 나무판만 드러날 뿐이다. 일반 가옥에는 계층을 가릴 것 없이 채색을 금지해 창살에도 채색을 하지 않았다.

중국 창호에는 곡선의 투각 장식을 한 복잡한 창살 문양이 많으며, 특히 신분이 높고 부유할수록 투각 장식이 정교하고 세밀했다. 창살 문양에는 채색을 가미해 조형성과 현란함을 강조했다. 사합원의 특징인 대칭적 구성은 집의 전면은 물론 후면에도 동일하게 적용되어, 창호 역시 대칭 구조로 배치했다. 창호는 대부분 여닫이였고, 상하이, 쑤저우를 포함한 강남 지역은 집의 전면에 출입이 가능한 문을 여럿 부착한 개방적 형태를 취했다.

한국의 외부 창호는 대부분 세살창이었다. 내부의 창호는 다양한 창살 문양을 했지만 중국 창호처럼 복잡하지 않으며 일본 창호처럼 단순하고 일관적이지도 않다. 문의 유형도 여닫이와 미닫이를 기능에 따라 적절히 혼용했는데, 들어 올릴 수 있는 한국 특유의 분합문으로 공간의 유기적 통합을 꾀했다.

중국은 창과 문이 명확히 구분되는데, 창살 문양이 화려하고 굵은 목재를 사용해 방범 기능을 강화한 점이 두드러진다. 한국 창호의 특징은 '불규칙성'으로, 한 집 안에 다양한 형태의 창살 문을 두었으며, 창과 문의 구분은 절충적이다. 창호 목재가 중국처럼 굵지 않은 데다 분합문의 구조상 방범에 취약해 문 안쪽 위아래에 문고리를 만들어 고착시켰다. 일본은 창과 문의 구분이 없으며, 목재도 가늘고 약하다. 문에는 일체의 잠금 장치가 없어 방범에 가장 취약하다.

벽과 바닥 장식

바닥이나 벽, 천장에 대한 장식의 차이는 거주 양식과 기후적 환경에 따른 주택 구조와 연관이 깊다. 바닥 재료를 계층과 관계없이 모두 석재로 한 중국에 비해 한국이나 일본은 좌식 생활에 맞게 온돌과 다다미가 발달했다. 한국은 온돌 바닥의 마감재로 단단하게 처리한 종이인 장판지로 마감했고 일본은 정교하게 단위별 크기로 처리한 다다미로 마감했다. 다만 한국은 상류층 주택에서 여름철 생활을 위한 마루 공간이 온돌 못지않은 규모로 발달했고 일본은 상류층이 아닌 서민 주택에서 오히려 다다미보다 마루 공간이 기본 생활을 하기 위한 공간이었다.

벽의 장식 처리는 중국 상류층 주택에서는 외부 창호 외에 다양한 설비가 발달했다. 특히 중국 외 다른 나라에서는 볼 수 없는 특징으로, 자금성이나 공왕푸에서는 대규모의 장식 기능을 겸한 '격단'을 볼 수 있다. 이 목재 격단은 벽면 전체에 구성되었다. 각 문짝 크기마다 문양 장식이 있으며 이를 반복적으로 만들어 통일감을 주었다. 이러한 설치 요소는 실내 공간에 매우 독특한 공간적 분위기를 연출한다. 벽이란 하나의 주어진 공간 영역과 구획을 의미한다. 격단은 외벽은 물론 내부의 공간 구획을 위한 수단으로 발달한 것으로 보이지만 벽으로 구획된 공간의 내부는 원자로서 이에 대한 사면의 장식이 바로 격단이기도 하다. 즉 공간을 어떻게 분리하고 구획하는지에 대한 처리 방식이라기보다는 '허'의 공간을 장식하기 위하는 데 목적이 더 우선한다고 하겠다.

한편 일반 상류층에서도 공간을 구획하는 기능으로 격단, 혹은 벽사주를 세웠고 '짜오'도 함께 구성했다. 보조적인 공간 구획 장식물로는 직물로 된 커튼을 이용했다.

일본의 실내에서 도코노마를 제외한 일반 벽면은 매우 보조적이다. 즉 부엌이나 창고, 수납을 하는 방만 아무 장식이 없는 벽으로 둘러쳐질 뿐, 공간을 구획하는 것은 대부분 장지문이나 쇼지로 되어 있다. 현대적 의미의 가변적인 벽인 셈이다. 쇼지의 상부는 원활한 통풍을 위해 개방시킨 경우도 종종 있다. 장지문은 상류층에서는 잔잔한 문양이 있는 벽지를 사용했으며 직선의 격자 창살을 한 쇼지에는 하얀 종이를 바르고 아래쪽에 판재를 부착했다. 그러므로 장식이 나타나는 경우는 쇼지 상부에 비워 둔 공간을 '란마'라고 해서 목재 살창이나 장식적 처리를 했는데 눈에 두드러지지는 않는다. 그리고 장지문에 그려진 '장벽화'는 다이묘나 쇼군과 같은 상류층 저택에서 최고 신분의 방에서만 찾아볼 수 있다. 장벽화가 그려진 공간은 그야말로 일본에서는 매우 강렬한 공간 이미지를 부여한 것으로 최고의 실내 벽면 장식이다.

이러한 벽면 장식의 중심이 바로 도코노마다. 도코노마는 다른 나라에서는 찾아볼 수 없는 일본의 독자적인 벽면 장식 공간이다. 애초에는 좋은 그림, 혹은 불화와 더불어 중국이나 조선에서 들여온 귀한 물품을 장식하고 과시하는 수단으로 만들었지만 점차 신분이 높은 사람의 배경 장식이 되었다. 그러므로 도코노마는 서원조의 중심이 되면서 주택에서 가장 중요한 공간을 상징하게 되었다.

중국과 일본의 벽면 처리가 상류층 안에서도 매우 강한 위계를 지닌 장식 수단으로 활용된 데 비해 한국에서는 의외로 그런 차이를 두지 않았다. 온돌방이나 대청에서의 외부 창호나 내부 창호의 장식 차이가 크지 않았으며 구조 설비보다는 오히려 병풍과 같이 상황에 따라 변화나 이동이 가능한 차폐물을 활용했다. 즉 한국 반가에서는 온돌방과 마루의 공간 구조를 동등하게 활용했다. 일본이 다다미방을 집중하고 마루방은 일부에 국한한 데 비해 한국은 마루와 온돌의 적절한 평면 구성이 조화를 이룬 것이다. 즉 실내 바닥의 이원적 연결과 조화다. 게다가 층고 위계가 다른 여름철 전망과 여가의 공간으로 누마루를 구성한 것은 아주 놀랍다.

  중국은 평면적으로는 구조적 차이가 없는 동일 바닥이었으며 일본은 다다미 편중 구성으로 마루 공간은 복도 이외 일부에 한했다. 그에 비해 한국의 반가는 온돌방과 마루, 누마루라는 실내 공간 구조의 다양성이 복합적으로 계획되고 또 함께 조화를 이루었다는 점에서 차이가 크다. 이는 실내 공간의 다차원적 꾸밈이라는 건축의 의장적 접근이다.

  종합적으로, 중국은 실내의 개방 구조에 대한 차폐 목적의 파티션이 발달했고 일본은 무가의 신분 위계를 나타내는 장식 배경의 도코노마가, 한국은 생활 기능의 목적에 조화를 둔 마루와 누마루, 온돌 바닥의 꾸밈이 형성되었다.

가구 장식

일찍부터 입식 생활을 해 온 중국은 여러 가구가 발달했다. 그중에서도 서양과 마찬가지로 입식 생활의 필수품인 의자와 탁자가 중심이었다. 대부분의 가구는 목재로 만들었으며 칠을 했다. 상류층일수록 자단이나 화리목과 같은 최고급 목재를 사용했다. 가구의 전통 장식은 다양한 조각기법을 활용했고 칠을 했으며 다른 재료의 상감기법을 사용하기도 했다. 흥미로운 점은 의자와 탁자의 배치에서는 언제나 대칭을 가장 중요시했다는 것이다. 탁자를 가운데 두고 의자를 양옆에 배치하는 것이 기본이었다. 이러한 가구 배치는 미적 관점의 입장보다 의자에 앉는 사람의 관계 방식에 따른 것이다. 중국인은 마주 보고 이야기하는 것보다 나란히 앉아 이야기하는 것이 오래된 관습이자 상대방에 대한 중요한 매너라고 여긴다.

또 의자나 탁자 이외에도 침대가 아주 중요한 가구였다. 침대의 형상은 전체적으로 하나의 방을 축소한 듯한 형태로 조형적 구성은 매우 우수하다. 여기에도 우주론적 관점의 원과 방형의 조화를 적용했다.

주택의 구조적 장식과 마찬가지로 중국 가구 역시 매우 복잡하고 정교한 문양이 가미되었다. 꽃과 같은 식물문이나 기하 문양을 많이 사용했다. 탁자는 대개 상판이 구성하는 수평적 조형과 이를 지지하는 네 다리로 된 수직적 조형과의 조화를 꾀했다. 중국의 탁자는 대부분 상판 하단의 전면 혹은 모퉁이라도 반드시 여러 가지 투각을 중심으로 한 강한 장식 문양을 부착해 탁자의 상판이 갖는 수평적 조형감을 분산시킨다. 의자 역시 곡선의 부드러움에 더 치중한 미감을 표현하고 있다. 결과적으로 이러한 장식 조형은 대칭의 미가 주는 격식의 딱딱함을 완화시키는 효과가 있다.

일본의 가구는 지진이라는 조건 때문에 그리 다양하게 발달하지 못했다. 지진이 발생했을 때 오히려 가구는 위험물이 될 수 있으므로 가구의 형태는 대개 단순하거나 소규모였고 공간을 장식하는 기능은 거의 없었다. 특히 가구를 장식하는 경우는 드물었고 대부분 의류나 물품을 수납하는 공간에 배치해 함께 사용했다. 일본의 가구는 철저히 기능적인 목적으로만 많이 제작되었다.

한국의 가구 사용은 중국과 같은 입식용 의자만 없었을 뿐 그 유형의 수는 단언 어느 나라에 뒤지지 않을 정도다. 주택의 공간 크기에 따라야 했으므로 가구의 규모는 중국보다는 작을 수밖에 없었다. 그러나 안방과 사랑방, 즉 여성과 남성에 따라 사용한 가구의 의장적 조형과 장식에 차이가 있으며, 재료 또한 차이가 있다. 대부분 목재를 사용했지만 여성용 가구에는 화사한 자개나 화각 등을 사용했다. 기능적으로 필요한 금구 장식이나 경첩에서도 단순한 형태의 사랑방 가구에 비해 안방 가구에는 가족의 장수와 행복을 염원하는 길상문을 많이 사용했다. 음양오행 사상을 미학적 표현으로 연결시킨 것이다.

한국의 전통 목가구에서 가장 우수한 조형은 뛰어난 비례미에 있다. 중국의 목가구와 같은 현란한 조각으로 가구를 장식하기보다는 균형미와 부재별 조화미, 판재의 극성을 잘 나타낸 외부 표현 등에서 아주 훌륭한 의장적 특징을 보여 준다.

가구 배치에서도 중국은 일관된 대칭 방식을 활용했다. 접객이나 상대방에 대한 병렬적 대면을 하도록 한 것이다. 이에 비해 한국은 정면으로 대면하는 방식이지만 장유유서의 사고방식에 따라 좌석을 정하기도 했다. 일본은 접객할 때 주인과 손님의 신분에 따라 이미 정해진 자리가 있었다. 가족 내에서는 가장을 제외한 가족은 거의 동등한 관계였다.

한편 가구 자체의 장식 특성도 있지만 다른 소품을 장식하기 위한 가구들도 있었다. 중국엔 반탁, 두안, 향궤 등이 있었다. 한국에서는 문갑과 사방탁자가 있었는데, 특히 사방탁자는 중국과 관련 없는 특별한 조형을 지닌 한국의 대표적 장식 가구로서, 매우 모던하기까지 하다. 또 사방탁자는 기본적으로 네 기둥과 층널로 만들어 균등한 면 분할을 보여 주는 가구다. 각 공간은 모두 개방하거나 일부 유형은 하단이나 중간에 수납장을 두었다. 이는 단조로운 형태를 피하면서 가구의 안정적 비례미를 강조한 것이다. 더욱이 수납장을 제외한 장식 부분을 모두 개방 공간으로 구성한 것은 다른 문화권에서는 찾아볼 수 없는 한국 가구만의 조형 특성이다. 이는 장식물에 대한 공간의 유기적 관통성을 부여한 것이다. 아울러 투영된 벽면과 주변 공간의 조화마저도 배려한 것임을 볼 때 놀라운 미적 감성의 수준이라고 하지 않을 수 없다.

병풍과 가리개 장식

공간을 장식하기 위한 요소는 많다. 그중 동아시아에서 대표적으로 사용한 부수적 장식물로는 병풍과 가리개들 들 수 있다. 중국은 방문 앞에 시각적 차단용으로 세우는 육중한 가리개부터 병풍이라고 했다. 한국은 골조는 판재로 하되 표현하는 면은 그림이나 서화, 혹은 자수를 사용했다. 일본 역시 병풍의 구성은 한국과 유사했으나 크기나 그림의 성격이 달랐다.

중국에 남아 있는 병풍은 칠기 병풍이 대표적이다. 아주 육중한 형태의 칠 병풍은 검은 바탕에 당시의 인문학적 내용을 묘사한 것이 많다.

한국의 병풍은 2폭에서 12폭까지 크기와 기능에 따라 쓰임새에 차이가 있다. 영유아를 보호하는 목적으로 만든 높이가 낮은 '애기병풍'부터 겨울철 바람을 막거나 안방이나 사랑방의 배경 장식, 혼례나 제사, 상례 등 의례용 병풍 등 여러 종류가 있었다. 즉 한국의 병풍은 일상 혹은 의례의 활용과 행위에 대한 다기능적인 주요 장식물이었다.

일본에서는 병풍이 아주 귀중한 물품으로서 민간에서는 거의 소유하지 못했다. 박물관에 남아 있는 병풍은 대부분 하나의 그림으로 구성된 것이 많으며 당시의 어떤 사실을 구성한 경우도 볼 수 있다. 주택에서는 병풍보다 간이 가리개를 흔히 사용했다. 낮고 작은 가리개는 오늘날에도 앉았을 때의 시각적 사생활 보호나 공간의 진입에 대한 제지의 신호로 사용하고 있다.

이처럼 병풍을 통해서도 세 나라의 생활 문화적 차이를 알 수 있다. 중국은 병풍 사용이 주로 방 사용자의 사생활을 시각적으로 차단하고 방문자에게는 공간 진입에 대한 순환적 유도를 나타낸다고 볼 수 있다. 이에 비해 한국은 행위에 대한 기능적 효과를 위한 배경 장식물로 많이 사용했고 공간 자체에 대한 사생활 보호와는 관계가 적었다. 일본은 한국이나 중국과는 반대로 병풍의 일상적 활용도가 많지 않았다. 이 점은 오히려 병풍이 지닌 속성이 공간의 개방 구조를 저해하는 것으로서 일본인, 특히 무사들처럼 공간이 항상 관찰할 수 있는 시야에 들어와야 하는 생활 구조에는 잘 맞지 않은 것이다. 즉 장식 도구이자 공간 가리개로서의 병풍은 기본적으로는 인간관계에 대한 문화 차이에 따라 조형성이나 사용 방식에도 큰 차이가 있었다.

한편 병풍 이외에 실내를 장식하는 아주 중요한 요소 중 하나가 그림이다. 중국 당대의 산수화나 송대의 화조화, 원대의 문인화 등은 서예와 더불어 한국과 일본에 많은 영향을 주었다. 이러한 그림은 모두 족자나 후대의 액자 형태로 장식되었다. 그러나 일본은 이 그림을 실내 공간의 매우 강한 장식 인테리어로 활용했다. 병풍에 사용한 큰 크림을 장지문 전면에 적용한 장벽화가 그렇다. 이는 도코노마와 더불어 신분의 가장 큰 위엄적 배경을 나타내며 장식 효과도 아주 크다.

한편 족자나 액자가 아니더라도 서화를 다양한 방식으로 일상의 삶에서 즐긴 나라는 한국이었다. 병풍은 물론 편액이나 주련을 즐겼고, 서화를 주택의 실내 창호에까지 부착해 창호의 장식 요소로 즐겼다. 그뿐만 아니라 방의 다락문에도 종종 서화 장식을 했다. 이러한 풍류는 결국 예술에 대한 공간 적용의 융통성과 포용의 태도일 수 있다. 아름다움에 대한 일상적 즐김과 포용이란 것이 전통 봉건사회에서 그리 쉬운 일은 아니었을 것이기 때문이다.

주석

1 동아시아 주거 문화 이해하기

1) Setha M. Low · Erve Chambers, 주거문화연구회 옮김, 《주거 · 문화 · 디자인》, 신광출판사, 1994
2) 아모스 라포포트, 이규목 옮김, 열화당, 1985. 라포포트는 호주 출신의 인류학자이자 건축학자다. 미국 위스콘신 대학교 교수로 있을 때 집필한 이 책이 국내에 소개되자 주거를 연구하는 이들에게 필독서가 될 만큼 큰 반향을 일으켰고, 이를 계기로 주거에 대한 문화적 연구에 대한 관심도 증폭되었다.
3) 이진경, 《근대적 주거공간의 탄생》, 소명출판, 2000.
4) 이진경, 위의 책.
5) Stanley Abercrombie, 한영호 옮김, 《실내디자인의 미학》, 도서출판국제, 1996.
6) 이 무늬의 형상에 따라 각기 도리스식, 이오니아식, 코린트식으로 불린다.

2 중국 문화의 결정체, 사합원

1) 사합원은 중국 주택에 대한 국내의 대표적 연구자인 손세관의 《북경의 주택》(열화당, 1995), 《넓게 본 중국의 주택 – 중국의 주거문화 상》《깊게 본 중국의 주택 – 중국의 주거문화 하》(열화당, 2001)을 참조해 일부 발췌 정리한 것임을 밝힌다.
2) 사합원을 비롯한 중국 주택들이 국내에 본격적으로 소개된 계기는 손세관 교수의 저서 《중국의 주거문화》상 · 하(2001)로, 사합원을 비롯한 중국의 대표적 주거 양식들을 폭넓고 깊이 있게 다루고 있어 이 분야 연구자들에게 큰 도움을 주고 있다.
3) 제롬 케를루에강 외, 이상해 옮김, 《명나라시대 중국인의 일상》, 북폴리오, 2005.
4) 한필원, 〈중국북경 사합원의 공간구성 특성〉, 《대한건축학회논문집》 109, 대한건축학회, 1997.
5) 전봉희, 《중국북경가가풍경》, 공간사, 2003.

6) 러우청시, 〈고도 북경의 주택-사합원〉, 한국건축역사학회 한중 학술회의 자료집, 1994.
7) 린위탕, 김정희 옮김, 《베이징 이야기》, 이산, 2001.
8) 러우청시, 앞의 논문.
9) 형기민, 한동수 옮김, 《(그림으로 보는) 중국전통민가》, 발언, 1994.
10) 손세관, 《중국의 주거문화》 상·하, 열화당, 2001.
11) 린위탕, 위의 책.
12) 채화彩畵는 목조 주택의 외관에 채색된 그림으로, 목조 구조부를 아름답게 마무리하기 위한 장식이다.
13) 리원허, 이상해 외 옮김, 《중국 고전건축의 원리》, 시공사, 2000.
14) 단구오지앙, 유미경 외 옮김, 《중국미술사》 4, 다른생각, 2011.
15) 자단은 진귀하기로 치면 첫손으로 꼽는 목재 중 하나로, 새것과 오래된 것으로 나뉘는데, 오래된 자단의 빛깔은 자색이고, 새것은 붉은색이다. 둘 다 불규칙한 해조문(게의 발톱 무늬)이 있다. 자단의 특징은 코뿔소 뿔색과 광택을 지니며 나이테는 대부분 교사상(실을 꼰 모양)이고, 종안은 세밀하며 목질은 견고하고 단단하면서 묵직하다. 이런 본래의 특질을 활용하기 위해 광택을 내고 무늬를 가미하지 않는 제작 기법으로 변화무쌍하고 섬세한 본래의 무늬결과 짙은 색조를 살려 낸 자단 가구들은 안정적이면서 대범한 느낌을 준다. 태사상·대아·수돈은 대부분 자단으로 만든다.
화리목의 빛깔은 산뜻하고 아름다우며 무늬결이 뚜렷하고, 역시 새것과 오래된 것으로 나뉜다. 오래된 화리는 '황화리'라고도 부르는데, 색깔은 옅은 황색부터 자적색까지 있으며, 향도 난다. 새 화리목은 빛깔이 적황색인데, 무늬결 및 빛깔과 광택은 오래된 화리와는 차이가 있다. 일반적으로 광택을 내고 무늬를 배제하는 제작 기법을 사용하며, 조각 장식도 최대한 줄여 부드럽고 차분하며 온화한 느낌을 준다. 소중히 쓰일 가구, 즉 관모의·매괴의나 일부 탁안과 궤주 같은 가구들 대부분은 이 나무를 이용해 만든다.
홍목의 목질은 자단에 버금가며 빛깔이 조홍색(대추색)에 가깝다. 생산량이 많아 취사선택할 여지가 많은 까닭에, 최상의 질 좋은 목재만 골라 제작하므로 평범한 가구들과는 품질 차이가 크게 난다. 큰 나무로는 탁안까지, 작은 나무로는 수돈에 이르기까지 가구 전반에 걸쳐 널리 사용된다.
황양목은 흔히 볼 수 있는 목재의 일종이지만 생장이 매우 더뎌, 1년에 겨우 한 치 정도밖에 자라지 않는다고 한다. 그 때문에 목질은 매우 견고하지만 큰 재목이 없다. 비교적 작고 빛깔이 계란 노른자처럼 고와서 대부분 가구에 무늬를 상감象嵌하는 데 쓰이며, 황양목만으로 만든 가구는 거의 없다고 할 수 있다.
16) 단구오지앙, 앞의 책.
17) 단구오지앙, 위의 책.
18) 단구오지앙, 위의 책.

19) '벽사주' 얘기는 중국 소설 《홍루몽》의 "……임낭자를 벽사주에 두었다가……"라는 대목에도 나온다.
20) 목조건물 외관의 창호나 상부 부재部材의 치장.
21) 리원허, 앞의 책.
22) 목조건물 실내에 쓰인 목재 등의 부재의 치장을 이르며, 소목장의 분야다.
23) 작체는 서까래와 기둥의 교차점에 받침목이나 장식용으로 사용하는 구조물로, 변화 무쌍한 표현이 가능해 장식 효과가 뛰어나며, 일곱 가지 형식이 있다.
24) 시창동, 김예호·최흥시 옮김, 《중국의 미학사상》, 신지서원, 1994.

3 절제와 관조의 긴장미, 서원조

1) 도쿠가와 이에야스德川家康가 에도江戶(지금의 도쿄)에 막부를 개창하여 나라를 통치한 시대로, 에도는 메이지유신明治維新 이후 도쿄東京로 명칭이 변경되었다.
2) 현관은 본래 선禪의 경지에 들어서는 관문을 뜻하는 선불교의 용어로, 선종 사찰의 객전에 들어가는 입구를 일컬었는데, 사찰의 어른스님인 방장의 거처 입구에 현관 편액을 거는 법식을 무가에서 모방해 주택 입구에 적용하면서 집 입구를 가리키는 용어로 쓰이게 되었다.
3) '스키'는 중세 가마쿠라시대에도 이미 사용되던 용어로 본래 의미는 '좋아함(好き)'인데, 여러 과정을 거치다 다도의 유행과 더불어 차와 관련된 용어로 쓰이게 되었다. 근세 초기에는 다실 건축의 호칭으로 사용되었고, 이후 다실과 같은 계보의 의장을 갖춘 소박한 서원조를 '스키야'라고 부르게 되었다. 스키에 관해서는 마쓰오카 세이고松岡正剛의 저서, 《만들어진 나라 일본》(2006)의 173~201쪽에 자세히 언급되어 있다.
4) 대면이란 간단히 말해, 상급 무사와 하급 무사 간에 집을 방문하여 인사를 나누는 격식 의례다.
5) 平井 聖, 《住生活史-日本人の住まいと生活》, 日本放送出判協會, 1989.
6) 後藤守一, 《住居の歷史》, 河出書房, 1956.
7) 柳美代子, 《住まいと女 -女性からみた日本住居史-》, 松香堂, 1983.
8) 일본국 외무성, 1987.
9) 今 和次郎, 《住居論, 今 和次郎集》第4卷, ドメス出版, 1971.
10) 무사도는 '충의忠義'를 핵심 도덕률로 삼는 무사의 규범이자, 일단 명이 떨어지면 목숨을 걸고라도 수행해야 하는 도道로 때로는 조정의 법보다 우선할 수 있었다. 한국외국어대학교 일본연구소 엮음, 《일본사회와 문화》, 제이앤씨, 2006.
11) 한준석, 《문文의 문화와 무武의 문화 : 바로 알고 있는가 일본과 한국》, 다나, 1991.
12) 武士生活硏究會 編, 《武士の生活》, 柏書房, 1982.
13) 《평화와 번영 : 에도시대 이시카와 문화전 도록》, 국립전주박물관, 2011

14) 柳美代子,《住まいと女 －女性からみた日本住居史－》, 松香堂, 1983.
15) 껍질만 벗기거나 칠하지 않은 나무를 백목이라 하는데, 이런 목재를 사용한 다실茶室 같은 스키야풍 주택들은 매우 섬세한 자연미를 풍긴다.
16) 한국외국어대학교 일본연구소, 앞의 책.
17) 겐지모노가타리 그림은 11세기 초, 무라사키 시키부가 쓴 걸로 추정되는 세계 최고最古의 근대적 소설로, 일본 문학의 백미로 평가받는 작품인 《겐지모노가타리源氏物語》를 소재로 그린 두루마리 그림으로, 12세기 전반에 그려진 것으로 추정되며, 국보로 지정된 일본 고미술의 대표작이다.
18) 佐藤 理,《疊のはなし》, 鹿島出版會, 1994.
19) '이로리(圍爐裏)'는 부엌에 딸린 가장 큰 마루방인 이마(居間)에 설치된 전통 화덕으로, 서민들은 생활의 중심 장소인 이로리에 둘러앉아 식사를 하거나 차를 마셨다.
20) 일본 무로마치막부(1333~1573) 후기부터 메이지(1868~1912) 초기에 걸쳐, 7대 200여 년간 중국의 송원화宋元畫를 모방한 화풍으로 화단을 풍미했던 유파로, 막부의 어용 회사御用繪師였던 가노 마사노부狩野正信(1434~1530)가 시조다.
21) 크리스틴 구스, 강병직 옮김,《에도시대의 일본미술》, 예경, 2004.
22) 太田博太郎,《床の間:日本住宅の象徵》, 岩波書店, 1982.
23) 일본의 꽃꽂이는 15세기 무로마치시대에 7월 7일이면 조상의 명복을 빌기 위해 산에서 꽃을 꺾어 와 조상신을 맞아들이려 선반 위에 놓는 풍습에서 유래되었다고 한다.
24) 가나자와는 금의 주산지로 지금도 금박 공예가 이어지고 있다.
25) 크리스틴 구스, 앞의 책.
26) 村井康彦,〈平安京にうたう貴族の春〉,《日本歷史展望》第3券, 旺文社, 1981.
27) 고대에 방안 칸막이로 쓰던 휘장(대臺) 양쪽에 두 개의 기둥을 세워 그 위에 가로대를 지르고 겹으로 된 휘장을 친 것.
28) 쓰지 노부오, 이원혜 옮김,《일본 미술 이해의 길잡이》, 시공사, 1994
29) 이상업·정희순,《일본문화를 키워온 마음 33가지》, 보고사, 2006.
30) 노(能)는 일본에서 가장 오래된 대표적 전통 예능으로, 약 7세기에 걸쳐 고도로 양식화된 가무극歌舞劇이자 일종의 가면극이며 350종이 있다. 신사에서 신의 공양물로 바치던 소박한 형식의 가극에 연원을 두고 있는데, 고대 헤이안시대부터 여러 예능들이 서로 영향을 주고받으며 진화하여 가마쿠라·남북조시대를 거치며 '사루가쿠노(猿樂能)'로 발전되어 무로마치시대에 완성되었고, 에도시대부터 '노'로 불리게 되었다. 요교쿠(謠曲, 노의 극본)에 따라 가면을 쓴 화려한 의상의 주인공인 시테シテ가 지우타이(地謠, 코러스)와 하야시(囃, 배경음악)에 맞춰 인간의 희로애락을 아주 느린 상징적인 춤과 노래로 구현하는데, 유현幽玄(깊고 그윽함)한 연기가 특징이다. 시공을 초월해 현실과 영혼의 세계를 넘나드는 노의 감상 포인트는 스토리의 진행이 아니라 그 양식미를 천천히 음미하는 데 있다.
31) 이상업 외, 앞의 책.

32) 쓰지 노부오, 앞의 책.
33) 마쓰오카 세이고, 이언숙 옮김, 《만들어진 나라 일본》, 프로네시스, 2008.
34) 금각사는 교토 기타야마(北山) 산에 있는 사찰로 무로마치막부 3대 쇼군의 은퇴 후 별장이었으며, 은각사는 교토 히가시야마(東山) 산에 있는 사찰로 무로마치막부 8대 쇼군의 저택으로 지어졌는데, 금각사를 본떠 옻칠한 외관에 은칠을 덧입히려 했으나 전쟁 등으로 무산되어 이후 은각사로 불리게 되었다.
35) 이상업 외, 앞의 책.

4 비움과 소통의 '휴먼스케일', 반가 한옥

1) 문옥표 외, 《조선양반의 생활세계》, 백산서당, 2004.
2) 주남철, 《한국건축의장》, 일지사, 1979.
3) 임석재, 《한국의 전통 공간》, 이화여자대학교출판부, 2005.
4) 한옥에 대한 인간적 척도는 신영훈의 책(《한국의 살림집 상·하》, 열화당, 1983)에서도 언급되었고, 임석재(《지혜롭고 행복한 집 한옥》, 인물과 사상사, 2013)도 이를 휴먼스케일로 지칭했다.
5) 홍승재, 〈조선시대 상류주택의 예제적 체계에 관한 연구〉, 홍익대학교 대학원 건축학과 박사학위논문, 1992.
6) 주남철, 앞의 책.
7) '운현雲峴'은 '구름재'라는 뜻으로, 운현궁 자리에 있었던 서운관書雲觀 앞의 고개 이름이다. 서운관은 세조 때 관상감觀象監으로 개칭되었으나 운관雲觀이라는 별호로 그대로 통용되었고, 고개 이름도 그대로 운현이라 불렸다.
8) 홍경태, 〈병풍의 기능에 따른 공간 및 조형성 연구〉, 전북대학교 대학원 미술학과 석사학위논문, 2013.
9) 홍경태, 위의 논문.
10) 박정혜, 《조선시대 궁중기록화연구》, 일지사, 2000.
11) 궁중행사도宮中行事圖는 조선시대, 국가와 왕실의 의례나 경축할 만한 행사의 모습을 사실적으로 묘사한 기록화로, 참여한 인물들과 정황이 실제 모습대로 그려져 있어 역사적 사료로 인용될 수 있다(박정혜, 《조선시대 궁중기록화 연구》, 일지사, 2000).
12) Huh Dong-wha, 〈Traditional Curtains〉, 《Morning Calm》, KOREAN AIR, 1991.

5 삼국의 전통 인테리어 장식 특성과 비교

1) 이-푸 투안, 구동회·심승희 옮김, 《공간과 장소》, 대윤, 1999.
2) 리종궤이, 이재석 옮김, 《중국문화개론》, 동문선, 1991.

3) 박석,《대교약졸》, 들녘, 2005.
4) 이유직·조정송,〈중국정원의 미학 : 조영과 감상의 미적 경계를 중심으로〉,《한국조경학회지》63, 1996.
5) 박석,《대교약졸》, 들녘, 2005.
6) 이상업·정희순,《일본문화를 키워온 마음 33가지》, 보고사, 2006.
7) 주남철,《한국주택건축》, 일지사, 1980.
8) 이수웅·김경일,《중국문학사》, 대한교과서, 1994.
9) 太田博太郎,《日本住宅史の研究》, 岩波書店, 1984.
10) 꾸밈은 장식의 뜻이기도 하지만 여기서는 장식을 포함한 더 넓은 인위적 개념, 현대적인 디자인의 의미와 더 가까운 뜻이라고 할 수 있다.
11)《홍루몽》을 보면 하녀 중에서 첩이 된 경우가 종종 나온다.
12)《홍루몽》을 보면 집 안에서는 부인들의 타 거처 방문(원림 저택 내)은 비교적 자유로웠다.

참고문헌

공통

David M. Hummon, 주거문화연구회 옮김, 〈현대 미국문화의 주택, 주거, 아이덴티티〉, 《주거 · 문화 · 디자인》, 신광출판사, 1994
Setha M. Low · Erve Chambers, 주거문화연구회 옮김, 《주거 · 문화 · 디자인》, 신광출판사, 1994
Stanley Abercrombie, 한영호 옮김, 《실내디자인의 미학》, 도서출판국제, 1996
드니 디드로, 이충훈 옮김, 《미의 기원과 본성》, 도서출판b, 2012
멜빈 레이더 · 버트럼 제섭, 김광명 옮김, 《예술과 인간가치》, 까치글방, 2001
박석, 《대교약졸》, 들녘, 2005
심현섭, 《유가미학》, 한국학술정보, 2011
아모스 라포포트, 이규목 옮김, 《주거 형태와 문화》, 열화당, 1985
오토 프리드리히 볼노, 이기숙 옮김, 《인간과 공간》, 에코리브르, 2011
이진경, 《근대적 주거공간의 탄생》, 소명출판, 2000
이-푸 투안, 구동회 · 심승희 옮김, 《공간과 장소》, 대윤, 1999

2 중국 문화의 결정체, 사합원

Andrew Boyd, 이왕기 옮김, 《중국의 건축과 도시》, 기문당, 1999
C. A. S. 윌리엄스, 이용찬 외 옮김, 《중국문화 중국정신》, 대원사, 1989
C. A. S. 윌리엄스, 이용찬 외 옮김, 《환상적인 중국문화》, 평단문화사, 1985
국립중앙박물관, 《길상 : 중국미술에 담긴 행복의 염원》, 2012
김미옥, 〈중국 명왕조 시대의 좌구에 관한 연구〉, 《한국실내디자인학회논문집》 제32호, 2002

김상겸, 〈북경사합원의 건축적 특성 연구 : 원자의 구성을 중심으로〉, 《대전대학교산업기술연구소 논문집》 통권 제24호, 대전대학교 산업기술연구소, 2002
노자키 세이킨, 변영섭·안영길 옮김, 《중국길상도안 : 상서로운 도안과 문양의 상징적 의미》, 예경, 1992
단구오지앙, 유미경·조현주·김희정·홍기용 옮김, 《중국미술사 4》, 다른생각, 2011
러우칭시, 〈고도 북경의 주택—사합원〉, 한국건축역사학회 한중 학술회의 자료집, 1994
리윈허, 이상해·한동수·이주행·조인숙 옮김, 《중국 고전건축의 원리》, 시공사, 2000
리종궤이, 이재석 옮김, 《중국문화개론》, 동문선, 1991
리쩌허우, 권호 옮김, 《화하미학》, 동문선, 1990
린위탕, 김정희 옮김, 《베이징 이야기》, 이산, 2001
메리 E. 위스너-행크스, 노영순 옮김, 《젠더의 역사》, 역사비평사, 2006
미셸 뵈르들리, 김삼대자 옮김, 《중국의 가구와 실내장식》, 도암기획, 1996
손세관, 《넓게 본 중국의 주택 – 중국의 주거문화 상》, 열화당, 2001
손세관, 《북경의 주택》, 열화당, 1995
손세관, 《깊게 본 중국의 주택 – 중국의 주거문화 하》, 열화당, 2001
시창동, 김예호·최흥식 옮김, 《중국의 미학사상》, 신지서원, 1994
유병갑, 《중국문화 예술의 산책》, 학고방, 2010
이수웅·김경일, 《중국문학사》, 대한교과서, 1994
이유직·조정송, 〈중국정원의 미학 : 소영과 김심의 미적 경계를 중심으로〉, 《한국조경학회지》 63, 1996
이중톈, 홍광훈 옮김, 《이중톈 교수의 중국 남녀 엿보기》, 에버리치홀딩스, 2008
전봉희, 《중국북경가가풍경》, 공간사, 2003
제롬 케를루에강 외, 이상해 옮김, 《명나라시대 중국인의 일상》, 북폴리오, 2005
주성화, 《중국문화풍경》, 한림대학교출판부, 2008
한필원, 〈중국북경 사합원의 공간구성 특성〉, 《대한건축학회논문집》 109, 대한건축학회, 1997
허세욱, 《중국인 중국문화 에세이》, 대한교과서, 1998
형기민, 한동수 옮김, 《(그림으로 보는) 중국전통민가》, 발언, 1994
홍철웅, 〈조선시대 상류주택과 명청시대 사합원의 주거공간특성에 관한 비교연구 : 정온가옥과 북경사합원을 중심으로〉, 전북대학교 대학원 석사학위논문, 2004

《古建園林技術》 1996-1, 北京古代建築工程公司, 1996
古宮博物院, 《紫禁城帝后生活》, 中國旅遊出版社, 1993
劉保全, 《北京胡同Beijing Hutong》, 中國旅遊出版社, 2008
馬炳堅, 《北京四合院建築》, 天津大學出版社, 2001

《北京四合院》, 北京美術撮影出版社, 1993
楊莫, 《古宮》, 時代出版傳媒股彬有限公司, 2011
伍小東, 《中國吉祥圖案》, 廣西美術出版社, 1995
王基均, 《北京四合院》, 江蘇美術出版社, 1999
王基明, 《北京四合院》, 中國建築工業出版社, 2000
樾菁, 《中國色彩》, 時代出版傳媒股彬有限公司, 2012
劉敦楨, 《中國의 住宅》, 明島出版會, 1984
劉敦楨, 《中國住宅槪說》, 明文書局印行, 1981
劉致平著 · 王基明, 《中國居住建築簡史》, 中國建築工業出版社, 1990
頤楊, 《傳統家具》, 時代出版傳媒股彬有限公司, 2012
占春, 《中國民居》, 時代出版傳媒股彬有限公司, 2012
陳從周, 《芳州園林》, 上海世紀出版股彬有限公司, 2012
荊基敏, 《中國傳統民居》, 天津大學出版社, 1999

http://depts.washington.edu/chinaciv/3intrhme.htm#sanp
http://www.visitbeijing.or.kr
http://en.bjchp.org/?page_id=4957
http://www.wenwuchina.com

3 절제와 관조의 긴장미, 서원조

《평화와 번영 : 에도시대 이시카와 문화전》, 국립전주박물관, 2011
고토 오사무, 김왕직 · 조현정 옮김, 《일본건축사》, 한국학술정보, 2011
김희영, 《이야기 일본사》, 청아출판사, 1987
나카무라 하지메, 김지견 옮김, 《일본인의 사유방법》, 김영사, 1982
다니엘 롱 · 오하시 리에, 이경수 · 임영철 옮김, 《일본어로 찾아가는 일본 문화 탐방》, 지식의날개, 2012
마쓰오카 세이고, 이연숙 옮김, 《만들어진 나라 일본》, 프로네시스, 2008
박선희, 〈일본주택의 도꼬노마에 대한 소고〉, 《사대논문집》 11, 전북대학교 사범대학, 1985
박선희, 〈전통적 주거에서의 공간사용과 구성에 대한 한 · 일간의 비교 : 에도시대 무가주택의 공간적 특질〉, 《건축역사연구》 통권6호, 한국건축역사학회, 1994
박선희, 〈전통적 주거에서의 접객생활에 대한 한일간의 비교〉, 《동방학지》 76집, 연세대학교 국학연구원, 1992
시바 료타로 · 도널드 킨, 이태옥 · 이영경 옮김, 《일본인과 일본 문화》, 을유문화사, 1993

쓰지 노부오, 이원혜 옮김, 《일본 미술 이해의 길잡이》, 시공사, 1994
윤장섭, 《일본의 건축》, 서울대학교출판부, 2000
이상업·정희순, 《일본 문화를 키워온 마음 33가지》, 보고사, 2006
일본문화연구회 엮음, 《일본과 일본문화》, 불이문화, 2003
한국외국어대학교 일본연구소 엮음, 《일본사회와 문화》, 제이앤씨, 2006

加倉井昭夫, 《日本の室內の空間》, 主婦と生活史, 1975
今 和次郎, 《住居論, 今 和次郎集》第4卷, ドメス出版, 1971
吉田高子, 《座敷のはなし》, 鹿島出版會, 1998
大島建彦 外, 《日本を知る事典》, 社會思想史, 1992
大河直躬, 《住まいの人類學》, 平凡社, 1986
圖大島建彦 外, 《日本を知る事典》, 社會思想史, 1992
度邊保忠·加藤角一, 《建築講座5 歷史》, 彰國社, 1982
稻葉和也·中山繁信, 《日本人の住まい-住居と生活の歷史》, 彰國社, 2008
歷史公論, 《日本人と家》, 雄山閣, 1980
武士生活硏究會, 《武士の生活 2 生活, 文化》, 柏書房株式會社, 1982
北島正元, 《江戶時代》, 岩波書店, 1971
上田 篤 外, 《空間の原形-住まいにおける聖の比較文化》, 筑摩書房, 1903
西 和夫, 《日本建築のかたち-生活と建築造形の歷史》, 彰國社, 1984
西 和夫, 《日本建築のかたち-生活と建築造形の歷史》, 彰國社, 1984
玉井哲雄, 〈近世における住居と社會〉, 《日本の社會史》第8卷, 岩波書店, 1987
宇杉和夫, 《日本住宅 空間學》, 理工圖書, 1997
柳美代子, 《住まいと女 -女性からみた日本住居史-》, 松香堂, 1983
田澤 坦·松原三郎·奧田俊介·永畑恭典, 《日本文化史 : ユ 발자취와 特質》, 日本國 外務省, 1987
佐藤 理, 《疊のはなし》, 鹿島出版會, 1994
進士慶幹, 《江戶時代 武士の生活》, 雄山閣出版株式會社, 1972
村井康彦, 〈平安京にうたう貴族の春〉, 《日本歷史展望》第3券, 旺文社, 1981
太田博太郎, 《床の間 : 日本住宅の象徵》, 岩波書店, 1982
太田博太郎, 《日本住宅史の硏究》, 岩波書店, 1984
平井 聖 外, 《建築史》, 市市谷出版社, 1976
平井 聖, 《圖說 日本住宅の歷史》, 學藝出版社, 1980
平井 聖, 《日本の近世住宅》, 鹿島硏究所出版會, 1968
平井 聖, 《住生活史-日本人の住まいと生活》, 日本放送出判協會, 1989
平井 聖, NHKデータ情報部 編, 《江戶事情 第5卷 建築編》, 雄山閣出版, 1993

後藤守一,《住居の歴史》, 河出書房, 1956

http://www.ninnaji.or.jp/multilingual_info.html
http://www.tatemonoen.jp
http://www.pref.ishikawa.jp/siro-niwa/kenrokuen
http://www.nomurake.com

4 비움과 소통의 '휴먼스케일', 반가 한옥

《병풍에 그린 송학이 날아 나올 때까지 : 십장생전》, 궁중유물전시관, 2004
《창덕궁 · 종묘 · 원유》, 문화재청, 2002
《한국의 전통가옥 기록화보고서 15 : 강릉 선교장》, 문화재청, 2007
《한국의 전통가옥 기록화보고서 16 : 정읍 김동수 가옥》, 문화재청, 2007
《한국의 전통가옥 기록화보고서 17 : 윤증 선생 고택》, 문화재청, 2007
《한국의 전통가옥 기록화보고서 21 : 구례 운조루》, 문화재청, 2007
Huh Dong-wha, 〈Traditional Curtains〉, 《Morning Calm》, KOREAN AIR, 1991
강영수, 《어깨너머 한중일 문화》, 나남출판, 2000
김봉렬, 《김봉렬의 한국건축이야기 2 : 앎과 삶의 공간》, 돌베개, 2006
김소민 · 윤재신, 〈조선 상류주택의 사랑채 누마루 형성과정에 관한 연구 : 영남지역 상류주거를 대상으로〉, 《대한건축학회 학술발표대회 논문집》, 대한건축학회, 2007
김원룡, 《한국미의 탐구》, 열화당, 1990
문옥표 외, 《조선양반의 생활세계》, 백산서당, 2004
박선희 외, 《한국 주거와 삶》, 교문사, 2011
박선희, 〈정읍 김동수가에 나타난 전통 창호의 재해석〉, 《태평양장학문화재단보고서》, 미간행, 2005
박선희, 〈한국 여성의 전통가구 및 취침소품에 나타난 아이덴티티〉, 《태평양장학문화재단총서 : 연구논문집》 제8집, 태평양장학문화재단, 1999
박영규, 《한국의 목가구》, 삼성출판사, 1982
박용숙, 《한국미술의 기원》, 예경, 1996
박정혜, 《조선시대 궁중기록화연구》, 일지사, 2000
박찬민 · 이호열, 〈누마루 부설 사랑공간의 건축적 특성에 관한 연구〉, 《한국건축역사학회 춘계학술발표대회 논문집》, 한국건축역사학회, 2010
서명수 · 전봉희, 〈조선후기 대청인식의 변화와 중국풍 건축요소의 유행〉, 《대한건축학회 발표논문집》, 대한건축학회, 2006
신영훈 감수, 《한국의 미 14 궁실 · 민가》, 중앙일보사, 1987

신영훈, 《운현궁》, 조선일보사, 1999
안휘준, 《청출어람의 한국미술》, 사회평론, 2010
윤일이, 〈조선후기 상류주택 사랑채의 공간적 특성에 관한 연구〉, 부산대학교 대학원 건축공학과 박사학위논문, 1999
윤일이, 〈한국·중국 상류주택 남성공간의 유교적 특성에 관한 비교연구〉, 《한국주거학회논문집》 제15권 5호, 한국주거학회, 2004
이정미, 〈고려시대 주택의 빈객공간에 관한 연구 : 문헌에 나타난 접빈객의 주거문화를 중심으로〉, 《대한건축학회논문집》 제22권 제10호 통권 제216호, 대한건축학회, 2006
이종석, 《한국의 목공예》 상·하, 열화당, 1996
이종석, 《한국의 전통공예》, 열화당, 1994
이현우·김재식, 〈누정편액에 반영된 자연인식과 서정 : 16세기 담양 시가문화권의 누정을 중심으로〉, 《한국전통조경학회지》 제28권 제3호 통권 제73호, 한국전통조경학회, 2010
임석재, 《한국의 전통 공간》, 이화여자대학교출판부, 2005
임영주, 《한국의 전통문양》, 대원사, 2004
전라문화연구소 편, 박선희, 〈전라북도 양반가문의 주거문화 특성〉, 《조선시대 전라도 양반문화와 전통》, 선명, 2007
주남철, 《한국건축의장》, 일지사, 1979
주남철, 《한국의 문과 창호》, 내원사, 2001
주남철, 《한국주택건축》, 일지사, 1980
천병옥, 《조선조시대 주택의 장식적 의장》, 보진재, 1988
최지연, 박영순, 〈전통주택에 사용된 문양에 관한 연구 : 조선시대 상류주택을 중심으로〉, 《한국실내디자인학회논문집》 통권 제28호, 한국실내디자인학회, 2001
한영화, 《전통자수》, 대원사, 1989
허균·유남해, 《전통문양》, 대원사, 1995
홍경모, 이종묵 옮김, 《사의당지, 우리 집을 말한다》, 휴머니스트, 2009
홍경태, 〈병풍의 기능에 따른 공간 및 조형성 연구〉, 전북대학교 대학원 미술학과 석사학위논문, 2013
홍승재, 〈조선시대 상류주택의 예제적 체계에 관한 연구〉, 홍익대학교 대학원 건축학과 박사학위논문, 1992
홍승재·강인선, 〈조선 후기 한성부 상류주택의 규모와 영역별 실구성에 관한 연구〉, 《한국주거학회논문집》 제22권 제1호, 한국주거학회, 2011

도판 출처

《깊게 본 중국의 주택 – 중국의 주거문화 하》(손세관, 열화당, 2001) : 53(위)쪽
《圖說 日本住宅の歷史》(平井 聖, 學藝出版社, 1980) : 154쪽
《芳州園林》(陳從周, 上海世纪出版股份有限公司, 2012) : 65쪽
《北京四合院》(北京美術攝影出版社, 1993) : 49쪽
《北京四合院》(王基明, 中國建築工業出版社, 2000) : 36쪽
《北京四合院建築》(馬炳堅, 天津大學出版社, 2001) : 32, 35, 53(아래), 57, 62(아래), 93(아래), 100, 103, 109, 114쪽
《日本人の住まい-住居と生活の歷史》(稻葉和也·中山繁信, 彰國社, 2008) : 149쪽
《紫禁城帝后生活》(古宮博物院, 中國旅遊出版社, 1993) : 115(왼쪽 위), 117쪽
《한국의 전통가옥 기록화보고서 15 강릉 선교장》(문화재청, 2007) : 258쪽
《한국의 전통가옥 기록화보고서 16 정읍 김동수 가옥》(문화재청, 2007) : 263쪽
《한국의 전통가옥 기록화보고서 17 윤증 선생 고택》(문화재청, 2007) : 252(위)쪽
《한국의 전통가옥 기록화보고서 21 구례 운조루》(문화재청, 2007) : 255쪽

국립중앙박물관 : 282, 286, 294, 298쪽
상하이박물관 : 120쪽
세이손가쿠 설명 자료집 : 169(아래)쪽
중국국립역사박물관 : 27쪽
박선희 : 43, 62(위), 63, 66, 68, 70~73, 75, 78, 81, 83, 89, 91, 93(위), 111, 115(오른쪽 위, 아래), 137, 140, 142, 158, 159, 161, 165, 169(위), 171, 173, 174, 176, 178, 180, 186, 189, 194, 196, 198, 202, 204, 210, 217, 241, 244, 246, 249, 252(아래), 261, 272, 347쪽

– 이 책에 수록된 사진은 대부분 저작권자의 사용 허가를 받았으나, 그렇지 못한 경우는 확인되는 대로 절차에 따라 처리하겠습니다.